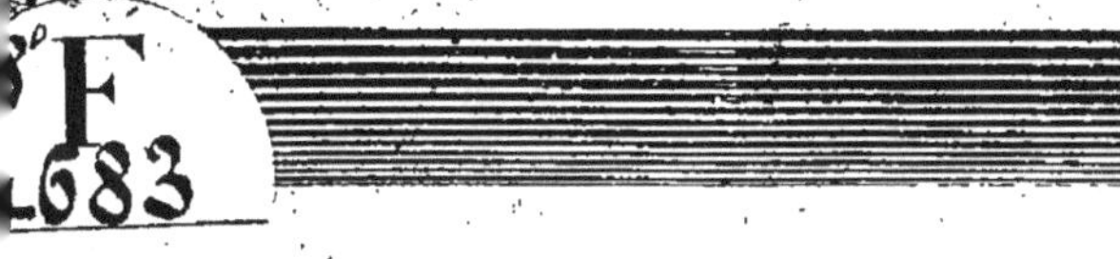

MANUEL

ADMINISTRATIF, CIVIL ET CRIMINEL,

CONTENANT

1° UN RECUEIL MÉTHODIQUE ET RAISONNÉ DES LOIS, INSTRUCTIONS ET RÉGLEMENS SUR L'ADMINISTRATION COMMUNALE; 2° UNE TABLE ANALYTIQUE GÉNÉRALE DES LOIS, CONSTITUTIONS, ÉDITS, LETTRES-PATENTES, MANIFESTES, ETC., PUBLIÉS DEPUIS 1770 JUSQU'EN NOVEMBRE 1830; 3° LES LOIS PÉNALES; 4° LES TARIFS; 5° DES TABLEAUX DE CONCORDANCES, D'ÉVALUATION, ETC.; 6° ENFIN, PAR FORME D'APPENDICES, QUELQUES-UNES DES RECHERCHES MISES NOUVELLEMENT AU JOUR SUR LES POINTS LES PLUS USUELS ET LES PLUS CONTROVERSÉS DE NOTRE DROIT.

Par MM. Cot et Jacquemoud.

CHAMBÉRY,
CHEZ PUTHOD, IMPRIMEUR-LIBRAIRE.

1831.

MANUEL

ADMINISTRATIF, CIVIL

ET CRIMINEL.

IMPRIMERIE DE PUTHOD.

MANUEL

ADMINISTRATIF, CIVIL ET CRIMINEL,

CONTENANT

1° UN RECUEIL MÉTHODIQUE ET RAISONNÉ DES LOIS, INSTRUCTIONS ET RÉGLEMENS SUR L'ADMINISTRATION COMMUNALE ; 2° UNE TABLE ANALYTIQUE GÉNÉRALE DES LOIS, CONSTITUTIONS, ÉDITS, LETTRES-PATENTES, MANIFESTES, ETC., PUBLIÉS DEPUIS 1770 JUSQU'EN NOVEMBRE 1830 ; 3° LES LOIS PÉNALES ; 4° LES TARIFS ; 5° DES TABLEAUX DE CONCORDANCES, D'ÉVALUATION, ETC. ; 6° ENFIN, PAR FORME D'APPENDICES, QUELQUES-UNES DES RECHERCHES MISES NOUVELLEMENT AU JOUR SUR LES POINTS LES PLUS USUELS ET LES PLUS CONTROVERSÉS DE NOTRE DROIT.

Par MM. Cot et Jacquemoud.

CHAMBÉRY,

CHEZ PUTHOD, IMPRIMEUR-LIBRAIRE.

1831.

INTRODUCTION.

Le Règlement en exécution de l'Edit portant la peréquation générale et le Règlement particulier pour la Savoie, passent pour être les Codes uniques de la police administrative et judiciaire de ce Duché; mais dans la réalité, leur action est excessivement réduite, et sans contredit, ils ont fait place à un nouveau régime administratif, créé par l'introduction chez nous, des Budgets, des Percepteurs, des Octrois, des Levées par le tirage au sort, et par l'Édit du 18 janvier 1815, qui a initié les Syndics dans des fonctions dont ils sont restés investis.

Le nombre prodigieux de Lois, d'Instructions, de Règlemens publiés pour asseoir ces innovations; la difficulté de rapprocher les anciens Règlemens et Statuts des principes du système moderne auquel ils se lient; d'en retrancher ou rectifier les dispositions abrogées, modifiées ou qui ne sont plus en usage, rendent l'étude de la science municipale extrêmement épineuse : nous ajouterons même qu'elle est inabordable pour ceux qui n'ont pas suivi jour par jour tous les changemens qu'elle a subis dans son organisation et dans sa composition.

En cet état de choses, les Autorités locales n'ont souvent que leur zèle et leur intégrité pour les soutenir dans l'exercice de leurs honorables fonctions, et leur responsabilité court risque à chaque instant d'être compromise.

Pour faciliter aux Syndics, aux Conseillers, aux Secrétaires et aux Membres du double Conseil la connaissance de leurs attributions, et pour leur procurer un guide sûr, qui puisse les diriger dans chaque circonstance où la loi doit recevoir son application par leur concours, nous avons réuni et élaboré avec le plus grand soin, les élémens confus et épars de notre régime administratif; nous avons mis une sévère exactitude à ne pas nous écarter de la loi et des instructions; nous les avons toujours citées pour ceux qui veulent y recourir, et nous les avons laissées parler toutes les fois que leur texte était clair et précis.

Une *Table analytique* des dispositions anciennes et nouvelles qui composent notre Législation, fait corps avec ce Recueil; elle en est le complément indispensable; car en indiquant la date, et en présentant, comme nous l'avons fait, l'analyse de chaque loi, elle donnera accès aux Administrateurs des communes dans toutes les parties de la grande Collection des lois officielles qui sont aux Archives communales; d'autant plus que ces lois y sont classées par ordre chronologique.

Si cette Table doit servir à ceux qui ont la Collection partielle ou générale des lois officielles, elle sera d'une utilité non moins incontestable pour ceux qui ont le Recueil in-8o des Edits, Lettres-Patentes, etc., publiés en Savoie depuis la restauration, d'après le soin que nous avons eu d'indiquer le volume et la page où chaque disposition se trouve placée. Elle a aussi l'avantage de rapprocher tout ce qui a été promulgué sur chaque matière, depuis 1770 jusqu'à ce jour.

Quelques recherches sur les points les plus usuels et les plus controversés de notre droit;

des tableaux de concordance, d'évaluation, etc., méritaient une place dans ce Répertoire. Ils épargneront un temps précieux aux personnes occupées de l'étude du Droit, qui aimeront à trouver réunis sous leurs yeux, d'une manière commode, ces documens épars dans des livres que peu d'entre elles possèdent ou peuvent consulter.

Pour faire régner l'harmonie entre tant d'objets divers, et en former un ensemble complet, il a fallu les rallier à des articles principaux; il a fallu que notre Receuil municipal ne fût de même qu'un article de ce Manuel, sous le titre d'Administration communale; mais comme cette matière a des ramifications aussi étendues que variées, il est devenu un point central où se rattachent tous les autres, qui en complètent le système.

Nous ne devions pas omettre les *lois pénales*, parce que leur application est fréquente et leur connaissance nécessaire aux Syndics de communes rurales, comme Officiers de police.

Il ne faut pas croire que tous ces détails aient beaucoup ajouté à l'étendue de notre ouvrage; car nous en avons éliminé les répétitions, et notre méthode de centralisation a contribué à le réduire, même lorsqu'elle en augmentait l'utilité; ainsi, au lieu de nombreux renvois pour indiquer chaque article de Tarif, nous avons donné les Tarifs mêmes actuellement en vigueur et réduits à leur plus simple expression.

EXPLICATION DES ABRÉVIATIONS.

Les chiffres romains désignent les volumes du Recueil in-8° des Edits, Lettres-Patentes, Manifestes, etc., et les chiffres arabes en désignent les pages.

¶ Indique que la Disposition citée est omise au Recueil.

La lettre V. signifie *voyez*, et le mot qui la suit est celui auquel on renvoie pour trouver la Disposition sur laquelle on désire s'éclairer.

R. C.	signifie	*Royales Constitutions ;*
E. R.	—	*Edit Royal.*
L. P.	—	*Lettres-Patentes ;*
B. R.	—	*Billet royal ;*
R. G. 1775.	—	*Règlement général des Communes du* 6 *juin* 1775, *en usage dans le Piémont.*
R. de 1739.	—	*Règlement en exécution de l'Edit portant la peréquation générale.*
R. P. S.	—	*Règlement particulier pour la Savoie.*
M. S.	—	*Manifeste sénatorial ;*
M. C.	—	*Manifeste caméral ;*
Adm. Com.	—	*Administration communale.*
Inst.	—	*Instructions.*
Cod. Hyp.	—	*Code hypothécaire* (Edit du 16 juillet 1822).
M. M. S.	—	*Manifeste du Magistrat de Santé.*
M. M. R.	—	———————— *de la Réforme.*
Cir.	—	*Circulaire de l'Intendance.*
V. R.	—	*Vieux Recueil des Edits publiés en Savoie depuis* 1770 *à* 1791.

MANUEL

ADMINISTRATIF, CIVIL ET CRIMINEL.

A.

ABDICATION. Quatre de nos Princes ont donné l'exemple si rare du renoncement à la dignité souveraine : Amédée VIII, en 1434; Victor-Amé II, le 2 septembre 1730; Charles-Emmanuel, le 4 juin 1802, enfin Victor-Emmanuel, le 13 mars 1821 ; cette dernière abdication fut ratifiée par Lettres-Patentes du 19 avril suivant, et l'entérinement en a été ordonné par L. P. du 26 même mois. IX. 296. — 302. — 308.

ABIGEAT. C'est le crime de ceux qui dérobent, dans les étables ou dans les pâturages, six bestiaux de la petite espèce, ou un seul gros bétail; il est puni de la peine des galères. R. C. liv. 4. tit. 34. ch. 9. §. 19.

ABRÉVIATIONS. Elles sont prohibées dans les actes authentiques. *V. Notariat.*

ABROGATION. Les lois du gouvernement qui a cessé par la restauration, sont abolies ; celles promulguées jusqu'au 21 septembre 1792 sont remises en vigueur, à l'exception de la *féodalité* et des *fidei-commis*, qui restent abolis. *V. Majorat* et *Savoie.* I. 20. II. 216. Edits du 28 octobre 1814, et 22 septemb. 1815.

ABSENS. En cette matière controversée, l'auteur du *Droit d'aubaine* donne pour certaines les dispositions suivantes: Droit d'Aubaine §. 821 - 822 - 823.

1° Il n'y a pas ouverture à la curatelle et garde aux biens de celui qui a laissé un procureur au pays ; (Fab. def. 9. de Cur. fur.)

2° L'absence ou le domicile en pays étranger n'empêchent pas le cours et les effets de la prescription; §. 823 *bis.*

3° Le curateur aux biens ne peut répudier ni accepter une succession ouverte en faveur d'un absent;

4° Comme celui qui est dans un degré plus éloigné ne peut adir une succession, pendant que celui qui est plus proche n'a pas renoncé, et que ce degré n'est pas évacué, il suit que, si le plus proche est absent, le plus éloigné court risque d'avoir encouru la presoription lorsqu'il y aura ouverture en sa faveur; mais indépendamment du recours qu'il pourra tenter à l'effet d'obtenir la curatelle à l'hoirie jacente, il pourra recourir au Souverain, afin d'obtenir la permission d'adir et de n'être tenu à faire compte des fruits qu'à l'absent lui-même, en cas de repatriation.

5° Quand les parens de l'absent l'ont tenu pour mort, qu'ils se sont partagé ses biens et ont traité en conséquence, dès-lors, eux ou leurs ayant droit, ne peuvent plus revenir de ce qu'ils ont fait, et la curatelle aux biens de l'absent ne peut plus être demandée par aucun d'eux; ils auraient pu prescrire.

6° On ne doit pas regarder la curatelle ou garde aux biens d'un absent, comme un office personnel ou une fonction virile, *qui finit à la personne du premier curateur pour passer successivement à des degrés ultérieurs, jusqu'à l'expiration de cent ans que, l'absent est présumé pouvoir vivre*; c'est un vrai bénéfice à titre héréditaire quoique personnel, une préoccupation prématurée de la succession de cet absent, qui, pour cette raison, se défère aux *enfans et aux furieux mêmes*, qui se trouvent successibles à l'absent, au temps de l'absence; et c'est aussi une opinion commune, qu'on n'impose pas facilement dans ces sortes de curatelles l'obligation de donner caution;

7° La curatelle est donnée, à défaut de preuves de la mort de l'absent, à ceux qui seraient appelés à sa succession lors de son absence, c'est-à-dire, *dès l'expiration du terme, où sa mort est tenue pour certaine.*

§. 821. Arrêt du 14 juillet 1792.

8° L'héritier testamentaire d'un absent a droit, comme plus habile à lui succéder, d'être préféré dans la curatelle à l'héritier *ab intestat.*

Droit d'Aubaine §. 821. Fab. def. 2. de Prob. et Præs.

La mort n'étant que le fait d'un instant et d'un seul lieu, et la vie étant au contraire une succession de faits, en plusieurs temps, en plusieurs lieux; c'est un principe d'équité consacré par la jurisprudence commune, que dans les preuves difficiles, on se contente d'indices et de présomptions, et que celui qui a pour lui la présomption de mort, a droit d'imposer à celui qui la nie, la charge de prouver la vie, qui est plus facile à établir.

Arrêt du 23 août 1824 (Caffe Pomel.)

—— (*Procédure civile.*) L'absent qui n'a jamais habité dans les Etats, est cité devant la porte du tribunal où le procès est pendant, et s'il ne paraît pas, l'on fait établir un curateur à sa cause. R.C. liv. 3. tit. 3. §. 6. R.C liv. 3. tit. 4. §. 12.

L'on peut convenir un étranger quoique absent *V. Etranger.*

—— (*Levées*). Les absens dont on n'a pas reçu de nouvelles depuis dix ans, les individus atteints de démence, sont considérés, dans les motifs d'exemption, comme n'existant pas dans la famille. R.G. sur les levées, art. 182.

ABSENTER DES ETATS. *V. Aubaine*, *Nobles.*

ABSTENTION D'HOIRIE. Ces actes sont de la compétence du juge de mandement. B. R. du 8 avril 1824. XIII. 92.

ABUS. 1° Le Sénat seul connaît des appellations comme d'abus; 2° celles qui sont interjetées par les ecclésiastiques, en matière de discipline, de correction et autre, purement personnelles et non dépendantes de réalité, n'auront aucun effet suspensif; et les juges d'église peuvent, nonobstant lesdites appellations, et sans préjudice d'icelles, passer outre à l'exécution des jugemens; 3° si cependant l'appellation était fondée sur l'incompétence, ou qu'il y eût, dans la correction ordonnée, un excès tendant à l'oppression ou qu'il s'agît d'un jugement dont l'exécution serait irréparable, l'appellation devra, dans ce cas, avoir l'effet suspensif, et on accorde les inhibitions spéciales; 4° ceux qui se départent en jugement de leur appel comme d'abus, après qu'il aura été relevé, payeront la moitié de l'amende, et 10 l. applicables à la partie; 5° mais ceux qui persistent en leur appel sans cause légitime, payeront l'amende du fol appel, et 20 l., aussi applicables à la partie; 6° les appellations interjetées par les parties, seront relevées par requête présentée au Sénat, signée au moins par deux avocats. R. P. S. liv. 1. chap. 10. §. 25.

—— S'il s'agit d'un privilége particulier à une autre nation, l'étranger ne peut l'invoquer pour fonder un appel comme d'abus. Droit d'Aubaine, §§. 297-407.

ACADÉMIE DES BEAUX-ARTS. La Royale Maison de Savoie s'est distinguée de tous temps par son amour pour les beaux-arts : dès leur renaissance elle allait chercher à Florence, berceau de la peinture en Italie, un M. Gior- Traduction libre d'une notice italienne.

gio, pour peindre les châteaux de Chambéry, du Bourget et de Pignerol ; et Amédée VIII faisait venir de Venise à sa Cour, Gregorio Bono, artiste célèbre de cette époque. Les honneurs accordés aux artistes, développèrent de bonne heure le goût de la peinture parmi nous. En 1652, la Ville de Turin avait une université de peinture, d'architecture et de sculpture, dont la réputation dépassa presque aussitôt les limites du Piémont, et qui fut aggrégée en 1675 à l'académie de St-Luc de Rome.

La duchesse Marie-Jeanne-Baptiste remplaça, en 1678, cette université par une académie, et en 1716, 1736, 1738, trois nouvelles fondations se rattachèrent à celle de la Duchesse. Dès-lors, le Piémont n'a plus manqué d'artistes, et il n'a rien à envier à l'étranger. Mathiel, Jean Miel, Saiter, Delfino, Guidoboni, de Mura, Galéoti et Jean-Baptiste Vanloo ont fait sa réputation.

Aux fondations qui viennent d'être énumérées, succédèrent l'érection de l'académie de peinture et de sculpture par Victor-Amédée III, en 1778, et sa réorganisation définitive, par L. P. de S. M, du 13 juillet 1824, auxquelles a été annexé un règlement, qui forme le complément de cet utile établissement, rétabli sous le nom d'académie des beaux-arts.

II. 218. L. P. 2 nov. 1815 et 30 dudit.

ACADÉMIE ROYALE MILITAIRE. Elle a été créée pour les jeunes gens qui veulent courir la carrière des armes. Le Roi y entretient 75 élèves; les autres payent une pension de 1200 l.; les fils de militaires y sont admis de préférence, et les pages d'honneur y sont élevés. Les cours sont de 9 ans, après lesquels les élèves ont de droit les places de sous-lieutenant vacantes dans l'armée. Ceux qui ont suivi les cours d'artillerie ou du génie, prennent le rang de lieutenant. Pour être admis à cette académie, il faut être d'une condition honnête, d'une bonne santé, avoir moins de 12 ans et plus de 9. Les demandes d'admission sont faites au Roi, et adressées au Ministre de la guerre, avant le 1er juillet de chaque année.

¶ Règlemens des 1er févr. et 31 mars 1816.

¶ B. R. 7 fév. 1825.

ACADÉMIE DE SCIENCES. Une association de littérateurs, à la tête desquels étaient Lagrange et Cigna, a été, en 1757, l'origine de cette académie, qui fut érigée par L. P. du

25 juillet 1783. En 1816, la division en deux classes des 40 membres résidans de cette académie fut approuvée, l'une pour les sciences mathématiques et physiques, l'autre pour la morale, l'histoire et la philosophie; sa dotation est de 31,800 l. par an.

ACADÉMIQUE (la Société royale de Savoie). *V. Société.*

ACCAPAREMENT. La Savoie, resserrée de toutes parts par les Alpes, les frontières françaises et la Suisse, a eu à craindre, mais n'a pas eu à souffrir de l'accaparement. Ses magistrats surent le prévenir. Depuis que, par la propagation extraordinaire des pommes de terre, nous nous sommes assurés une récolte souterraine, qui peut braver l'intempérie des saisons, l'accaparement n'est plus aussi odieux : beaucoup de personnes pensent même que, s'il était bien dirigé, il pourrait devenir un vrai bienfait. Dans les années d'abondance, il empêcherait que le prix des denrées ne fût d'une modicité réellement déplorable, et dans les années de disette, il prêterait à la consommation des magasins assurés. *V. Exportation.*

ACENSEMENT. Défense aux Juifs de louer des maisons, boutiques hors de leur quartier (1). R. C. liv. 1. tit. 8. ch. 1. —Défense aux gardiens et sequestres de louer des bestiaux et meubles qui leur ont été consignés. R. C. liv. 3. tit. 29. §. 15. — Défense d'affermer à des étrangers des biens situés à deux milles de la frontière (2). R. C. liv. 6. tit. 12. §. 7. — Les baux qui ne concernent pas des corps privilégiés, peuvent être passés par écrit privé, pourvu que ce soit pour un temps moindre de dix ans. R. C. liv. 5. tit. 22. ch. 4. §. 8. — Le bailleur d'une maison ou d'un fonds rustique, a un privilége sur les meubles existant dans les bâtimens, et sur les fruits provenant de la ferme, pour le payement d'une année de loyer ou de cense, outre la courante, si le bail n'a pas de date certaine, et de deux années et la courante, si le bail a une date certaine. Cod. hyp. art. 3. X. 280.

ACCEPTATION DE PENSIONS, DÉCORATIONS, LETTRES DE CHANGE. *V. ces mots.*

ACCORD A L'AMIABLE. Dans les discussions, le juge du Consulat peut s'entremettre extrajudiciairement pour accorder les intéressés, mais sans retarder le cours de la R. C. liv. 2. tit. 16. ch. 6. §. 12.

(1) Amende de 25 liv. ou huit jours de prison.

(2) Amende de 25 écus et nullité.

cause; le rapporteur peut aussi proposer l'amiable, s'il n'a pas été prévenu par le juge du Consulat. *V. Transaction.* Et dans les causes de discussions, il doit proposer des arrangemens après l'échéance de trois mois. Il peut y avoir arrangement entre les créanciers, sur les causes d'ordre.

Code hyp. art. 135 et 136. X. 344.

E. R. du 13 déc. 1814. I. 76.

ACCUSÉS. La torture n'ayant plus lieu, il y sera suppléé par la commination, et l'interrogatoire sur le chef des complices.

R. C. liv. 4. tit. 19. §§. 1 à 6.

Il est défendu aux officiers de justice de faire aucune composition avec eux, et de supprimer les procédures. (*Destitution*, *Amende* et *Peine corporelle.*)

Cod. hyp. art. 71. X. 313.

ACQUÉREURS. Sont tenus de toutes les dettes privilégiées et inscrites qui grèvent les immeubles qui leur ont été transférés. *V. Transcriptions.*

ACQUISITIONS. *V. Aubaine*, *Frontière*, *Genève.*

Art. 33.

ACTES. Les actes publics sont les seuls qui confèrent l'hypothèque.

ACTES CIVILS ET CRIMINELS. *V. Procédure.*

§. 6.

ACTES D'ÉTAT. *V. Hypothèque* et *Majorat.*

M. S. du 29 févr. 1816. II. 332. et du 17 févr. 1821. IX. 290.

M. C. du 23 nov. 1821. X. 99. et du 10 mai 1816 §§. 11 et 31. III. 107 et 114.

ACTES PASSÉS EN PAYS ÉTRANGERS. Pour être produits en justice, ils doivent être légalisés et timbrés. Les seuls actes et documens signés par des fonctionnaires ayant un caractère public, sont soumis à cette formalité; de plus, ceux de ces actes qui ont été passés antérieurement à l'édit du 22 mars 1816, et aux Royales Patentes du 10 mai suivant, lesquels se trouveraient, par leur nature, sujets à l'insinuation, devront être soumis à cette formalité, avant que d'en faire usage, de quelque manière que ce soit, moyennant payement du simple droit fixe, à moins qu'il résulte par documens authentiques qu'il en a été fait usage dans les Etats de S. M., antérieurement aux époques sus-désignées; s'ils sont postérieurs à ces mêmes époques, ils payeront en outre les droits proportionnels en vigueur au jour de leur insinuation.

Ib. et du 27 déc. 1823. XIII. 39.

Lorsque ces actes, quoique reçus par les notaires du royaume, contiendront des mutations de propriétés immobilières situées hors des Etats de S. M., ils ne seront assujettis qu'au seul droit fixe de 2 l. 40 c., à l'exception des obligations ou autres dispositions qui doivent recevoir leur exécution dans les Etats de S. M., pour lesquelles on percevra le droit proportionnel.

Dans tous les cas, devront être soumis à l'insinuation, dans le terme de cinq mois de leur date, avec le payement des droits relatifs, les actes et écritures qui contiennent translation de propriété ou d'usufruits à quelque titre que ce soit, de biens immeubles situés dans les Etats du Roi, sous peine du payement du double droit. X. 99. M. C. du 23 nov. 1821.

S'il s'agit d'actes passés hors de l'Europe, le terme est de 18 mois.

Les actes ci-dessus mentionnés, qui ont été passés dans l'intervalle de la publication des lois susdites, devront être insinués dans le même terme, et sous les peines précitées.

Les actes et jugemens passés en pays étrangers ne confèrent aucune hypothèque, s'il n'y a disposition expresse dans les traités politiques. Cod. hyp, art. 16. X. 290.

Les secrétaires, notaires, actuaires, cadastraires ne pourront énoncer, inscrire, recevoir en dépôt, etc., lesdits actes, s'ils n'ont été insinués, sous peine de 25 l. d'amende, outre la responsabilité des droits d'insinuation. *Ibid.* et L. P. du 18 déc. 1819. IX. 7.

Il est défendu aux juges et magistrats de rendre des ordonnances ou sentences sur des actes et contrats en contravention aux précédentes dispositions et à la formalité de l'insinuation, à peine de nullité de tout ce qui sera fait, ordonné et prononcé en conséquence; et ils sont obligés, ainsi que les actuaires et greffiers, de les retenir, et d'en informer qui de droit. M. précité, art. 5. et R. C. liv. 5. ch. 4. tit. 22. §§. 13 et 14.

Il est aussi défendu de sortir des Etats pour contracter, à peine de 100 l. et de nullité de l'acte. R. C. liv. 5. tit. 22. ch. 4. §. 11.

Les actes provenant de l'étranger peuvent être visés pour timbre, et insinués à tous les bureaux des chefs-lieux de province. XIII. 12 et 66. M. C. des 21 nov. 1823 et 9 janvier 1824.

Les effets de commerce, comptes courans, missives venant de l'étranger, sont dispensés du *visa* et de la légalisation. *V. Frontières.* IX. 290. M. S. du 17 févr. 1821.

ACTES SOUS SEING PRIVÉ. On peut faire par écrit privé, 1° les ventes et échanges de meubles, marchandises ou bestiaux; 2° les actes de prêt et de société; 3° les baux R. C. liv. 5. tit. 22. ch. 4. §§. 8 et 9.

ou louages pour un moindre temps de dix ans ; 4° les quittances de fermages, loyers, cens, servis, et celles qui portent libération d'une obligation privée. (*Dès quittances privées de partie d'un capital dû par acte notarié, ont été déclarées valables par arrêt du 24 mai 1785, dans la discussion Portaz*). Enfin, les articles de traités de mariage, pourvu qu'on les rédige en instrument public au temps de la célébration des noces; 5° tous les contrats accessoires et dépendans de ceux précités.

E. R. du 2 juillet 1814. I. 94. §§. 9-19.

Les insinuateurs sont tenus d'insinuer les actes privés, même à la réquisition d'une seule des parties. Ceux passés avant l'édit du 21 mai 1814 devaient être insinués dans le délai de trois mois, à partir du 12 juillet 1814; ceux qui ne l'ont pas été, pourront l'être en payant le double du droit établi pour l'insinuation. — Il est défendu aux notaires et autres officiers de faire mention, dans les actes qu'ils recevront, desdites écritures non insinuées ou non enregistrées, sous peine de 25 écus, et de plus, de nullité des jugemens prononcés en conséquence d'icelles, et de 25 écus d'amende contre les parties qui les auront produites.

Ibid. et R. C. liv. 3. tit. 22. ch. 4. §. 13.

L. P. du 18 déc. 1819. IX. 9.

E. R. du 16 juillet 1814. I. 140.

E. R. du 5 déc. 1817. V. 275.

Les écrits privés qui ont déjà été enregistrés, pourront être insinués moyennant le payement du droit fixe ; l'augmentation de la moitié attribuée à l'insinuation des actes notariés, aura aussi lieu pour les écrits privés. — Les actes sous seing privé étaient nuls s'ils n'étaient pas sur papier timbré ; mais cette nullité a été abolie et restreinte à l'amende.

R. C. liv. 5. tit. 16. §. 8. X. Cod. hyp. art. 33.

M. C. du 5. déc. 1823. XIII. 17.

L'hypothèque générale et l'exécution parée accordées aux actes privés, ont cessé d'avoir effet dès le 1er janvier 1823; mais lorsqu'un de ces actes a été reconnu ou vérifié en jugement, il produit une hypothèque judiciaire, et il peut être inscrit après avoir été préalablement insinué, ainsi que l'acte de reconnaissance ou de vérification.

R. P. S. ch. 6. art. 1er. liv. 3.

Quiconque est ajourné pour reconnaître des écritures privées devant le juge dans la juridiction duquel il est trouvé, est tenu d'y paraître avant de partir, pour les reconnaître ou les nier ; faute de ce, elles sont censées reconnues.

ACTION. *V. Prescription.*

ACTUAIRES. *V. Greffiers.*

ACTUAIRE DE LA CHAMBRE DES COMPTES. Il fait l'expédition des actes au procureur-général, sans frais envers les parties qui plaident contre lui; il tient un registre de tous les procès pendans pardevant la Chambre; il avertit l'émolumentateur des contrats, jugemens et priviléges, pour raison desquels l'émolument est dû. R. C. liv. 6. tit. 1. ch. 3. §§. 6, 7 et 8.

ADJUDICATION DE MEUBLES. *V. Exécution.*

ADJUDICATION D'IMMEUBLES. (*Droit ancien*) : Lorsqu'il n'existait pas de meubles à pouvoir saisir, on procédait à adjudication sur les immeubles; il était fixé jour et heure au débiteur pour comparaître sur le lieu où ses biens étaient situés, pour les voir adjuger aux créanciers suivant leur juste estimation, avec le bénéfice du tiers de moins de leur valeur, toutes charges prélevées, et l'adjudication avait lieu à titre de domaine révocable pendant une année, accordée au tiers-possesseur ou au débiteur pour les racheter, et irrévocable, icelle étant écoulée. Si le débiteur offrait, avant le plaid contesté, de donner une quantité suffisante de ses biens, en conformité de l'authentique *hoc nisi debitor*, on en déduisait seulement en faveur du créancier la quatrième partie du prix d'estimation, pour l'indemniser d'être tenu à recevoir *aliud pro alio.* R. C. liv. 3. tit. 32. §§. 39 - 55.

—— (*Droit nouveau*). Art. 93. Tant qu'un immeuble est possédé par le débiteur, le créancier peut, à son choix, le faire vendre aux enchères ou se le faire adjuger, pourvu qu'il n'y ait aucun créancier privilégié ou antérieur à lui, inscrit sur l'immeuble, à moins qu'il ne s'oblige, même personnellement, au payement de semblables créanciers. Cod. hyp. X. 324.

Art. 94. Toute exécution quelconque sur les immeubles devra être précédée d'une injonction, émanée du Juge qui a prononcé le jugement, de payer dans les trente jours qui suivront sa notification par un huissier ou sergent royal à ce commis; le montant des sommes dues tant en capital qu'en intérêts et accessoires liquides et frais, avec déclaration que, passé ce délai, on procédera à exécution par voie de subhastation, ou bien par adjudication des immeubles qui y seront désignés.

Ne s'agissant pas précisément de jugement à mettre à exécution, si l'on forme dans les délais fixés opposition à l'injonction qui en serait susceptible, on suspendra l'exécution jusqu'à ce qu'il ait été statué sur ladite opposition par le Juge compétent.

Art. 95. S'il s'agit d'une simple adjudication, le Juge ou le greffier, actuaire ou notaire commis pour l'exécution, sur la requête du créancier, fixera le jour et l'heure de son transport sur le lieu où elle doit se faire, avec citation au débiteur d'y comparaître.

Le créancier devra joindre à sa requête le certificat du conservateur des hypothèques, constatant qu'il n'existe sur les immeubles susdits aucunes inscriptions privilégiées ou antérieures à sa créance; et s'il en existe, il offrira de les acquitter dans les termes et de la manière qu'elles sont dues, sans que cependant cette promesse fasse aucune novation aux droits des créanciers, auxquels il sera subrogé en effectuant ce payement.

Copie de cette requête, dans laquelle on spécifiera les biens avec les numéros du cadastre, leur nature et situation, ainsi que deux de leurs confins, ensemble la copie du décret, sera notifiée au débiteur vingt-quatre heures au moins avant celle fixée pour le transport, outre un jour pour chaque cinq lieues de distance, si l'exécution doit se faire hors du mandement où demeure le débiteur.

Art. 96. Au jour, à l'heure, et sur le lieu indiqué, celui qui procédera à l'exécution choisira d'office, sur la réquisition du créancier, tant en présence qu'en l'absence du débiteur, un expert qui, après avoir prêté le serment requis, estimera les biens par un rapport motivé; le commissaire les adjugera successivement au créancier, à un quart de moins de l'estime, en qualité suffisante pour le payement de la créance en capital, accessoires et frais, le tout quoi sera liquidé en détail; et il le mettra en possession de l'immeuble ainsi adjugé.

Le procès-verbal d'adjudication dûment insinué sera notifié au débiteur, s'il a été contumace, par l'huissier ou sergent royal à ce commis, le tout aux frais du susdit débiteur.

Art. 97. Lorsque l'immeuble ne pourra être commodément divisé, il sera adjugé en entier au créancier, sans bénéfice cependant du quart de moins pour la portion excédant sa créance, et à la charge de payer dans l'année cet excédant avec les intérêts. Le débiteur dépossédé aura à cet égard le privilége du vendeur.

Dans le cas prévu par le présent article, si la dette que le créancier adjudicataire contracte pour la valeur excédante qui lui est adjugée, est du tiers au moins de la valeur totale de l'immeuble, il pourra dans l'année le faire subhaster, pour être payé sur le prix; ce qui ne lui sera permis dans aucun autre cas.

Art. 98. Le débiteur, dans l'année de l'adjudication ou de notification d'icelle, aura la faculté de racheter les biens adjugés, en payant le montant de toute la créance avec les accessoires et les frais dans ledit terme; il pourra aussi les faire subhaster sur le prix de l'adjudication.

Passé ce terme, sans que le fonds ait été racheté, ou que le manifeste pour la subhastation ait été publié et notifié au créancier adjudicataire, celui-ci en deviendra propriétaire incommutable.

Tout autre créancier hypothécaire sur les immeubles adjugés conservera les droits qui peuvent lui compéter, pour les exercer conformément aux dispositions du présent; et le créancier adjudicataire pourra, pour s'en garantir, faire transcrire au bureau des hypothèques le verbal d'adjudication, et remplir les autres formalités établies par la section II du chapitre IV, pour purger les immeubles de tout privilége et hypothèque.

ADMINISTRATION

COMMUNALE.

Nous avons exposé dans l'Introduction les motifs qui nous ont déterminés à centraliser dans cet article le développement complet de la théorie et de la pratique de notre régime administratif : pour mettre dans tout le jour dont elle est susceptible cette matière étendue, nous avons adopté la division suisante (1) :

TITRE Ier. De l'Administration communale. — Organi- 1.
sation et Composition. — Assemblées ordinaires et extraordinaires. — Conseils doubles. — Renouvellement du 9.
Conseil, du Vice-Syndic, du Syndic. — Incompatibi- 14.
lités. — Installations.

TITRE II. Des Conseils communaux. — Fonctions, attributions et devoirs.

TITRE III. Des Secrétaires. — Nominations, attributions, devoirs. — Archives communales. — Publication 42.
des actes du Gouvernement. — Transports des cotes. — 45.
Délibérations. — Usage du papier timbré. — Rôles d'im- 56 - 59.
position. — Correspondance. — Mesure d'ordre. 62 - 68.

(1) Afin que cette division serve en même temps de table, nous avons indiqué, par le chiffre en marge, le §. auquel chaque titre et section de titre se rapportent.

TITRE IV. Des Syndics.

72. *SECTION Ire. Fonctions municipales.*

SECTION II. Obligations et attributions comme
81. *Administrateurs et comme Officiers de Police.*
86. Attributions spéciales. — Assistance par la force armée.

89. *Police civile.* — Ordre, tranquillité, sûreté. — Mendians. — Instruction publique. — Déserteurs. — Baso-
93-95. ches, charivaris. — Danses, spectacles. — Jeux de
96 *bis.* hasard. — Assemblées secrètes. — Forçats liberés. —
97. *Auberges*, hôtelleries, etc. — Modèles. — Certificats
110-129. de bonne conduite. — *Passeports à l'étranger.* — *Port*
130-150. *d'armes.* — *Domestiques*, *ouvriers.* — Insensés. — In-
151, 152. cendies. — Inondations. — Divagation des animaux fé-
153, 154. roces. — Chiens enragés. — Destruction des loups. —
155. *Salubrité.* — Commestibles. — Boissons. — Mesures
conservatrices. — Vente de médicamens et substances
162. vénéneuses. — Sages-femmes. — Empiriques. — *Epidé-*
163, 164. *mie.* — *Epizootie.* — Inhumations. — Cimetières. —
166. *Police du culte.* — Observance des fêtes. — *Mœurs.*

169. *Police économique.* — Biens communaux. — Fraudes.
— Taxes. — Poids et mesures. — Circulation des grains.
— Garantie des ouvrages d'or et d'argent. — Routes.

176. *Police rurale.* — Bans champêtres. — Récoltes et conservation des fruits. — Gardes-champêtres. — Echenillage. — Rivières et torrens. — Chasse.

188. *Police judiciaire.* — Arrestations. — Information du
fisc. — Accusés. — Bandits. — Blessés. — *Reconnaissance des corps de délit.* — Visites domiciliaires. —
Procès-verbaux. — Instruction des procès. — Règles de
correspondances. — Discipline. — Ordre. — Lettres et
registres secrets.

199-209. *Dispositions diverses.* — Franchise des lettres et paquets. — Loterie. — Députations. — Actes d'affirmation.
208. — Déclarations. — Certificats d'indigence. — Visites de
limites.

210. TITRE V. Contributions directes. — Impositions fon-
213. cières. — Augmentation du registre. — Contribution
personnelle et mobiliaire. — Décisions et observations

TITRE PREMIER.

DE L'ADMINISTRATION COMMUNALE.

CHAPITRE PREMIER.

ORGANISATION. — COMPOSITION. — ASSEMBLÉES.

1. Il y a un Conseil dans chaque commune, établi généralement avec la même autorité et les mêmes obligations. Il est présidé par le Syndic, et en cas d'absence ou d'empêchement, par le Vice-Syndic; le Secrétaire doit être notaire ou autorisé par Patentes Royales.

Edit de la Péréquation du 15 sept. 1738. art. 5.
L. P. du 31 déc. 1815. IV. 222.

Le Conseil s'assemble toutes les fois que l'occasion le demande. Lorsqu'il s'agit de délibérer sur des sujets importans, les Membres du Conseil sont doublés par un nombre égal des plus imposés. *V. Conseil double*, §. 8.

Règlement du 8 janvier 1739. art. 1.
Ibid.
Circ. du 19 févr. 1819. VIII. 59.

2. S'il y a une maison destinée pour les assemblées, elles continueront à s'y tenir, « et à défaut, elles se feront dans la maison du Syndic ou du Conseiller le plus à la portée du clocher, et par préférence, dans celle du Syndic, à moins que le Conseil ne convienne d'une autre maison. »

Réglem. de 1739. art. 2.

3. Dans les affaires ordinaires, le Conseil représente le corps de la communauté, et il en a l'autorité; dans les cas extraordinaires, il pourra être ordonné une assemblée générale, pour laquelle les intéressés se pourvoiront à l'Intendant.

— 3 et 4.

4. Les assemblées ordinaires sont les suivantes :

1° *Du 15 au 25 janvier*. Vérification de la liste alphabétique. *V.* §. 402.

2° *En janvier ou février*. Répartition du contingent à payer par la commune, en taxes personnelles et en cotes mobiliaires. *V.* §. 213.

3° *En février et en août*. Acte consulaire à chacune de ces époques, pour signaler les nouveaux propriétaires qui ne se sont pas chargés de la taille cadastrale des biens qui leur sont parvenus. *V.* §. 50.

Circ. du 31 mars 1827. 4° *En mai.* Examen des comptes des Percepteurs (*la clôture de l'année financière ayant été fixée au* 31 *mars*). *V.* §. 325.

Circ. du 21 mars 1821. 5° *En mai.* Demander l'autorisation d'effectuer les coupes de bois pour l'affouage des communes. *V.* §. 270.

Circ. du 1er juillet 1829. 6° *En mai ou juin.* Délibération pour la proposition des nouvelles dépenses extraordinaires à faire figurer au budget de l'exercice suivant. *V.* §. 307.

7° *En juin ou juillet.* Formation des projets de budget. *V.* §. 308.

R. 1739. art. 19. 8° *En août ou septembre.* Acensement des communaux. *V.* §. 261.

L. P. 1815. 31 déc. 9° *En octobre, tous les deux ans.* Renouvellement du Syndic. *V.* §. 16.

R. 1739. art. 8. 10° *En décembre.* Renouvellement du Conseil; *et en janvier*, du Vice-Syndic. *V.* §§. 13 et 15.

Inst. min. du 12 juillet 1824. art. 6. 11° *A la même époque.* Pour déterminer les chemins communaux et vicinaux qui sont dans le cas d'être réparés l'année suivante par la voie des corvées. *V.* §§. 364 *et suivans.*

R. P. S. liv. 3. chap. 6. art. 3. 12° *A une époque indéterminée.* Pour prendre, en l'assistance du Juge, une note de tous ceux qui sont sans biens et de ceux qui, n'en ayant que peu et étant propres au travail, ne s'y appliquent pas, et fréquentent les jeux et les cabarets, afin de leur intimer de s'adonner à l'ouvrage.

Règl. 1739 art. 5. 5. Il sera, en outre, tenu des assemblées extraordinaires lorsque le Syndic ou le Secrétaire le requerront pour les besoins de la commune ou en exécution des ordres de l'Intendant.

— art. 6. 6. Chaque fois qu'il devra y avoir une assemblée, le Syndic et les Conseillers en seront prévenus « au « moins le jour précédent, aussi bien que le Secrétaire; « et si elle a lieu le matin, on sonnera la cloche le soir « de la veille, et si le conseil doit se tenir l'après-midi, « on la sonnera le matin; et ledit Conseil aura soin de « fixer l'heure, tant du matin que du soir, pour les as- « semblées, une fois pour toujours. » (Actuellement, dans la plus grande partie des communes de ce duché, l'usage a prévalu de faire les convocations au moyen d'un avis écrit signé par le Syndic, le Vice-Syndic ou le Secrétaire, indiquant le jour, l'heure et l'objet de l'assemblée, et qui est remis par le pédon à chaque membre du Conseil, au moins vingt-quatre heures d'avance.)

7. Les Syndics et Conseillers ne pourront s'exempter d'intervenir à chaque assemblée, sous peine de 3 liv. d'amende, applicables au bénéfice de la paroisse; s'ils avaient un motif légitime pour s'en absenter, ils devront en faire conster au Conseil. *V.* §. 36. Règ. 1739, art. 7.

Pour délibérer valablement, il faut que cinq membres au moins prennent part à la délibération dans les Conseils composés de sept Administrateurs; que trois y soient présens dans ceux composés de cinq; et que, lorsqu'il n'y a que trois Conseillers, ils y interviennent tous trois. En cas d'empêchement, si l'assemblée ne peut pas se différer, le Syndic de l'année précédente, et, à son défaut, un des autres Syndics sortis les années précédentes, interviennent pour l'administrateur absent.

8. Les Conseils des communes ayant été augmentés d'un Conseiller, en exécution des L. P. du 31 décembre 1815, si, par l'adjonction de ce membre, il y avait parité dans le nombre des suffrages, le Conseiller moins ancien ne pourra voter que dans le cas où, par l'absence d'un des Conseillers, la parité n'aurait plus lieu; néanmoins, il lui sera permis d'émettre son opinion et de la faire insérer dans l'acte consulaire. L. P. 1815. 31 déc. art. 1 et 5. IV. 222.

Les Conseillers devront émettre leur vote librement, d'une manière claire et précise, sans partialité, sans être mus par aucun respect humain, et toujours avec la plus grande modération; ils ne pourront ni s'évader de l'assemblée, ni refuser de faire connaître leur avis et de signer la délibération, sous prétexte que leur opinion est contraire à celle des autres Conseillers, sous peine arbitraire.

CHAPITRE II,

CONSEILS DOUBLES.

Cir. 19 fév. 1819. VIII. 59. et 1821. 1er déc. ¶

9. Pour tous les cas où il s'agit de délibérer sur des sujets importans; pour des propositions de candidats aux fonctions de Syndic, de Vice-Syndic, de Conseiller, de Secrétaire; pour la prestation de serment du Syndic; sur les projets de budget, les comptes du Percepteur, la contribution personnelle et mobiliaire, les corvées, les grosses réparations, ventes, acquisitions et autres semblables, les membres du Conseil doivent être doublés par un nombre égal des plus imposés de la commune, lesquels doivent être informés, par écrit, du jour de la réunion, vingt-quatre heures d'avance. Ces Conseillers adjoints sont désignés par M. l'Intendant, de même que leurs suppléans, pour un temps indéterminé; ils ont voix delibérative.

Circ. précitées et du 7 févr. 1826.

10. Il a été transmis à chaque Intendant un état nominatif de plus imposés de chaque commune, *y domiciliés ou non*, *sans distinction de domicile*, *de fonctions actuelles ou de sexe* (les femmes ayant droit de s'y faire représenter). Cet état a été conservé en minute par les Syndics; et chaque fois qu'il y survient des mutations par décès, changement de fortune et de domicile, ils doivent présenter un autre des plus imposés à l'Intendant, pour l'inscrire en substitution à cet état; ils auront soin d'accompagner cette présentation des renseignemens exigés par le modèle qui suit :

ÉTAT des plus imposés de la Commune de....

NOMS et PRÉNOMS.	AGE.	MONTANT de leur COTE générique.	PROFESSION.	LIEU de leur RÉSIDENCE habituelle.	RENSEIGNEMENS sur leurs qualités morales et aptitude aux fonctions de Conseillers, et leur degré de parenté avec les Administrateurs, entre eux.	OBSERVATIONS.

Le nombre des plus imposés à faire figurer dans cet état doit être de 10 dans les communes qui ont moins de 500 habitans, de 15 pour celles qui en ont 2000, de 20 pour les autres; lorsque la plupart habitent hors de la commune ou sont parens avec les administrateurs, ou entre eux, cet état doit en présenter un plus grand nombre.

Le Conseil double ne peut délibérer qu'autant qu'il sera réuni au nombre de deux-tiers de ses membres.

11. Les suppléans des Conseillers adjoints ne seront convoqués que lorsque ces derniers, dûment informés, auront prévenu le Syndic de leur empêchement à se rendre à l'assemblée, ou que cet empêchement, tel que maladie, absence, etc., serait connu d'avance par le Syndic; toutes circonstances dont il sera fait mention au procès-verbal de la séance, pour motiver l'appel des suppléans.

12. Les Conseillers adjoints qui ne résident pas habituellement dans la commune, ainsi que les femmes, qui ne peuvent prendre part aux délibérations, devront, dans le terme d'un mois, à dater du jour où ils ont eu connaissance de leur nomination, indiquer par écrit au Syndic, et députer, par mandat spécial, une personne pour les représenter au Conseil. Cette personne doit être apte aux fonctions de Conseiller ordinaire.

CHAPITRE III.

RENOUVELLEMENT DU CONSEIL.

13. Chaque année, le renouvellement s'opère dans l'administration des communes. Il a lieu parmi les Conseillers par la sortie annuelle du *premier en liste de nomination* et par l'entrée d'un nouveau Conseiller qui sera nommé sur une présentation par acte consulaire, prise en Conseil double, de candidats au nombre de trois ayant obtenu la pluralité des suffrages. L'élection de ces candidats aura lieu par la voie du scrutin.

Règ. 1739. art. 8. Circ. précitées du 19 fév. 1819. et L. P. 31 déc. 1815. IV. 222. ¶ L. P. 1826. 27 janv. art. 1, 2 et 3.

Le Conseil aura soin de choisir les candidats parmi les plus capables, les plus aisés et les plus en état de servir la commune, de manière cependant qu'à tour de rôle chaque hameau fournisse des sujets au Conseil; la délibération prise à cet effet sera terminée par un tableau qui sera rempli en conformité du modèle qui suit. *V.* §§. 28, 25 et 15.

TABLEAU des Candidats proposés pour le renouvellement du Conseil de....

NOMS et PRÉNOMS.	DOMICILE.	AGE.	PROFESSION.	MONTANT de leur COTE générique.	RENSEIGNEMENS sur LEURS QUALITÉS personnelles.	OBSERVAT.

CHAPITRE IV.

INCOMPATIBILITÉ.

Circ. 4 oct. 1821. **14.** Ne peuvent siéger dans la même administration, et en conséquence ne peuvent être présentés pour candidats, les parens du Syndic, des Conseillers et du Secrétaire, à un degré prohibé, tels que les premier et second degré de consanguinité et premier d'affinité, *V. Degré de parenté*, les aubergistes et ceux qui auraient des affaires à régler avec la commune; on doit aussi éviter de présenter des septuagénaires et personnes atteintes d'infirmités graves, qui ont des excuses à apporter pour refuser cette fonction; et encore les Conseillers et Syndics qui ont cessé leurs fonctions dès moins de deux ans. *V.* §§. 23 *et* 24.

CHAPITRE V.

RENOUVELLEMENT DU VICE-SYNDIC.

L. P. du 31 déc. 1815. art. 6. IV. 224. **15.** Au commencement de chaque année, *un des Conseillers* est désigné sous l'approbation de l'Intendant pour, en cas d'absence ou d'empêchement du Syndic, en remplir les fonctions pendant le cours de l'année. Cette désignation se fait par une délibération *qui est transmise en original*, de même que celle prise pour renouveler le Conseil, dans laquelle elle peut être insérée; et ces actes consulaires sont portés au registre après l'approbation supé-

Cir. 31 oct. 1824, et 19 févr. 1819.

rieure. *Rien ne s'oppose à ce qu'un Vice-Syndic soit continué*, si le Conseil n'a pas de motifs contraires. Cir. 19 fév. 1819.

CHAPITRE VI.

RENOUVELLEMENT DES SYNDICS.

16. Ce renouvellement s'effectue de deux ans en deux ans. Pour rendre cette opération plus facile, les communes ont été divisées en deux séries, de sorte que, dans chaque province, il y a toutes les années les Syndics d'une série qui se renouvellent à la même époque. Ils sont présentés par les Conseils dans le mois d'octobre, et sont nommés par les Intendans pour entrer en exercice le 1er janvier suivant. Régl. 8 et 9. L. P. du 31 déc. 1815. IV. 221, et Circ. du 7 déc. 1819. VIII. 59, et 19 fé. 1819.

Le mode à suivre pour remplacer les Syndics est déterminé comme suit : *Ibid.* art. 2.

Chaque Conseil réuni en nombre double présente à l'Intendant un *tableau de désignation* d'un nombre de candidats propres aux fonctions de Syndic, et égal à celui des Administrateurs de la commune, avec renseignemens sur la capacité, profession, fortune et moralité de chacun d'eux. Les Administrateurs en exercice étant candidats de droit, il s'entend naturellement qu'ils ne doivent pas être compris dans la désignation précitée. *Ibid.* et Cir. minist. du 2 déc. 1818.

Les personnes désignées pour doubler le Conseil peuvent être présentées pour candidats.

17. On ne doit comprendre dans le tableau de proposition que des personnes jouissant de l'estime et de la confiance publique, capables d'activité et de zèle pour le bien public, attachées inviolablement à S. M., et qui n'ont aucun motif d'incompatibilité, *V. le* §. 14, et autant que possible sachant signer. Circ. du 4 octob. 1821 nº 887.

18. MODÈLE DE DÉLIBÉRATION. *L'an... le Conseil double de la commune de.... composé de.... s'est réuni dans la chambre consulaire, pour, en exécution de l'art. 2 des L. P. du* 31 *décembre* 1815, *et des Instructions de M. l'Intendant de..... concernant le renouvellement biennal du Syndic, procéder à la formation du tableau des candidats à présenter pour le renouvellement de celui de cette*

commune. — Le Conseil, ouï la lecture des L. P. et Instructions précitées, et après une mûre délibération, arrête comme suit le tableau de présentation des candidats pour le renouvellement du Syndic de cette commune.

19. *TABLEAU de proposition pour le renouvellement du Syndic de....*

ADMINISTRATEURS ACTUELS.					CANDIDATS POUR LES FONCTIONS DE SYNDIC.					
NOMS et PRÉNOMS.	FONCTIONS.	PROFESSION.	AGE.	COTE GÉNÉR.	NOMS et PRÉNOMS.	AGE.	PROFESSION.	COTE GÉNÉR.	Renseignemens sur leur aptitude, moralité et fortune.	OBSERVATIONS.
Inscrire les Conseillers par rang d'ancienneté, et indiquer le Vice-Syndic.										*Indiquer si les Candid. sont parens avec les Administrateurs, et s'ils savent signer.*

Fait et arrêté en Conseil à.... les an et jour que d'autre part, pour, le présent ainsi que la délibération qui le précède, être adressé à M. l'Intendant.

Ce tableau est transmis en original après en avoir fait insertion à la minute des actes consulaires.

L. P. précitées, art. 3. IV. 223. — 20. S. M. nomme directement, sur la présentation des tableaux, les Syndics de toutes les villes dont la population n'est pas moindre de 3000 ames; les autres Syndics seront nommés par les Intendans, avec l'approbation du Bureau d'Etat.

Les Syndics ainsi nommés exercent leurs fonctions pendant deux ans, et à l'échéance de ce terme, ils peuvent être confirmés dans leur emploi, moyennant approbation souveraine. *V.* §. 22, *Installation.*

Cir. 16 jan. 1822. n°293 — 21. Si, par l'effet de la nomination du Syndic, une place devient vacante dans le Conseil, il sera pris immédiatement une délibération, afin de le remplacer dans le Conseil; il en serait de même pour le cas ou le nouveau Syndic serait parent à un degré prohibé, pour siéger dans la même administration, avec un ou plusieurs Conseillers, cas auquel ces derniers doivent sortir et être de même remplacé sur présentation de candidats par le Conseil. *V.* §§. 13, 14 *et le mot Affinité.*

CHAPITRE VII.

INSTALLATIONS.

22. Le Syndic sortant ou, à son défaut, le Vice-Syndic installe le Syndic nouvellement nommé, au moyen de la prestation préalable, en présence du Conseil réuni en nombre double, du serment exigé dans la forme suivante : R. de 1739. art. 9, et Cir. 16 jan. 1822. ¶

23. *Je.... Syndic de la commune de.... promets et jure d'être fidèle à S. M. et au Gouvernement royal, et de remplir avec toute l'exactitude possible les devoirs de mon emploi.* Détermin. de la Secrét. d'Et. 3 déc. 1821. ¶

24. Il est loisible au Juge ou au Châtelain de se trouver au Conseil et de recevoir ce serment, qui est signé par le Syndic, après avoir été ténorisé sur les registres. *V. Syndic*, §. 72. R. précité art., 10 et 11.

25. Les Conseillers entrent de même en fonction, en prêtant préalablement, devant le Conseil, entre les mains du Juge, et, à son défaut, entre celles du Syndic, le serment prescrit, dont il est dressé procès-verbal pour être transmis à l'Intendant. *V.* §. 13.

26. Aussitôt que les Syndics et Conseillers ont pris possession de leur charge et prêté le serment requis, lecture leur est faite du règlement de 1739, « et ils doivent « avoir soin de se mettre au fait des revenus de la pa- « roisse; » il leur est en outre donné lecture de l'art. 135 du Code pénal militaire. — 12 et 26. Code pénal militaire.

27. Lors de l'installation de son successeur (le Règlement porte dans l'assemblée du mois de décembre), le Syndic sortant rend compte de son administration, des commissions qui peuvent lui avoir été données, des titres et papiers dont il serait détenteur. R. de 1739 art. 8.

28. L'inspection sur la nomination et le renouvellement des Syndics, Conseillers et Secrétaires des villes et communes, et généralement sur tout ce qui concerne l'administration politique et intérieure de villes et communes, est attribuée à la Secrétairerie d'Etat pour les affaires internes (1). L. P. du 11 nov. 1818. VII. 113.

(1) Le Conseil général des finances avait été chargé de diriger l'Administration communale, en remplacement de la Junte établie par Billet Royal du 12 janvier 1790; il ne lui reste actuellement que la direction supérieure des objets purement financiers. L. P. 31 mars 1817. IV. 312.

TITRE II.

DES CONSEILS COMMUNAUX.

FONCTIONS, ATTRIBUTIONS ET DEVOIRS.

R. de 1739 art. 25. — 39 et 40. — 33 et 34. — 32.
29. Le Conseil régit et administre les biens et revenus de la commune, il surveille l'augmentation des biens cotisables ; la manutention des ponts et chemins ; la conservation des cotes qui concourent à la taille, et celles des bois qui fortifient les bords des rivières et torrens. *V.* §. 386.

— 30-33. — 34 et 35. L. P. 5 av. 1823, et 23 juill. 1822. XIII. 247. XI. 34.
30. Il délibère sur les moyens d'accroître les revenus de la commune, *V.* §. 234 ; sur les besoins particuliers et locaux, sur les réparations à faire à l'église et au presbytère, lorsque la fabrique ne possède pas des revenus suffisans pour y subvenir, *V.* §. 345 ; sur l'établissement des écoles communales, et sur les aliénations et acquisitions. *V.* §. 349.

Instr. min. R. art. 51, et circ. 24 mai 1821. §
31. Il fait la répartition des corvées, des impositions personnelles et mobilières ; il règle l'affouage, le mode de perception des droits d'octroi ; il provoque le dessèchement des marais. *V. tous ces mots.* Il dénonce les comptables dans le cas de faillite imminente. *V. Pénalité*, §. 199.

— art. 85. — 38. — 41 et 44.
32. Il veille particulièrement à ce que le Secrétaire remplisse ses obligations et conserve les titres de la paroisse qui lui sont confiés, à ce que le député et le Secrétaire fasssent les visites prescrites des propriétés riveraines, *V.* §. 386 ; à ce qu'ils observent scrupuleusement s'il se commet des empiétemens sur les communaux, *V. Limites*, §. 208 ; si l'on exécute des digues offensives aux intérêts de la commune.

R. sur les Levées, art. 58.
33. Enfin, la vérification des listes alphabétiques, l'examen des comptes du percepteur, la rédaction des projets

de budget, l'acensement des communaux, *V.* §§. 414, 307 et 261, sont compris dans les attributions les plus essentielles du Conseil. L. P. 31 d. 1815 et R. de 1739 art. 21.

34. Au surplus, un Conseil de commune n'est pas une autorité, c'est une réunion d'hommes choisis parmi les plus recommandables et les plus éclairés de la commune, pour en faire connaître les besoins, exprimer leur avis et éclairer la décision des autorités supérieures.

En conséquence, les Syndics ne doivent jamais voir dans une délibération du Conseil, autre chose que l'expression d'un vœu; ils ne peuvent la faire exécuter qu'après qu'elle a été approuvée par l'Intendant.

TITRE III.

DES SECRÉTAIRES.

CHAPITRE PREMIER.

NOMINATIONS, ATTRIBUTIONS ET DEVOIRS.

35. Ils peuvent exercer dans plusieurs communes. Leur nomination s'opère de la même manière que celle des Conseillers. *V.* §. 13. L. P. du 16 jan. 1826. ¶

Ils *doivent être Notaires* (1); la durée de leurs fonctions est illimitée; elles consistent à tenir la main à l'exécution de tout ce qui est ordonné par le Règlement; à intervenir à toutes les assemblées qui se font dans le courant de l'année, lorsqu'ils en sont avertis par le Syndic, et à en provoquer eux-mêmes toutes les fois qu'ils le croient nécessaire, faisant avertir en ce cas deux jours d'avance le Syndic, afin qu'il en donne avis aux autres Administrateurs. R. du 8 jan. 1739. art. 1 et 86. — 87.

(1) Ou habilités par Patentes Royales.

R. de 1739 art. 88. 36. Ils rédigent les délibérations, *V.* §§. 56 *et suiv.*; et
—89 et 7. si quelque Conseiller s'absente sans cause légitime, ils
tiennent la main à ce qu'il paye l'amende en conformité
de l'art. 7 du Règlement; en cas de récidive, ils en donnent avis à l'Intendant. *V.* §. 7.

—90. Ils tâcheront de se mettre bien au fait des intérêts de la
commune, pour l'aider à soutenir ses droits en instruisant
les Administrateurs de leurs devoirs et en leur donnant des
—20. conseils en hommes d'honneur et de probité; ils sont chargés d'informer le Bureau de l'Intendance, par lettres, *de ce qui sera jugé nécessaire* pour réparer les abus qui sont dénoncés au Conseil, et de ce qu'il y aura de plus avantageux à la commune.

Lorsque les Secrétaires veulent se donner un suppléant, ils doivent en obtenir le consentement du Conseil par un acte consulaire spécial, et successivement l'approbation de l'Intendant. Mais ce suppléant n'acquiert aucun droit à la survivance, et il ne peut assister au Conseil que lorsque le Secrétaire est empêché de s'y trouver pour des motifs légitimes.

La publication des actes du gouvernement et de ceux de la commune, *V.* §. 42; la rédaction des rôles, *V.* §. 62; les mutations, *V.* §. 45, rentrent dans les attributions les plus spéciales des Secrétaires. *V. Tarifs.*

CHAPITRE II.

ARCHIVES COMMUNALES.

37. Les Secrétaires sont les dépositaires de tous les
—26 et 134. papiers, registres, littérés, lois, mappes, cadastres et
—31. livres de l'administration, jusqu'à ce que la commune ait
des archives, et qu'il soit autrement ordonné par l'Intendant; ils en sont responsables et doivent les tenir dans un
—91 et 92. lieu assuré et sous leur garde; il leur est prescrit d'en
donner *vision gratis aux jour et heure par eux indiqués*,
sans être tenus cependant de laisser prendre des notes;
—134. ils doivent donner les extraits et attestations qui leur seront demandés, moyennant salaire, et leur signature suffit pour les authentiquer.

38. Quoiqu'ils doivent permettre de faire des extraits de la mappe, il leur est défendu d'y appliquer ou laisser appliquer aucun papier huilé, ni autre chose qui puisse la détériorer (5 écus d'amende); « à ces fins, ils assisteront à chaque vision, *pour qu'aucune altération ne s'en suive.* » R. de 1739 art. 135. — 91.

39. Le Syndic et les Conseillers en remettant au Secrétaire les papiers de toute nature appartenant à la commune, doivent en faire dresser un inventaire détaillé, au bas duquel le Secrétaire met son chargé; « et tant de ladite note que de son chargé, il en remettra une copie au bureau de l'Intendance qui lui en fera un certificat de réception au bas de la note originale, et après avoir présenté celle-ci au Conseil, il la coudra dans le livre des délibérations. » — 26.

40. Si lesdits titres et papiers se trouvent entre les mains de quelque tiers, le Syndic lui enjoindra de les présenter au Conseil sans retard, ou dans un bref délai en cas d'empêchement. S'il venait également à la connaissance du Conseil qu'il y eût quelque part d'autres papiers de la commune égarés, il en sera fait au plus tôt le recouvrement, et le tout sera remis au Secrétaire, qui en fera son chargé. Si le détenteur faisait quelque difficulté, les Administrateurs recourront à l'Intendance par la voie du Secrétaire. — 27 et 31.

41. Les Secrétaires ne doivent pas perdre de vue qu'ils ne sont que les dépositaires des titres et papiers de la commune, et qu'ils ne sont point seulement à l'usage de l'individu. Ils doivent en conséquence les recueillir avec soin, les conserver avec une espèce de scrupule, et les transmettre intacts et avec les formalités prescrites, à leurs successeurs. *V. Correspondance*, *etc.*, §. 68. Instr.

Il serait à désirer que dans chaque commune il fût ouvert, à l'instar de ce qui se pratique en Piémont, un registre pour l'entrée et la sortie des titres et mappes des archives communales.

(MODÈLE.)

DATE de L'EXTRACTION.	NATURE ET DÉSIGNATION du titre extrait.	DATE DE L'ACTE CONSULAIRE.	NOMS ET PRÉNOMS de celui à qui le titre a été remis.	DATE de LA RESTITUTION.	NOMS ET PRÉNOMS de la personne qui a fait la restitution.	OBSERVATIONS.

R. de 1739 art. 147. Les Secrétaires ne doivent remettre aucun titre sans y être autorisés par une délibération et sans s'en être fait donner un chargé. Par le R. de 1775, les Secrétaires ne peuvent fournir l'expédition des titres renfermés dans les archives sans un acte consulaire, ou sans qu'ils aient été publiés.

CHAPITRE III.

PUBLICATIONS.

R. C. liv. 2. tit. 1[illegible]. §. [illegible]. **42.** La date de la promulgation des lois est constatée et ne se présume pas. Elles sont adressées aux Intendans, qui les font parvenir dans chaque ville et commune, où elles sont publiées par les Secrétaires, à la diligence des Syndics.

Instr. Ces publications, de même que celles de tous les actes, ordonnances, décrets, manifestes, etc., qui doivent être notifiés et publiés, se font devant la porte de l'église, ou au banc du droit, soit un jour de marché, soit un jour de fête, à l'issue des offices divins. L'acte publié doit rester affiché une journée entière. S'il exige des publications réitérées, le Secrétaire y procédera trois jours de marché ou de fête, avec un intervalle entre elles de six jours au moins, et fera chaque fois un certificat de publication, sans pouvoir réunir ces certificats dans un seul.

Ibid. §§. 4 et 5, et cir. 31 juil. 1825 et 29 mars 1819. VIII. 94. Il a été ouvert un registre pour chaque commune, sur lequel doivent être inscrits, *à l'instant même de leur réception*, la date et l'*objet précis* des actes du gouvernement, des magistrats et autres autorités compétentes, les avis d'enchères, etc.; la date de leurs réception et publication, en indiquant chacun de ces actes d'une manière concise à la vérité, néanmoins telle que la désignation en résulte suffisamment. Ce registre doit être authentiqué par le Secrétaire au bas de chaque page.

Au commencement de chaque semestre, le Syndic reçoit de l'Intendant un état (1) sur lequel se trouveront imprimés, par ordre de date, tous les actes qui auront été transmis pendant le semestre qui vient de s'écouler, soit par le gouvernement, soit par l'autorité supérieure ; le Secrétaire y remplira les dates de leur publication, en conformité du registre précité ; il le datera, le signera et en fera retour à l'Intendant dans les dix jours, en y joignant autant de certificats de publication distincts qu'il contiendra d'actes publiés.

43. Il est expressément recommandé aux Secrétaires de rédiger chaque certificat de publication *le jour même que cette publication a lieu*, et de le réunir au registre. Au moyen de ce soin, tous les certificats se trouveront rédigés à la fin du semestre ; et dans le cas de mutation de Secrétaire, le successeur n'éprouvera pas l'inconvénient de recourir à son prédécesseur pour obtenir ces certificats. Cir. 31 juil. 1823.

44. Toutes les fois que l'Intendant joint des imprimés de certificats de publication aux actes qu'il transmet dans les communes pour y être publiés, *c'est pour indiquer que le Syndic ou le Secrétaire doit lui transmettre immédiatement les certificats de la publication de ces actes, dès qu'elle aura eu lieu, sans que cependant cet envoi dispense d'en joindre de nouveaux pour les mêmes actes*, à ceux qui seront transmis à l'échéance de chaque semestre.

V. Budgets, Comptes, Rôles.

CHAPITRE IV.

TRANSPORT DES BIENS ACQUIS A LA COLONNE DU NOUVEAU POSSESSEUR.

45. Tous les biens sont sujets au cadastre. Les nouveaux possesseurs devront exhiber leurs titres et en faire faire R. C. liv. 6 tit. 4, §. 6.

(1) En Piémont, ils reçoivent un état double, dont l'un reste aux archives.

E. R. du 22 décem. 1818 VII. 190. et E. R. du 15 sep. 1738. le transport à leur colonne six mois après leur acquisition; autrement ils encourent une amende qui ne pourra excéder 100 liv., ni être moindre de 10 liv., et le domaine ne leur sera pas censé transféré.

R. 1739, art. 93. 46. Le Secrétaire de la commune étant chargé d'opérer ce transport, aura un *livre journalier* sur papier timbré (lorsqu'il est imprimé, il peut être timbré à l'extraordinaire), pour y effectuer jour par jour les changemens des possesseurs. L. P. du 5 déc. 1817, art. 11. Ce livre sera numéroté; il devra être écrit en caractère lisible, sans rature, et si on était obligé d'en faire, R. 1739, art. 94. il faudra qu'on puisse lire le mot raturé; il est défendu d'y laisser aucune feuille en blanc ni aucun intervalle entre un article et l'autre. On y décrira minutieusement, R. 1739, art. 99, et 6 de l'E. de la peréquat. par numéro et même par confins, les pièces acquises, soit en entier soit en partie, en spécifiant dans ce dernier cas, la quantité de journaux et toises prise sur chaque portion de numéro qui changera de possesseur; et on rapportera à ce numéro ou portion de numéro la taille cadastrale au *prorata* de la contenance.

R. 1739, articl. 118 et suivans. Outre ce livre journalier et le cadastre, il existe dans chaque commune un livre en grand papier, intitulé *livre de la commune de....*, contenant, par ordre alphabétique, le nom et le prénom des propriétaires fonciers de la commune. Tous les transports du livre journalier devront être annotés sur ce livre avec la plus scrupuleuse exactitude, premièrement, à la colonne de l'ancien propriétaire, *pour y effectuer la décharge des numéros et taille;* secondement, à la colonne ouverte ou à ouvrir du nouveau possesseur, *pour y additionner les numéros et taille qui lui sont parvenus*. En conséquence, on laissera dans ce même livre, après chaque nom, un espace assez considérable pour y ajouter les charges, décharges et les cotes nouvelles.

— art. 100. 47. A chaque transport de taille, le Secrétaire ne devra pas omettre d'indiquer à la marge du cadastre et à côté des numéros qui ont changé de possesseurs, le feuillet du livre journalier sur lequel l'annotation a été mise.

Ce n'est qu'au moyen de la régularité et de l'exactitude de toutes ces opérations, qu'il sera possible d'apprécier d'une manière rigoureuse, temps par temps, les précédentes mutations, de remonter jusqu'à la colonne originaire du cadastre, et successivement de descendre jusqu'au possesseur actuel de chaque numéro ou portion de numéro.

L'exhibition du titre est indispensable (amende de 25 écus, tant pour les nouveaux possesseurs que pour le Secrétaire); sauf pour les successions *ab intestat* notoires. Le Secrétaire auquel on présentera des actes et contrats translatifs de propriétés, et dans lesquels elles seront désignées par les numéros de la mappe, devra, dans les vingt jours, à peine de 50 liv. d'amende, en faire *sans autre* (1) l'annotation au livre journalier, en y désignant les titres exhibés par an, jour et notaires; néanmoins après s'être assuré de l'identité du numéro.

R. 1739, art. 107 et 113 et R. C. liv. VI. tit. IV. §. 7. E. R. du 22 déc. 1818. VII. 194.

Si, au contraire, les biens ne sont pas désignés par numéros dans les titres exhibés, le Secrétaire invitera celui qui se présente, à s'entendre avec la personne de qui il a le droit, pour convenir des numéros de la mappe sous lesquels les pièces ont été figurées; et s'ils en restent d'accord pardevant le Secrétaire, celui-ci vérifiera incontinent si ces numéros sont inscrits à la colonne de celui qui en a consenti la transmutation, et les y trouvant, il en fera l'annotation requise; il la fera de même lorsque celui qui se présente justifiera d'être unique successeur testamentaire ou *ab intestat*. S'il y a plusieurs héritiers, ils interviendront tous à la mutation, pour convenir, soit de leur indivision, soit des numéros et portions de numéros qui leur sont respectivement parvenus à la forme de leur contrat de partage; ils sont tenus solidairement de la faire effectuer, et ils encourront autant d'amendes qu'il y

R. 1739, art. 108. — 132.

(1) Les R. C., l'art. 6 de l'Edit portant la peréquation, et le Réglement même de 1739, unanimes à cet égard, exigent que toute mutation soit autorisée par un acte consulaire; cependant l'usage a généralement et constamment prévalu en Savoie de ne remplir cette formalité préalable que dans les cas où il y a contestation. Il a paru, sans doute, que l'obligation imposée aux Secrétaires de faire *sans autre* le transport au livre journalier, lorsqu'il est requis en vertu de titres et documens irrécusables, excluait toute autre formalité qui aurait retardé cette opération. Le formulaire A du Régl. de 1739 a pu encore autoriser cet usage.

E. R. précité, art. 9 et 10. aura de communes où ils auront négligé de se faire charger des biens qui leur sont échus. Le délai ne court qu'à partir du jour de l'entrée en possession, et par conséquent à dater de la sentence définitive ou de la transaction, s'il y a eu procès pour la succession.

— art. 130. Chaque fois que, par corrosion, rectification de route ou autrement, il aura été rendu une ordonnance pour décharger quelqu'un de la taille, le Secrétaire spécifiera dans la mutation, l'ordre, les circonstances et les conditions relatifs à ce retranchement de taille, et il en sera placé

— art. 132. une copie authentique à la fin du cadastre. Lorsque la commune aura aliéné quelque pièce de communal, le Secrétaire en fera de même l'annotation au journalier, avec désignation de toutes les pièces justificatives de la vente et cotisation qui lui seront présentées par l'acquéreur.

R. C., liv. 4. titr. 6. §§. 6 et 7. Lorsqu'on aura présenté aux Syndic ou Conseillers un nouveau titre de propriété, ils devront s'assembler le plus tôt possible pour l'acte consulaire requis.

Circ. du 5 nov. 1824, remplaçant les art. 95, 96 et suiv. jusqu'à 112 et 114. 48. L'Intendant général des finances a décidé « que rien ne s'oppose à ce que les nouveaux propriétaires fassent porter à leur colonne les biens dont ils sont devenus possesseurs par succession *ab intestat* ou de toute autre manière, quoique ces biens auraient appartenu à plusieurs propriétaires qui n'en auraient pas fait effectuer le transport, pourvu qu'ils produisent un acte de notoriété qui les établisse eux-mêmes légitimes propriétaires, en faisant mention du titre en vertu duquel ils étaient possédés par l'ancien propriétaire, ou en établissant la paisible possession depuis trente ans et plus; mais ces transports ne doivent être effectués que sur le vu d'une délibération consulaire dûment publiée, accompagnée des documens ci-dessus indiqués et approuvée par l'Intendant, chaque fois qu'il y aura augmentation ou diminution des cotes. »

Edit du 22 déc. 1818, tit. 11. art. 5 et 6. VIII. 491. 49. Pour assurer de plus en plus l'exécution des dispositions émises pour le transport des biens à la colonne du nouveau possesseur, les Intendans transmettent, à l'expiration de chaque semestre, aux administrations communales, l'état des mutations de propriétés qui y ont eu lieu, et ils en exigent en même temps l'accusé de réception, que les Syndics ne doivent pas omettre de leur adresser. Circ. du 8 mars 1820. n° 64.

50. Les administrations communales se réuniront en assemblée régulière, dans le courant de chacun des mois de février et d'août, et d'après l'examen des états ci-dessus indiqués, des notices qu'elles se seront procurées relativement aux successions déférées *ab intestat*, comme aussi à l'aide des livres de transport, elles s'assuront si les mutations de propriétés ont été opérées, et elles feront résulter de toutes omissions et retards par un acte consulaire, dans lequel seront décrits les noms de tous les contrevenans, ainsi que les indications résultantes des susdits états et des informations. S'il n'existait pas de contrevenans, aussitôt après cet examen, elles en donneront avis à l'Intendant, au moyen d'un certificat négatif signé par tous les membres du Conseil qui y ont pris part. — art. 7. et Circ. précit. Circ. du 11 sept. 1820.

51. Les Secrétaires des administrations communales transmettront, sous leur responsabilité, dans le terme de dix jours de la date de l'acte consulaire dont il s'agit ci-dessus, une copie authentique de cet acte à l'Avocat-Fiscal provincial, afin qu'il puisse provoquer auprès du Tribunal de judicature-maje le jugement des contraventions sur cette matière, qui fait aujourd'hui partie des attributions de ce Tribunal; de laquelle transmission il devra toujours être fait mention dans l'envoi de l'extrait de ce même acte consulaire, qui sera aussi fait à l'Intendant, afin qu'il puisse veiller à l'exécution du prescrit par le §. 8, tit. 2 de l'Edit sus-énoncé. E. précité. art. 8. Ed. du 27 sept. 1822. XI. 216, et Circul. du 5 nov. 1824. ¶ Circ. du 11 sep. 1820. ¶

52. Comme il peut arriver fréquemment qu'à l'époque de l'examen des états de mutation transmis par le Secrétaire insinuateur, plusieurs propriétaires se trouvent encore dans le délai de six mois qui leur est accordé, et que par suite ces propriétaires ne soient pas dans le cas d'être signalés comme retardataires, il devient indispensable que les mêmes états soient de nouveau examinés au moment où le Conseil s'assemblera pour la vérification de ceux du semestre successif. Par ce moyen, aucune contravention ne pourra échapper à la surveillance de l'administration, qui ne saurait porter trop d'attention à un objet aussi important. Circ. du 10 août 1819, et du 8 mars 1820. ¶

53. Les acquéreurs par contrats portant clause de *réméré*, n'étant pas dispensés de faire porter à leur cote les immeubles dont ils sont devenus propriétaires par ce genre de contrats, ils doivent être dénoncés comme contrevenans, quoique le terme de rachat ne soit point expiré, aussitôt après le délai des six mois.

54. Quant aux contrats portant donation sous la réserve de l'usufruit, ils ne peuvent obliger le donataire à se charger de la taille qu'autant qu'il y serait tenu expressément par les termes du contrat.

Circ. du 10 Août 1819. 55. Le registre sur lequel ces délibérations seront consignées, étant exempt du droit du timbre, conformément aux dispositions de l'art. 40 de l'Edit du 5 décembre 1817, le Secrétaire en devra ouvrir un sur *papier libre*, spécialement destiné à recevoir celles de l'espèce; les extraits qu'il devra en faire seront également sur papier libre, pourvu qu'il ait soin de faire précéder sa signature de cette énonciation : *Le présent délivré sur papier libre pour l'usage de l'administration*.

CHAPITRE V.

DÉLIBÉRATIONS.

Edit du 5 déc. 1817, art. 11 et 47 V. 243. et Circ. du 31 déc. 1820, nº 637. IX. 261. 56. Les délibérations des Conseils s'écrivent sur papier timbré dit de procès, et il ne peut être écrit plus d'un acte sur la même feuille, sous peine d'amende.

Les feuilles qui contiennent ces délibérations doivent être réunies en forme de minute, cotées et les blancs bâtonnés, dans les vingt-quatre heures de leur rédaction, et avec toutes les incombances exigées des notaires, *V. ce mot*, pour les minutes des actes qu'ils reçoivent.

Ibid. et R. 1739, art. 7 et 88. 57. Chaque délibération doit indiquer les noms des Conseillers qui y ont pris part, et ceux des autres Conseillers qui, quoique convoqués, n'y ont point paru, avec mention des motifs de leur empêchement, s'ils les ont fait connaître.

Elles doivent être rédigées et écrites par le Secrétaire, séance tenante, et signées par tous les intervenans qui savent écrire, et sous-marquées par ceux qui ne sauraient signer, circonstance sur laquelle il sera verbalisé avec les interpellations d'usage après les signatures. *V.* §§. 7, 8, 10 *et* 11, *pour les autres formalités.*

Pour plus de régularité, les délibérations doivent être divisées en trois parties : dans la première on indique les intervenans avec les énonciations déjà mentionnées ; dans la seconde l'objet de la délibération et les propositions auxquelles il a donné lieu ; la troisième doit contenir la décision du Conseil et faire connaître si c'est l'avis de l'unanimité ou de la pluralité. Au cas où quelque membre aurait émis une opinion contraire, elle doit être consignée dans la délibération ainsi que le nom de ce membre ; il est encore essentiel de faire résulter de la parité des suffrages si le cas se présente (1).

58. Rien n'empêche que dans la même délibération le Conseil puisse s'occuper de plusieurs objets ; mais pour plus d'ordre, il est à propos que l'on divise dans le même acte les objets dont le Conseil s'occupe dans la même séance, et que l'on fasse suivre *séparément* à chaque objet la délibération du Conseil.

Dans l'envoi des délibérations, les Secrétaires doivent avoir soin de mentionner les divers sujets qui y ont été traités. *V. Assemblées*, *tit.* 1er, *ch.* 1er, §§. 59 *et* 60.

CHAPITRE VI.

USAGE DU PAPIER TIMBRÉ.

59. Les Secrétaires délivrent sur papier de 30 centimes les extraits des registres de l'état civil, des cadastres, livres de mutations et de tous anciens registres existans dans les archives de la commune ; les copies des délibé- Cir. du 10 nov. 1818, n° 1241.

(1) Avant la signature, lecture de la délibération doit être faite à haute et intelligible voix, par le Secrétaire. Le Syndic ou l'un des Conseillers ont le droit de faire eux-mêmes cette lecture au Conseil si bon leur semble. Les délibérations sont authentiquées par le Secrétaire, séance tenante, et il ne peut y procéder qu'après les signatures, en commençant par les Intendans, les Juges, le Syndic et successiveles Conseillers, par ordre d'ancienneté ou de prérogative.

rations que prennent les Conseils pour demandes et avis dans l'intérêt des communes ou des particuliers ; l'usage du papier de 60 cent. n'est obligatoire que pour les copies des actes sujets à l'insinuation. *V. Mandats de payement*, *Rôles*.

Cir. du 19 févr. 1819, VIII. 59.

60. *Exemptions*. Par relation au n° 6 de l'art. 40 de l'édit du 5 décembre 1817, les délibérations et états pour la personnelle et mobilière, les verbaux de prestation de serment et tous autres relatifs au personnel de l'administration, ne sont pas soumis à la formalité du timbre.

Cir. du 10 août 1819.

61. Les délibérations et certificats concernant les *levées*, les fabriques, les indigens, ceux qui sont en retard de faire porter à leur cote les biens qui leur sont parvenus, se font également sur papier libre.

CHAPITRE VII.

RÔLES D'IMPOSITION.

Circulaires des 20 janv. 1820, 30 nov. 1825 et 20 jan. 1826.

62. Le recouvrement des contributions doit s'opérer par le moyen,

1° D'un rôle comprenant les impositions royales, provinciales et locales. Les cadres pour la confection de ce rôle sont fournis par l'Intendant ; lorsqu'il n'y a pas de locale, il n'y est apposé aucun timbre ; s'il y en a à répartir, chaque feuille sera visée pour le timbre de 30 cent.

Le Secrétaire est chargé de la rédaction de ce rôle ; pour y parvenir, il procède à la répartition rigoureuse de chacun des contingens, au marc la livre de la cote générique, après avoir fait du montant de cette cote les déductions prescrites par les §§. 1 et 2 du tit. 4 de l'Edit du 22 décembre 1818. *V.* §§. 208 *et suivans*.

2° D'un rôle sur papier libre de la personnelle et mobilière. *V.* §. 213.

3° D'un rôle pour les revenus de la commune, dressé sur papier timbré dit *de tabellion*.

(MODÈLE.)

RÔLES de revenus communaux de la commune de.....

NOMS et PRÉNOMS.	RÉSIDENCE des DÉBITEURS.	INDICATION des REVENUS.	MONTANT DÛ.		ANNOTATION des PAYEMENS.
			LIV.	C.	

Nota. Les débiteurs seront classés de manière que les acensataires de biens communaux soient compris dans un chapitre, les débitans de vins et personnes comprises pour l'octroi dans un autre chapitre, etc.; et on y indiquera soigneusement la nature, la date, etc., des titres.

Ces rôles doivent être écrits lisiblement et correctement en report et en chiffres; les répartitions opérées avec précision, sans surcharges ni ratures; les blancs de la feuille de tête remplis et chaque page soigneusement affoliée. Cir. du 31 janv. 1828.

63. Dans les communes qui ont des revenus au-delà de ce qui est nécessaire pour les dépenses communales, les dettes fixes et légitimes et les dépenses provinciales, l'excédant pourra être employé à payer tout ou partie de l'impôt royal; néanmoins, la répartition et le rôle des contributions royale et provinciale devront être faits en la forme prescrite et les payemens effectués à l'échéance de chaque 12e par la caisse communale, sans qu'on puisse pour aucun motif les retarder. Cir. précit. du 20 janv. 1820.

64. *Publication.* Les rôles ayant été revêtus de l'approbation de l'Intendant, doivent être publiés et rester déposés pendant cinq jours dans la salle des séances du Conseil, pour que les intéressés, à ces fins prévenus, puissent en prendre connaissance, et successivement dans les dix jours il est transmis à l'Intendant un certificat constatant la date de leur publication, ainsi qu'un récépissé du Percepteur, indiquant la remise à lui faite de ces rôles, au dos desquels leur publication sera de même certifiée par le Secrétaire. Cir. du 28 févr. 1819.

65. Cette publication des rôles et le décret de l'Intendant dont ils sont revêtus, suffit pour les rendre exécutoires; les Intendans pourront néanmoins ordonner aux Syndics de faire publier, les derniers jours de chaque mois, un avis aux contribuables, qui leur rappellera l'obligation Instr. pour les Percepteurs du 1er avril 1826. XIV. 73.

de solder le 12e échu dans les cinq premiers jours du mois suivant, sous peine de la contrainte militaire.

Instr. pour les Percepteurs du 1er avril 1826. XIV. 82. 66. De plus, un extrait des rôles sera remis respectivement aux contribuables, à la diligence des Percepteurs, et sous la surveillance de MM. les Syndics qui s'assureront si cette obligation a été rigoureusement remplie.

Ibid. 78. 67. A l'expiration de l'année successive à celle du recouvrement, le Percepteur doit rendre les rôles y relatifs pour être déposés dans les archives communales; il en exigera un récépissé du Secrétaire, dont copie sera fournie à l'Intendance.

— 109. Afin que le Percepteur puisse avoir un titre pour se procurer le remboursement des sommes restantes à recouvrer au moment de la restitution des rôles déposés, les Secrétaires communaux seront tenus de fournir au Percepteur, sans autres frais que le montant du papier timbré, un extrait en forme authentique des articles dont il est encore créancier en tout ou en partie.

Cet extrait sera fourni à l'instant même de la restitution, et l'on en fera résulter dans ledit procès-verbal, avec mention du total restant à recouvrer sur chaque rôle.

CHAPITRE VIII.

CORRESPONDANCE. — MESURE D'ORDRE.

Cir. du 30 juin 1826, nº 1477. 68. Il doit être tenu pour chaque commune un registre copie de lettres, sur lequel seront copiées *in extensum* celles contenant avis, renseignemens ou développemens de motifs à l'appui de l'affaire que l'on adresse, ainsi que celles contenant demandes ou réponses au bureau de l'Intendance; les autres n'y seront copiées que par analyse.

69. De plus, toutes les affaires soumises à l'Intendant ou qu'on lui renvoie, en suite de soit communiqué, doivent être accompagnées d'une lettre spéciale d'envoi pour chaque objet de nature différente. C'est une règle invariable

Anciennes Instruct. à laquelle on ne peut trop recommander aux Syndics et Secrétaires de se conformer, *que jamais une même lettre ne doit traiter de plusieurs objets*, quelqu'affinité qu'ils puissent paraître avoir entr'eux. La division des affaires est absolument indispensable pour leur distribution dans les différens bureaux qu'elles peuvent concerner, ou pour leur classement dans les différens cartons d'un même bureau. Cette précaution toutefois n'est pas nécessaire pour l'envoi des objets généraux, tels que budgets, comptes, délibérations pour renouvellement des Syndics, Conseillers, etc.; pour ces objets, les Syndics et Secrétaires peuvent se borner à une seule lettre d'envoi, dans laquelle seront énoncés les noms des communes que l'envoi concerne. Tout ce qui sera transmis ou déposé sans lettre d'envoi, sera renvoyé au Syndic pour y être pourvu. Il est inutile d'ajouter que les lettres d'envoi doivent toujours être sur une feuille double; une feuille simple, quand elle est développée, ne peut contenir la pièce ou les pièces qui l'accompagnent.

Circulaire précitée.

Anciennes instruct.

70. Il n'y aurait bientôt que désordre et confusion dans les archives communales, si les Syndics et Secrétaires ne les séparent de celles qui concernent leurs affaires personnelles, et s'ils ne leur assignent un lieu fixe, hors de la portée de toute main étrangère. Cette précaution, qui peut suffire pour empêcher les papiers de s'égarer ou de se perdre, ne suffit pas pour qu'ils se trouvent facilement et presque sans recherche, au besoin. Cet avantage ne peut s'obtenir que par un classement méthodique et par des indications extérieures, à l'aide desquelles ils viennent, pour ainsi dire, se placer d'eux-mêmes sous la main. Les divisions et subdivisions de cet article comprennent toutes les parties de l'administration communale, et peuvent servir à ce classement. Que les Syndics et Secrétaires disposent, selon l'importance de leur commune, des tablettes, des cartons, ou simplement des *chemises*, étiquetées chacune d'un titre ou chapitre de cet article, et qu'ils y placent les papiers qui s'y rapportent; par ce moyen les archives de la commune seront comme un livre ouvert aux Administrateurs et à l'autorité supérieure. Un simple mot de rappel, tel que *communaux*, *invalides*, *levées*, *gardes-champêtres*, etc., suffira pour indiquer tout à la fois aux Syndics la tablette, le carton ou la chemise dans laquelle se trouve

la pièce qu'on veut consulter. *V. Archives*, §§. 37 *et suiv.*

71. On n'a pas craint d'entrer dans ces petits détails, en apparence minutieux, parce qu'ils tiennent de plus près qu'on ne pense à la bonne gestion des Syndics ; combien de renseignemens ne sont pas donnés ou sont donnés au hasard, parce qu'on a craint de perdre un temps précieux, à faire dans des papiers mal tenus une recherche longue, pénible et infructueuse ! L'ordre économise le temps, abrége les retards, épargne la peine et les dégoûts, prévient les négligences, les erreurs et les fautes.

Correspondance ordinaire des Syndics comme officiers de police. *V.* §. 196.

TITRE IV.

DES SYNDICS.

SECTION PREMIÈRE.

FONCTIONS MUNICIPALES DES SYNDICS.

Inst. du 23 août 1816. IV. 163.

72. L'ADMINISTRATION communale est confiée individuellement aux Syndics ; tous les actes qui en résultent doivent être faits par eux et en leur nom ; l'exécution des délibérations leur est confiée après l'approbation de l'Intendant.

73. Ils correspondent et ont droit à la *franchise*, *V.* §. 199, avec les Intendans, les Commandans de la province, les Commissaires des levées, le Chef du Magistrat, l'Inspecteur de l'Insinuation, etc. ; et dans les cas particuliers, avec le Gouverneur et les Ministres.

74. Ils dirigent et font exécuter les travaux publics qui intéressent la voirie, les rivières et torrens. *V.* §§. 356 *et suivans.*

Ils affirment les procès-verbaux des gardes, *V.* §. 283 ;

ils surveillent les gardes-forestiers, les gardes-champêtre, les débitans de vin, *V.* §. 97, les fermiers des octrois et les communaux.

75. Ils délivrent les passeports et remplissent, *dans les communes rurales, les fonctions d'officier de police.* V. Tit. 4.

76. Ils convoquent et président le Conseil, délivrent les mandats de payement, vérifient les caisses des Percepteurs. *V. Assemblées, Comptabilité.*

77. Ils inscrivent sur la liste alphabétique les enfans nés dans le courant de l'année, présentent les inscrits au tirage, à l'examen, à l'enrôlement, etc. *V. Levées*, §. 414.

78. En plaçant toute l'autorité locale entre les mains des Syndics, le gouvernement a dû compter sur leur empressement à justifier sa confiance, et sur leur dévouement à l'intérêt général; ils en donneront la mesure en assurant l'exécution de ses ordres, en faisant respecter les lois, en maintenant les règlemens conservateurs de l'ordre public. Qu'ils se gardent surtout de croire que les dispositions des lois et des arrêtés s'abrogent en quelque sorte par le temps, et qu'il leur est permis de voir avec indulgence les abus sur lesquels des règlemens nouveaux n'ont pas particulièrement appelé leur attention. Une loi, une mesure de police, sont obligatoires tant qu'elles ne sont pas rapportées; et la nécessité de les publier de nouveau n'aurait même jamais lieu, si les Syndics tenaient toujours exactement la main à leur observation. Anciennes instruct.

79. Une surveillance active, une fermeté soutenue, l'emploi bien dirigé des moyens d'influence que donnent les fonctions publiques placées entre les mains d'un homme personnellement considéré, suffiront ordinairement pour assurer dans une commune la soumission aux lois et le respect dû à l'autorité. Si cependant un Syndic rencontrait, dans l'exécution d'une mesure ordonnée, des résistances qui ne cédassent pas aux moyens de persuasion, son devoir serait de les vaincre, et de requérir à cet effet le ministère de la force publique; mais on ne peut trop recommander aux Syndics de bien motiver les réquisitions qu'ils seraient

L. P. du 12 octob. 1822 art. 35 et 36. XI. 283. dans le cas d'adresser aux Carabiniers, *V. ce mot*, et surtout d'éviter soigneusement toute expression qui présenterait l'idée d'un ordre intimé; ils sont autorisés à requérir les Carabiniers-Royaux, mais non pas à leur donner des ordres. Une simple invitation remplace, dans beaucoup de cas, la formule des réquisitoires, et elle produit toujours le même effet sur un corps essentiellement dévoué au maintien de l'ordre public. *V.* §. 86.

80. En s'attachant à faire exécuter les lois et à en faire une sage application, les Syndics ne doivent pas négliger une autre partie de leurs fonctions, qui n'est ni moins honorable ni moins utile, celle d'indiquer à leur Intendant les améliorations dont ils ont reconnu la possibilité. Le gouvernement ne peut jamais être trop riche de ces élémens du bonheur public, et les Intendans, qui les reçoivent toujours avec reconnaissance, même des particuliers étrangers à l'administration, doivent les attendre plus particulièrement des Syndics, à qui ils seront toujours flattés de devoir l'idée des propositions utiles qu'ils soumettront au gouvernement.

SECTION II.

OBLIGATIONS ET ATTRIBUTIONS DES SYNDICS COMME ADMINISTRATEURS ET COMME OFFICIERS DE POLICE.

CHAPITRE PREMIER.

DISPOSITIONS GÉNÉRALES. — ATTRIBUTIONS SPÉCIALES.

R. de 1739, art. 8. Instr. pour les Syndics du 23 avril 1816. IV. 163.

81. Les Syndics doivent avoir pour maxime générale et constante dans l'exercice de leurs fonctions, que leur place est un office de tutelle par rapport aux administrés, et une charge de confiance par rapport au gouvernement.

82. Le but essentiel de leurs attributions spéciales est de veiller sur tout ce qui peut se rapporter à l'intérêt général de l'Etat ou à l'intérêt particulier de leur commune, et par conséquent de tenir la main, autant que cela peut être de leur compétence, à l'exécution des lois et règlemens publics.

83. On entend par attributions spéciales des Syndics, les mesures qu'ils sont autorisés à prendre de leur propre droit et sans l'intervention du Conseil.

ART. 1er.

Dépenses extraordinaires.

84. Si ces mesures nécessitaient des dépenses extraordinaires, même légères, qui pourraient se renouveler par la suite, ils devront les soumettre à la délibération du Conseil et à l'approbation de l'Intendant.

ART. 2.

Correspondance ordinaire.

85. Les Syndics tiendront un registre particulier des lettres et de tout ce qu'ils expédieront relativement à leurs attributions ; ils conserveront toutes les pièces qu'ils recevront pour cet objet, et à la fin de l'année, ils les annexeront au registre par ordre de date, et ils en formeront un seul volume intitulé : *Année...... NN.*, *Syndic.*

Quoiqu'il soit facultatif aux Syndics de se servir du Secrétaire de la commune, sans que celui-ci puisse s'y refuser, il n'en résulte pourtant pas que son intervention soit nécessaire pour la correspondance particulière (*pour la correspondance secrète*, *V.* §. 196) ; à moins qu'il ne s'agisse de publications et avis, qui doivent toujours être certifiés par le Secrétaire, quoique les publications soient faites au nom du Syndic.

ART. 3.

Assistance par la force armée.

86. Les Syndics peuvent en cas de besoin se faire assister par la force armée, et dans ce cas ils adressent leur demande au commandant de la station des Carabiniers-Royaux, et en cas d'absence ou d'insuffisance, au commandant de la troupe en préside ou en détachement dans la commune ou à proximité.

Ils peuvent aussi avoir recours aux préposés des douanes, lorsqu'il s'agit de l'intérêt de cette administration ; et à défaut de toute force armée, ils requièrent le nombre d'hommes qu'ils croient nécessaire; mais dans aucun cas le Syndic ne peut commander en personne et directement aucune espèce de force armée ci-dessus désignée.

Instr. précitée, §. 8. Toutes les demandes de force armée doivent être faites par écrit, motivées et inscrites au registre. Si la troupe ne se comportait pas comme elle le doit, que son commandant refusât de faire droit à leur demande, les Syndics doivent en faire leurs représentations aux supérieurs militaires, et même directement au ministre de la guerre. *V.* §§. 79 *et* 192 *pour la marche à suivre.*

— §. 9. Les Syndics sont autorisés à faire arrêter immédiatement les personnes qui leur manquent gravement de respect dans l'exercice de leurs fonctions; on regarde comme manque de respect la résistance à des ordres légitimes et tout acte insultant ou menaçant; mais dans ce cas, ils doivent rédiger procès-verbal, qu'ils transmettent au Juge, faute de quoi la détention ne peut excéder vingt-quatre heures. *V.* §. 79.

ART. 4.

Levées.

— §. 10. 87. Les Syndics doivent prendre un soin particulier pour la prompte et stricte exécution des ordres relatifs aux levées, afin de ne pas se rendre responsables des inconvéniens et des retards qui pourraient arriver dans cette partie essentielle du service. *V. au mot* levées *les dispositions des lois et instructions qui les concernent.*

— §. 11. 88. Lorsque les Syndics se croient lésés dans leurs droits par les autres autorités et troublés dans l'exercice de leurs attributions, ils ont le droit de recourir directement aux ministres de l'intérieur et de la guerre, suivant le cas.

La loi a en outre concentré dans les mains des Syndics (1) tout ce qui concerne la police civile, économique, rurale

Ibid. et L. Pat. du 13 nov. 1821. X, 380. et judiciaire; et comme l'exercice de ces fonctions est d'une importance majeure, puisque l'ordre, la tranquillité publique, la salubrité et les mœurs s'y rattachent; que, sur-

(1) Pour ceux des villes et communes où il n'y a pas de Commandant militaire établi fixement.

tout, le meilleur moyen d'empêcher les délits, c'est d'en connaître les causes et de tâcher de les prévenir; il ne sera pas inutile de retracer la marche générale et les règles particulières que les Syndics doivent suivre à cet égard, et qui sont renfermées dans les instructions trop peu connues qui suivent.

CHAPITRE II.

DE LA POLICE CIVILE.

ART. 1er.

Ordre, Tranquillité, Sûreté.

89. La police civile a pour objet la tranquillité, la sûreté, la salubrité publiques et les mœurs. Instr. précitée, ch. 2. §§. 1 et 2.

« Les Syndics doivent d'abord se procurer un état exact des habitans du territoire, et ensuite, outre les procès-verbaux de trimestre, les notes prescrites et les soumissions qui en sont la conséquence, et tout ce qui appartient à leurs attributions relativement aux gens sans aveu et vagabonds, *V. ce mot*, §. 48; ils doivent surveiller attentivement toutes les personnes suspectes par une inconduite notoire, par des principes opposés à la subordination due aux autorités établies par le gouvernement, par leur liaison à des sociétés prohibées, et notamment celles dont la manière de vivre excéderait évidemment les moyens. »

90. « Ils vérifieront la condition des personnes inconnues, et si elles ne se trouvent pas dans le cas de donner des renseignemens satisfaisans sur leur compte, ils les feront éloigner immédiatement du territoire de la commune; ils pourront même, sur des soupçons graves, en ordonner l'arrestation, dont ils exprimeront la cause dans le procès-verbal qu'ils en rédigeront et qu'ils transmettront sans retard au Juge. »

« Ils procéderont de la même manière pour toutes les arrestations qui s'exécuteront d'après leurs ordres. » *V. Déserteurs.* Ils auront les yeux constamment ouverts sur les forçats libérés et sur les individus mis en surveillance spéciale.

ART. 2.

Mendians.

Inst. préc. §. 3. R.C. liv. 2. tit. 3. ch. 1. §. 16. et R. P. S. liv. 3. ch. 6.

91. « Ils expulseront aussi de la commune tous les gens sans aveu et mendians valides qui n'en sont pas natifs ou domiciliés depuis dix ans, et ils engageront ceux du lieu à un travail stable, en leur en fournissant, autant que possible, l'occasion et les moyens.» La négligence des Syndics à cet égard peut avoir des suites funestes. *La mendicité, fille de la fainéantise, est ordinairement l'école du crime. Le brigandage se recrute dans la mendicité et se cache souvent sous ses haillons. V. Indigens.*

Inst. du 13 déc. 1824. XIII. 195, et Instruct. préc.

Les Syndics devront tenir un registre, par ordre de dates, des payemens d'indemnité ou des moyens de transport qu'ils ont accordés aux indigens qui voyagent avec une feuille de route. *V.* §§. 55 *et* 453.

Dans les 15 premiers jours du semestre successif, ils transmettront au Commandant militaire de la province l'état des dépenses conforme au modèle ci-après §. 453.

« Ils veilleront aussi particulièrement sur l'éducation des enfans abandonnés. »

ART. 3.

Instruction publique.

= §. 4.

92. Comme il leur appartient de surveiller l'instruction publique, ils tiendront la main à ce que les instituteurs et autres personnes chargées de l'enseignement remplissent les devoirs qui leur sont imposés par les lois et par leurs engagemens et instructions particulières. *V. Ecole*, 392.

ART. 4.

Délits, Déserteurs, Basoches, Charivaris.

93. Ils donnent le plus promptement avis au Juge et au Commandant, des délits qui se commettront sur leur territoire, et ils tâcheront de découvrir et de faire arrêter les coupables, en se concertant pour cela avec les Commandans de la force armée et particulièrement des Carabiniers-Royaux, qu'ils aideront de tout leur pouvoir, toutes les fois qu'ils seront chargés de quelque opération.

Ils agiront de même envers les bannis, les gens sans aveu,

les déserteurs, les réfractaires cachés ou errans sur leur territoire, et ils ne manqueront pas d'informer le Juge des arrestations qui s'exécuteront dans la commune, par ordre de toute autre autorité, quelle qu'en soit la cause connue ou présumée. Instr. précitée et R. P. S. ch. 6. §. 1. liv. 3.

94. Ils veilleront à ce que la tranquillité et le repos public ne soient pas troublés, particulièrement pendant la nuit; ils donneront ordre de cesser, sous peine d'arrestation, à ceux qui se rendraient coupables sous se rapport, et ils pourront même les faire arrêter en cas de continuation. Les assemblées appelées *basoches* ou *charivaris* sont défendues sous peine de 20 liv. d'amende contre chaque contrevenant, extensible jusqu'à 100 liv., et même à une punition exemplaire si l'on est venu, à cette occasion, à quelque composition ou autre excès. Inst. préc. Ib., R.P.S. liv. 3. ch. 6. §. 1. et Ord. de police.

ART. 5.

Danses publiques, Spectacles.

95. Ils ne permettront pas qu'il se donne des sérénades, spectacles et danses publiques sans leur autorisation; ils ne la refuseront pas cependant sans cause légitime, et ils auront soin d'y assurer le bon ordre, même par l'intervention de la force armée; ils en useront de même dans les foires, marchés, fêtes publiques et assemblées extraordinaires de quelque nature que ce soit. L. P. du 13 nov. 1821, art. 11. X. 382. et Rég. de police du 1er janvier 1828. XVSS

ART. 6.

Jeux de hasard, Assemblées secrètes.

96. Ils feront rigoureusement observer les lois qui défendent les jeux de hasard, tels que bassette, lansquenets, brelan, maccao, vingt et un, onze et demi, trente et quarante et semblables, de même que les assemblées secrètes; et dans le cas de soupçon fondé, ils en informeront le Commandant de la province. Inst. préc. et R. P. S. liv. 3. ch. 6. §. 7. et Ed. du 9 avril 1816.

ART. 7.

Forçats libérés.

Ils exerceront une surveillance particulière sur les auberges, cabarets et autres endroits où les voyageurs et les personnes inconnues ont coutume de se rendre, et ils exigeront que les consignes soient régulières et fidèles. Instr. du 31 déc. 1817 art. 6.

ART. 8.

Auberges, Hôtelleries, Traiteuries, Cabarets, Cantines, Locandes.

L. P. du 2 octob. 1818. VI. 314. L. P. et R. du 9 décem. 1818. VII. 133.

97. L'inspection supérieure sur ces sortes d'établissemens est confiée à la police, et les attributions données en cette matière au Sénat de Savoie ont cessé; ceux qui veulent exercer la profession d'aubergiste, hôtellier, traiteur, etc., devront se munir d'une permission spéciale du Commandant de la province, et présenteront pour l'obtenir,

1° Une déclaration du Juge de mandement, constatant qu'ils n'ont jamais été condamnés à aucune peine afflictive, qu'ils n'ont jamais fait cession ignominieuse de leurs biens, ni aucune banqueroute, etc.;

2° Un certificat du Syndic et un acte de soumission conformes aux modèles joints au présent article, n°s 1 et 2. (Ces déclarations et certificats seront obtenus des Juges et des Syndics des différentes communes que les requérans ont habitées depuis cinq ans, et de celle qu'ils habitent actuellement). *V.* §. 100.

Cette permission sera renouvelée à l'expiration de chaque année.

Sous le nom d'*auberge*, on doit entendre les établissemens qui fournissent à tout venant la nourriture et le logement, et qui présentent aux voyageurs et aux passagers le plus d'aisance.

Les établissemens compris sous celui d'*hôtellerie*, quoique l'on y donne à manger et le logement, ne sont considérés que comme secondaires.

On désigne sous le nom de *cabaret* les lieux publics où l'on donne à manger et à boire, sans loger ni retirer personne pendant la nuit.

Les *cantines* sont les endroits où l'on débite du vin pendant toute l'année; enfin, les *locandes* sont les lieux où l'on donne le logement, moyennant une rétribution fixe pour chaque nuit.

98. Ceux qui exerceraient sans permission ou qui quitteraient leur débit sans déclaration préalable, encourent une amende de 25 liv., extensible à 500. liv.

Les Syndics se conformeront strictement, dans les certificats qu'ils délivreront et les actes de soumission qu'ils recevront, aux modèles ci-annexés et aux dispositions qui précèdent.

99. Lorsqu'un individu leur fera une demande pour exercer l'une desdites professions, les Syndics expédieront à l'Inspecteur de police ou au Commandant de province les déclarations, certificats et acte de soumission exigés, et accompagneront le tout de leur *avis particulier*.

Ils auront soin de le donner de manière à ce qu'il puisse porter un jugement fondé sur les qualités morales et civiles du réclamant et des individus des deux sexes qui composent sa famille; ils motiveront en outre l'utilité de l'établissement sous les rapports du besoin de la population, du commerce, des voyageurs et passagers, ayant toujours soin d'indiquer si le local qu'on destine pour l'un de ces établissemens est convenable, tant par sa situation que par la distribution intérieure du corps de logis, celle des portes d'entrée et de sortie, et en même temps s'il est d'une surveillance facile, s'il se trouve dans l'enceinte de la commune ou bien dans un village, s'il est isolé, sur une route, et à quelle distance du lieu principal; enfin, ils donneront tous les détails des personnes et des localités qui sont à leur connaissance.

100. Si le réclamant est récemment domicilié dans la commune, il devra se munir de toutes les déclarations et certificats exigés, *V.* §. 97. n° 2; et comme l'individu qui change souvent de domicile se rend par cela seul suspect, le Syndic prendra des informations exactes avant de délivrer son certificat.

101. Les femmes ne pouvant exercer sans que les maris se rendent responsables, ou sans qu'elles en soient séparées légalement; ni les fils de famille s'ils ne sont émancipés, ou si leurs parens ne se rendent civilement garans (art. 5 et 6 des Let. Pat. précitées); pour preuve de l'émancipation ou de la séparation légale, les réclamans devront présenter les actes authentiques.

Les Syndics, en expédiant des certificats aux réclamans, ne doivent pas perdre de vue que le but du règlement est de diminuer insensiblement le nombre de ces espèces d'établissemens, qui peuvent porter atteinte aux mœurs et rendre plus difficile la surveillance qui leur est confiée.

102. Pour la stricte exécution des dispositions (1) concernant la fermeture des cabarets durant les offices divins, les Syndics emploieront leur zèle et informeront l'Inspecteur de police des contraventions qui auront lieu, afin

(1) *Devoirs et obligations des débitans de vin.* Ils ne peuvent donner à boire et à manger les jours de fête pendant les offices divins
R. P. S. liv. 1. chap. 1. §. 2. et le catéchisme (peine de 15 à 30 liv. d'amende et suspension pour récidive); ils ne recevront à leur service aucun étranger dépourvu de passeports et non agréé par la police (25 liv.); ils inscriront sur un registre les individus de sept ans qui composent leur famille (25 liv.);
E. R. 9 sep. 1818. VII. 133. ils dénonceront les soldats et individus qui sont sans congé ou passeport, et ne leur donneront pas asile (15 à 40 liv.); ils tiendront un registre coté et paraphé où ils inscriront ceux qu'ils logeront jour par jour, avec nom, prénoms, grades, profession, pays natal, domicile, d'où ils viennent et où ils vont, et la nature des pièces dont ils sont porteurs
R. P. S. liv. 3. ch. 6. (24 heures de prison); extrait en sera remis chaque jour aux officiers de police locaux, à l'heure qu'ils auront fixée, et passé laquelle ils ne recevront aucun arrivant (10 liv.); ils représenteront leur registre aux autorités (10 liv. ou prison); ils ne recevront aucun individu suspect ou malfamé, et femme de mauvaise vie (peine arbitraire); il leur est défendu de faire crédit aux militaires, de recevoir leurs effets et ceux des fils de famille en gage (10 liv. et perte de la créance); d'exiger des prix exhorbitans, de falsifier les boissons, d'y laisser commettre des désordres (suspension); ils tiendront une lampe allumée devant leur boutique, dans les bourgades où il n'y a point d'éclairage ou qui sont sur la route, depuis l'entrée de la nuit jusqu'à l'heure fixée pour leur clôture (3 liv.). Défense de loger des
Ed. du 27 août 1822. XI. 120. déserteurs (150 liv.). La connaissance de ces délits appartient au Juge de mandement.

M. S. du 11 juin 1822. X. 264. Ils doivent dénoncer les rouliers, charretiers, etc., qui se mettent en route les jours de fête (15 à 30 liv.).

L. P. du 3 févr. 1826. XIV. 10. L'amende est augmentée contre ceux qui ouvrent un desdits établissemens sans autorisation (300 liv., et de plus l'emprisonnement s'il y a récidive).

R. de 1826. XIV. 172. Ils tiendront chez eux des mesures de capacité dûment échantillées, et les présenteront chaque année à l'étalonneur.

Ed. 9 avr. 1816, art. 4. Ils encourront un an de prison s'ils sont surpris tenant ouverts chez eux des jeux de hasard.

Circ. de la Secrét. de guerr. du 12 déc. 1818. S'ils meurt quelqu'un dans leur auberge, ils en donneront de suite avis au Juge du mandement, sous les peines de police.

Ils préviendront l'autorité lorsqu'il changeront de domestiques (50 liv.).

qu'il puisse ordonner la suspension ou l'interdiction de l'exerçant, selon le cas; ils n'omettront pas surtout d'envoyer le procès-verbal qu'ils rédigeront à cet effet au Juge du mandement, pour l'application des peines portées par le règlement.

Si la ville ou commune se trouve sur un passage de commerce, les Syndics adapteront l'exécution de cette mesure au besoin que les voyageurs et passagers peuvent avoir de se restaurer et loger, en permettant dans ce cas que l'établissement leur soit ouvert.

103. Les Syndics exigeront rigoureusement la tenue d'un registre conforme aux modèle, sur lequel devront aussi être inscrits les individus qui sont au service de l'exerçant.

104. *Vente à porte-pot*. La vente du vin en détail est défendue, surtout s'il se consomme dans l'endroit même, sous peine de 6 à 25 liv. d'amende. Il pourra être accordé la permission de vendre à *porte-pot* (en détail pour être bu ailleurs), par le Commandant, qui peut autoriser le Syndic à la donner. Cette permission ne pourra être accordée qu'au propriétaire, pour vendre du vin provenant de ses fonds.

Ordonn. du 1er janvier 1823. XII. 129.

Ib. du 1er janv. 1831.

(MODÈLE N° 1.)

PROVINCE de	**Certificat du Syndic.**	VILLE (ou Commune) de

105. Nous (*noms, prénoms et qualités*), Syndic de la ville (ou commune) de...., certifions, conformément à l'art. 252 du Réglement annexé aux Royales Patentes du 9 décembre 1818, que M. (*noms, prénoms, filiation, profession, patrie et domicile du requérant*), pendant le temps qu'il est (ou était) domicilié en cette ville (ou commune), a toujours été reconnu pour une personne honnête, de probité et de bonnes mœurs, jouissant d'une réputation bien méritée; et que les individus des deux sexes qui composent sa famille sont (ou ont été) reconnus probes et de bonne conduite.

Déclarons en outre que le susdit est propriétaire (*en immeubles, meubles ou capitaux*) de la somme de..., et que telle étant le vérité, nous avons délivré le présent certificat pour l'objet mentionné dans l'art. 1er du Réglement précité.

Fait à..... le.....

(MODÈLE N° 2.)

POLICE GÉNÉR.le

INSPECTION de

VILLE (ou Commune) de

Acte de Soumission.

106. L'an... et jour..., pardevant nous (*noms, prénoms et qualités*), Syndic et Officier de police de la susdite ville (ou commune), a comparu en personne M. (*noms, prénoms, filiation, patrie, domicile et profession*), lequel, en conformité de l'art. 2, §. 3 du Règlement annexé aux Royales Patentes du 9 décembre 1818, a déclaré, ainsi qu'il déclare, vouloir entreprendre (ou continuer) l'exercice de (*spécifier si c'est une auberge, hôtellerie, cabaret, traiteurie, cantine ou locande*), avec l'enseigne de.... (ou dénomination de....), dans la maison située (*indiquer si elle est dans l'endroit, le nom de la rue ou route et le numéro de la porte de ladite maison*), appartenant à M. (ou au déclarant).

En vertu du présent, ledit déclarant s'est soumis et obligé, comme il se soumet et oblige, dans le cas qu'il obtienne la permission d'ouvrir l'établissement susdit (ou de continuer ledit exercice), d'observer les lois, les réglemens et les dispositions qui sont actuellement en vigueur et celles qui émaneraient par la suite, relativement à l'exercice susénoncé, indépendamment de ce qui est établi et pourra s'établir en matière de Royales Gabelles.

Après lecture et approbation il a signé avec nous.

(MODÈLE N° 3.)

POLICE GÉNÉR.le

INSPECTION de

VILLE (ou Commune) de

Acte de Déclaration.

107. L'an.... et le.... du mois de.....

Pardevant nous (*noms, prénoms et qualités*), Syndic et Officier de police de la susdite ville (ou commune),

A comparu en personne M. (*nom, prénoms, filiation, patrie, domicile et profession*), lequel, en conformité de l'art. 11 du Règlement annexé au Royales Patentes du 9 décembre 1818, a déclaré, ainsi qu'il déclare, vouloir abandonner l'exercice de.... (*spécifier si c'est une auberge, hôtellerie, traiteurie, cantine ou locande*), sous l'enseigne de....

A la suite de quoi nous avons reçu la déclaration de M....., que nous avons fait constater par le présent acte, qui a été signé avec nous par le déclarant, après lecture et approbation.

ART. 9.

Surveillance à l'égard des voyageurs.

108. Les Syndics ne laisseront établir dans la commune aucun individu, sans exiger de lui la représentation de son certificat de bonne conduite et la déclaration de ses moyens d'existence; ils prendront des renseignemens particuliers et provoqueront la surveillance des Carabiniers-Royaux, sur tout nouvel habitant dont les pièces ou les déclarations laissent des doutes, ou qui n'a pas de répondans sûrs. Il est défendu à qui que ce soit de retirer et loger telles personnes plus de deux jours, sans en faire part aux Syndics, et ceux-ci doivent en informer le Juge-Maje, à peine de 10 liv. d'amende.

Inst. préc.

R. P. S. liv. 3. ch. 6. art. 1er.

109. L'obligation imposée aux voyageurs de prendre des passeports est un des plus sûrs moyens de maintenir l'ordre public. Ceux pour l'intérieur sont délivrés par les Syndics, en forme de certificats de bonne conduite, *V. Certificats de bonne conduite*, §. 128; ceux requis pour sortir des Etats sont régis par les instructions suivantes.

ART. 10.

Passeports à l'étranger.

110. Tout sujet de S. M. qui désirera obtenir un passeport à l'étranger devra préalablement se procurer, de la part du Syndic du lieu de son domicile, un certificat pour le présenter aux employés destinés à délivrer les passeports.

Instr. de la Secr. d'Etat du 14 nov. 1820. XIII. 1.

111. Ces certificats sont rédigés sur papier timbré; ils sont délivrés gratis à celui qui en fait la demande, lorsqu'il est connu pour un homme de bonnes mœurs, ou d'après la déposition et sur la garantie de deux personnes probes particulièrement connues. Il sera dressé un procès-verbal à part de cette déposition, qui sera conservé dans les archives, et pour lequel il ne sera exigé que le remboursement du timbre.

112. On n'en délivrera pas, *et on usera de la plus grande circonspection à cet égard*, aux personnes poursuivies et recherchées par la police ou par la justice, à celles qui

sont assujetties à une surveillance particulière ou qui ne jouissent pas d'une bonne réputation, comme encore à celles qui sont notoirement dangereuses ou gravement suspectes; *à celles étrangères à la commune, par leur naissance et par leur domicile fixe et légal, ce qui exclut d'autant plus celles étrangères aux Etats de S. M. Il est important de mettre de la réserve à en délivrer aux individus oisifs, vagabonds; d'en limiter la durée aux personnes purement suspectes, qui auraient des motifs légitimes de s'absenter de leur patrie; d'indiquer la route directe qu'elles doivent suivre, le lieu de leur destination, les motifs qui les engagent à s'y rendre; de porter les mêmes soins relativement à celles soupçonnées de se livrer à la mendicité.*

Circ. de la police.

113. S'il arrivait qu'une des personnes indiquées dans le premier alinéa de l'article précédent voulût se rendre à l'étranger, le Syndic, après en avoir connu les motifs, devra demander les ordres et les intentions du Commandant.

114. Il ne sera accordé aucun certificat à toute personne qui est dans la dépendance d'une autre, sans le consentement de celle-ci; savoir : aux femmes mariées, sans le consentement de leur mari; à un fils non émancipé, sans le consentement de son père, et sans celui du tuteur ou curateur, s'il est question de pupilles et mineurs; enfin, sans celui du maître, si c'est un domestique, celui-ci devant, s'il n'y a pas plus de dix jours qu'il a quitté le service, produire son certificat de bonne conduite ou livret.

Toutes les personnes qui, d'après cet article, doivent donner leur consentement, signent leur propre déclaration mentionnée dans le certificat.

115. Relativement aux bas-officiers et soldats qui n'appartiennent pas au contingent en activité, le certificat indiquera les motifs qui les font passer à l'étranger, et l'époque précise à laquelle ils doivent se trouver sous les drapeaux. On exigera encore d'eux la feuille de congé limité.

Quant à ceux qui sont en activité de service, ils ne peuvent passer à l'étranger sans la permission des ministres de la guerre et des relations extérieures.

116. Les inscrits qui ont été soumis seulement à l'assentement général et renvoyés provisoirement chez eux en congé illimité, devront, pour obtenir un passeport à l'étranger, présenter, outre un certificat du Syndic, le consentement particulier de l'Inspecteur général des levées. Ce consentement sera sollicité par l'inscrit auprès du Commissaire des levées de la province, qui le transmettra à l'Inspecteur général. On indiquera toujours l'époque à laquelle l'inscrit réclamant sera tenu de rentrer dans ses foyers. *Les Syndics donneront ces renseignemens aux inscrits.*

Instructions précitées du 14 no. 1823. XIII. 1.

117. Quant aux jeunes gens ayant atteint 18 ans et ne dépassant pas 24, ils ne peuvent (art. 454 de l'Instruction sur les levées), obtenir de passeport à l'étranger, sans le consentement de l'Inspecteur général des levées ; les Syndics, en leur délivrant le certificat, les préviendront de l'obligation où ils se trouvent de se procurer ce consentement en s'adressant pour cela au Commissaire des levées de la province, lequel ne pourra autoriser ces inscrits à obtenir un passeport sans qu'ils aient présenté une caution formelle par acte notarié.

Instr. gén. sur les Lev. art. 454.

118. Lorsqu'il s'agira d'ouvriers, cet acte à caution pourra, en voie administrative, être reçu par les Secrétaires de l'Intendance ; il sera passé gratuitement, ne sera soumis à aucune inscription hypothécaire ; mais il devra être sur papier timbré, fourni par le requérant. Cet acte aura la même force qu'un acte public, pour obliger, le cas échéant, la caution à présenter le jeune homme pour qui elle a répondu, ou à fournir un remplaçant.

L. P. du 24 juin 1823. XII. 252.

119. Pour prévenir tout abus au sujet des levées, les certificats de bonne conduite, pour obtenir des passeports et voyager dans l'intérieur, feront connaître la situation du porteur de ces certificats, sous le rapport de la levée.

Cir. du 13 juin 1822.

120. Les clercs qui n'ont pas reçu l'ordre du sous-diaconat et les prêtres doivent être avertis par l'autorité à laquelle ils demandent un certificat, de la nécessité où ils sont de se procurer de l'ordinaire du diocèse l'*exeat* nécessaire, et être prévenus de remplir, en outre, les formalités exigées des inscrits de 18 à 24 ans. *V.* §. 117.

Inst. préc. du 14 nov. 1823.

121. On aura soin de ne pas délivrer des certificats aux employés en général, et particulièrement aux comptables, si préalablement ils ne présentent, par écrit, une permission de leur supérieur; et on devra mentionner dans le certificat, non-seulement la permission, mais encore quelle en est la durée.

Ibid. R. C. liv. 6. tit. 12. 122. Comme les nobles, les officiers et les étrangers naturalisés ne peuvent sortir des Etats sans l'agrément de S. M., le certificat n'est pas de nécessité absolue, puisqu'ils doivent se munir d'une autorisation ministérielle. *V. Nobles.*

Inst. préc. et L. P. 16 sept. 1816. 123. Les individus qui veulent se rendre dans les échelles du Levant ou de Barbarie, et qui demandent des certificats pour obtenir des passeports, doivent être avertis de l'obligation dans laquelle ils se trouvent de faire conster auprès du Ministre des relations extérieures,

1° De leur moralité et conduite irréprochable; 2° de l'objet de leur voyage, ou s'ils ont quelque établissement en Afrique ou dans le Levant; 3° des moyens qu'ils ont pour se rendre dans ces pays et s'y établir; 4° qu'ils ont atteint l'âge de dix-huit ans.

124. Les Syndics les préviendront qu'ils doivent faire conster de ces choses de la manière suivante, pour les habitans de la Savoie en produisant,

1° Un certificat de l'Intendant de la province, approuvé par le Juge du consulat à Chambéry; 2° un certificat du Gouverneur, approuvé par le Ministre de l'intérieur.

125. On indiquera dans le certificat, les femmes, les filles non mariées, les garçons au-dessous de l'âge de douze ans, qui doivent voyager avec le requérant, et dans ce cas il est permis de délivrer un seul passeport, dans lequel ils seront tous compris. Pour les autres individus de la même famille ou domestiques, il sera délivré des certificats et passeports individuels.

126. Toute erreur ou omission quelconque qui se trouverait dans le certificat, le rendrait insuffisant pour obtenir un passeport. Ce certificat devra être soumis au *visa* du bureau de police du Commandant, avant d'être présenté pour obtenir le passeport, savoir : dans le délai de trois jours, s'il a été délivré dans la ville même où s'ex-

pédient les passeports, et dans le délai de vingt jours, s'il a été obtenu dans d'autres villes ou communes de la province, *autrement il devient nul et sans effet.*

127. Les Commandans pourront refuser le *visa* des certificats à ceux qui, pour l'obtenir, n'ont pas présenté des motifs suffisans, ou contre lesquels il existerait quelque motif de suspicion, jusqu'à ce qu'ils présentent une garantie suffisante.

Les autorités qui délivrent des certificats pour passeport à l'étranger, en sont responsables et doivent prévenir ceux qui les demandent de ces obligations.

ART. 11.

Certificats de bonne conduite.

128. Quiconque voudra voyager d'une province à une autre, dans les Etats de S. M., devra être muni d'un certificat de bonne conduite, délivré par le Syndic du lieu de sa résidence, sur la déclaration de deux témoins dignes de foi, et visé par le Juge ou par son lieutenant. Ces certificats seront expédiés gratis, à l'exception du papier timbré sur lequel on les rédigera. Il en sera adressé des exemplaires aux Intendans, qui les transmettront ensuite aux villes et aux communautés de leur ressort. E. R. du 13 juillet 1814. I. 182. M. du *Buon Gov.* 1er av. 1815. II. 43. Cir. 3 avr. 1815. II. 57.

Ces certificats seront délivrés sans timbre aux indigens et aux journaliers. Quiconque sera trouvé hors de sa province sans le certificat ci-dessus énoncé, sera puni de trois jours de détention. *Ibidem.* E. R. du 5 déc. 1817, ar. 11 et 40. V. 240.

Sont néanmoins exceptées de cette disposition, les personnes connues qui se présenteraient dans les villes aux Gouverneurs et Commandans militaires, et les ouvriers. *V.* §. 134.

Les Syndics seront très-prudens et très-circonspects sur la concession de ces certificats; ils ne les accorderont pas aux personnes suspectes.

(MODÈLE.)

SIGNALEMENT.	CERTIFICAT DE BONNE CONDUITE.
Age *Taille* *Cheveux* *Sourcils* *Yeux* *Front* *Nez* *Bouche* *Menton* *Barbe* *Visage* *Teint* *Corpulence* — *Profession* — *Marques particulières*	Nous...., Syndic de...., sur la déposition de...., témoins connus et de probité, signés au bas de la présente, certifions, pour ce qui est en notre connaissance particulière, que NN... dont le signalement se trouve désigné ci-contre, est une personne de probité et de bonnes mœurs, et dont la conduite n'a jamais donné lieu à aucune plainte de la part des autorités, tant judiciaires qu'administratives. En foi de quoi nous lui avons expédié le présent certificat valable pour... (*désigner la durée du temps*). Vu par nous Juge... le... 18.. *Visé le... par N..., Commandant des Carabiniers-Royaux stationnés à....*

Le Syndic n'omettra jamais de rapporter sur ce certificat le n° d'ordre progressif du registre. Si l'individu est sujet à la levée militaire, il en sera fait mention.

Les Syndics transmettent au Commandant de la province, au commencement de chaque mois, l'état des personnes auxquelles ils auraient accordé ces certificats pendant le mois précédent.

(MODÈLE.)

ETAT des personnes pourvues d'un certificat de bonne conduite.

N° D'ORD.	NOMS et PRÉNOMS.	AGE.	PROFESSION.	DURÉE du CERTIFICAT.	OBSERVAT.

ART. 11 *bis.*

Port d'armes.

L. P. du 28 févr. 1817. IV. 266, et 5 avril, IV. 331.
M. 15 juin 1817. V. 45.

129. Le port d'armes est une concession de la haute police; elle ne l'accorde que d'après des règles que l'intérêt public a dictées, et dont l'observation forme une garantie de plus pour la sûreté des personnes et des propriétés. Pour l'obtenir, il faut être propriétaire ou vivre

d'une industrie connue, être d'une moralité exempte de tout reproche, et produire un certificat (au timbre de 30 centimes) délivré par le Syndic du lieu où l'on réside, d'après le modèle qui suit :

SIGNALEMENT. — Nous Syndic de la commune de.... certifions que.... (*noms, prénoms, profession et domicile du requérant*), dont le signalement est ci-contre, est un homme de probité et de bonnes mœurs, qui n'a jamais été repris par la justice, exerçant une industrie (ou propriétaire), et qu'il est incapable d'abuser du port d'armes.

Fait à.... le....

130. Les Syndics ne doivent appuyer aucune demande de ce genre, sans être bien assurés que celui qui la forme est incapable de mésuser de la faveur qu'il sollicite. L'attestation de deux témoins connus, dont l'un aura sa résidence au chef-lieu, ou celle d'un fonctionnaire, peut suppléer à ce certificat. Les personnes qualifiées ou exerçant des emplois sont exemptées de ces formalités. Les militaires en activité de service, à l'exception des soldats provinciaux, sont dispensés de se munir du port d'armes. *Ibi*. IV. 266.

Les permissions de port d'armes, *V. ce mot*, sont accordées par les Commandans militaires. Ceux qui sont pris en délit portant des armes à feu, sans être munis de cette permission, sont punis d'une amende de 50 liv., et subsidiairement d'un mois de prison. L. P. du 13 nov. 1821. X. 386.

ART. 12.

Domestiques, Ouvriers.

131. Les ouvriers et domestiques sont tenus, sous peine d'une amende extensible à 50 liv., ou d'un emprisonnement subsidiaire de trois jours, de se pourvoir d'un livret, qui leur est remis par le Syndic de leur domicile, visé par la police et en papier libre, moyennant 30 cent[es] (*sur ce montant, il est prélevé 5 centimes pour suppléer aux dépenses que nécessite la formation des registres prescrits par le Règlement; les 25 centimes restans sont transmis au Commandant par le Syndic*). Ce livret ne pourra être délivré que sur la présentation d'un certificat de bonne conduite du Syndic de leur domicile, ou sur celle du *bien* L. P. du 23 janv. 1829 et R. art. 1, 2 et 3. XV. 253, et Cir. de la police du 28 nov. 1829.

servi du maître chez lequel ils ont été ou se trouvent actuellement. Le jeune homme au-dessus de l'âge dix-huit ans doit justifier qu'il a satisfait aux lois sur les levées, jusqu'à ce qu'il ait atteint sa trentième année.

Art. 4. 132. Le livret ayant été rempli par les indications convenables, sera signé par le porteur et son maître; il sera visé *gratis*, et le Syndic tiendra un registre pour y insérer le jour de la délivrance du livret, les nom, prénoms, signalement de l'individu, etc.

Les domestiques de place, outre lesdits certificats, devront se faire présenter à l'autorité par un maître d'auberge ou par toute autre personne connue et solvable.

133. Quand les domestiques et ouvriers se trouvent dans le cas de voyager, ils doivent faire apposer sur leur livret, et à la suite du dernier congé, le *visa* du Syndic, indiquant le lieu où ils se rendent.

134. Le livret ainsi visé servira de passeport à l'intérieur, *mais seulement pour les villes ou communes indiquées dans le* visa.

135. Le livret sera présenté par le porteur, dans les vingt-quatre heures qui suivront sont arrivée, à l'autorité locale des villes ou communes précitées, sous peine d'une amende extensible à 20 liv. et d'un emprisonnement subsidiaire de vingt-quatre heures.

Art. 8. 136. Chaque fois que les ouvriers ou domestiques quitteront leur maître, ils devront, dans les vingt-quatre heures, présenter leur livret à l'autorité locale du domicile où ils étaient placés; et faire de nouveau viser leur livret dans les trois premiers jours qui suivront leur entrée chez un autre maître, le tout sous les peines portées à l'article précédent.

Art. 10, 11. 137. Le maître peut garder entre ses mains le livret de son ouvrier ou domestique; il lui est défendu, sous peine d'une amende extensible à 50 liv., d'en recevoir sans livret. Il doit y annoter soigneusement le jour que l'ouvrier ou domestique est entré à son service, celui de sa sortie, et en même temps s'il a satisfait ou non à ses obligations. Les congés seront écrits sans lacunes, les uns après les autres, et préciseront le jour auquel a fini le service.

138 Les ouvriers ou domestiques ne peuvent se déplacer avant le terme expiré de leur engagement, à moins que ce ne soit par défaut d'ouvrage ou pour tout autre motif légitime. Dans ces derniers cas, le maître ne peut refuser ni leur congé ni leur livret, quand même il serait leur créancier de quelque somme. Art. 12.

139. Le maître qui prend à son service un ouvrier ou domestique débiteur de son dernier maître, sera tenu d'opérer, sur le produit de son travail ou de son salaire, la retenue d'un cinquième jusqu'à l'entier payement de sa dette; il devra, en outre, prévenir le créancier qu'il conserve à sa disposition le montant de cette retenue. Les maîtres qui omettent ces retenues sont tenus en propre d'en effectuer le payement. Art. 13.

140. Les *ouvriers* ou *domestiques* qui changent de profession, devront en faire la déclaration devant l'autorité locale, pour être annotée sur leur livret. Art. 14. Leurs congés leur sont délivrés par leur maître ou par l'autorité locale, s'il ne sait pas écrire. Art. 15.

141. S'ils restent un mois sans être placés, et qu'ils ne justifient pas d'avoir des moyens d'existence, ils seront renvoyés dans leur domicile, et ils seront tenus pour *suspects* et surveillés, s'ils ne prouvent par quels moyens ils pourvoient à leur subsistance. Art. 9 et Cir. du 28 nov. 1829.

142. Si un ouvrier ou domestique ne peut produire de suite les certificats prescrits, et qu'il trouve à se placer, il lui sera délivré une permission provisoire comme suit :

143. Conformément aux dispositions de l'art. 5 du Réglement..... pardevant nous..... s'est présenté..... lequel demande qu'il lui soit délivré un permis provisoire pour..... qu'il entend occuper auprès de lui en qualité de..... et pour lequel il se rend caution ; ce dernier, également ici présent, s'obligeant de présenter, dans le délai de trente jours, les certificats nécessaires et prescrits. — Vu les déclarations et soumissions faites ci-dessus, nous avons autorisé et autorisons le susdit à exercer provisoirement sa profession auprès dudit.... déclarant nulle la présente permission à l'expiration dudit délai.

Fait à.... le....

144. Ces permissions seront inscrites sur un registre à ce destiné, et retirées aux postulans qui ont obtenu le livret exigé.

Cir. de la pol. 28 nov. 1829. 145. En visant le livret à un ouvrier ou à un domestique qui a cessé d'être employé, le Syndic y comprendra l'ordre de renvoi dans la commune de son domicile, et y indiquera la route qu'il doit tenir, le délai dans lequel il devra se repatrier, et l'obligation qui lui est imposée de se présenter au Syndic du lieu, qui sera prévenu sans délai pour sa règle, et annotera le tout au registre prescrit par l'art. 4.

146. Les Syndics useront de toutes les voies de conciliation possibles, pour terminer à l'amiable les différends qui surviendraient entre un porteur de livret et son maître;
R. art. 18. s'ils ne peuvent y parvenir, ils les renverront pardevant le Juge compétent, et surveilleront la stricte exécution du Règlement, en dénonçant les contrevenans à qui il appartient, pour qu'on puisse leur appliquer les peines et amendes y mentionnées.

147. Lorsque les feuilles du livret seront remplies, qu'il sera usé et hors de service, il suffira de le consigner pour en obtenir un autre; mais on aura soin d'indiquer les dettes du domestique envers les maîtres qu'il a quittés ou chez lesquels il habite, afin que la retenue d'un cinquième sur le salaire soit effectuée.

148. Toutes les signatures du Syndic, soit en délivrant soit en visant les livrets, seront munies de l'empreinte du sceau communal.

— 15. 149. En cas de décès d'un ouvrier ou d'un domestique, le maître au service duquel il se trouvait, devra, dans le délai de dix jours, et sous peine d'une amende qui pourra être portée à 20 liv., consigner le livret aux autorités susdites, après y avoir annoté le jour du décès.

— 17. Les étrangers actuellement placés dans les Etats du Roi, ou qui voudront s'y placer à l'avenir dans l'une des qualités énoncées à l'art. 1er, devront également, dans le délai ci-dessus fixé, se pourvoir du livret prescrit pour les sujets de S. M.; mais il suffira, pour l'obtenir, de présenter le passeport ou permis dont ils doivent être munis.

ART. 13.

Insensés.

150. La divagation des insensés n'est pas sans inconvéniens pour la sûreté publique lorsque leur démence est accompagnée de fureur. Les Syndics doivent prévenir le mal qu'ils pourraient faire en avertissant l'autorité locale, en ordonnant à leurs parens de veiller sur eux, et en les rendant responsables de leurs désordres.

ART. 14.

Incendies.

151. Les précautions à prendre habituellement contre les incendies sont la visite des fours et cheminées, faite aussi souvent que les circonstances l'exigent; une attention scrupuleuse à faire réparer ou abattre sans délai les cheminées et les fours trouvés en mauvais état; un soin soutenu à empêcher qu'on n'allume du feu près des monceaux de paille, foin, feuilles, des maisons, granges et autres lieux dangereux, comme encore de porter du feu dans les bois ou aux environs, d'entrer dans les granges, écuries ou étables avec des pipes allumées ou de la lumière sans lanterne. (Amende de 10 à 200 liv. pour ces contraventions, outre réparations des dommages; et les pères sont civilement responsables pour leurs enfans et les gens de leur maison.) Exiger à cet effet, avec fermeté, que toutes les familles soient munies d'une lanterne en bon état; exiger enfin que l'on ne fasse du feu qu'avec du charbon dans les boutiques et autres endroits des maisons où il n'y a point de cheminée. (Amende de 200 liv., et subsidiairement la prison.) De plus, les fours doivent être construits à cent cinquante mètres des bois voisins; les charbonnières, dans les lieux indiqués par l'Intendant; les cabanes fixes à une distance au moins de cinquante mètres des bois. (Amende, le 1er art., de 100 à 300 liv., et celui-ci de 30 liv.)

R. P. S. liv. 3, chap. 6, art. 11, 12, 13, et Rég. sur les bois du 15 octob. 1822, art. 31 et 32. XII. 15.

ART. 15.

Inondations.

152. Les Syndics doivent, lors des fontes subites de neiges ou autres signes précurseurs des inondations, visiter

Anciennes instruct. les rivières et torrens, et faire enlever tout ce qui pourrait en gêner l'écoulement. Si la crue augmente et que le danger devienne imminent, le Syndic doit assurer partout des R. de 1739. art. 41. moyens de secours; faire un appel à l'activité des habitans de la commune, et la diriger; visiter les maisons menacées et prévenir ceux qui les habitent d'être prêts à en sortir au premier ordre avec leurs bestiaux et effets; recommander les maisons isolées aux sollicitudes des Carabiniers-Royaux, afin qu'en cas de débordement les personnes qui les occupent ne manquent pas de secours et de subsistance; enfin, s'il existe dans les lieux menacés des amas de chaux, il faut les faire enlever de suite, afin d'éviter que le fléau du feu ne se joigne à celui de l'inondation.

Si le débordement a lieu, l'évacuation des maisons et toutes les mesures préparées à l'avance doivent s'exécuter sur-le-champ.

Lorsque les eaux se sont retirées, le Syndic doit veiller à ce que personne ne rentre dans les maisons inondées qu'après que des hommes de l'art en auront visité les fondations, pour s'assurer si elles n'ont point été dégradées d'une manière dangereuse. Une famille entière a été écrasée sous les ruines de sa maison pour s'être obstinée à y rentrer malgré la défense qui lui en avait été faite. *V.* §. 159.

ART. 16.

Divagation des animaux féroces, Chiens enragés.

M. M. S. 16 février 1824 XIII. 74, et des 15 janv. 1826. XIII. 315, et 30 mai 1827. XIV. 303. 153. La surveillance et la fermeté des Syndics sont indispensables pour tranquilliser le public au sujet des animaux féroces ou malfaisans; ils doivent faire tuer sans délai les chiens errans ou suspects, et sacrifier tous les chiens et autres animaux qu'on sait avoir été exposés à la fureur de celui qu'on suspecte d'avoir été enragé, surtout les faire enfouir profondément sans les laisser écorcher. Les Syndics sont responsables personnellement de l'exécution de cette mesure. Ils doivent aussi multiplier les mesures de sévérité relativement aux chevaux entiers qui seraient trouvés libres, aux chevaux qu'on fait galoper dans les rues, aux taureaux qui sortent sans licol.

Art. 17.

Destruction des loups et des ours.

154. Afin d'encourager la chasse et la destruction de ces terribles animaux, il est payé, à titre de prime d'encouragement, 25 l. pour une louve pleine, 20 l. pour une louve non pleine, 12 liv. pour un loup, 6 liv. pour un louveteau et 60 liv. pour un loup, enragé ou non, qui se serait jeté sur des personnes. L'individu qui a tué une de ces bêtes, pour en avoir la prime, doit s'adresser au Syndic et lui faire constater la mort, l'âge et le sexe de l'animal; et, si c'est une louve, si elle est pleine ou non. Copie du procès-verbal est remise au réclamant pour être présentée avec la peau du loup à l'Intendant, qui délivre le mandat du payement de la prime sur le trésorier. Cir. du 26 janv. 1815. I. 195.

Ours. Semblable prime est accordée pour les ours.

CHAPITRE III.

SALUBRITÉ.

155. Quant à la salubrité, les Syndics s'assureront de la qualité des comestibles et boissons qui seront mis en vente soit publiquement, soit dans les maisons particulières.

Art. 1er.

Comestibles.

156. Les Syndics ne permettront ni aux propriétaires ni aux bouchers d'abattre des bestiaux qui ne seraient pas sains et n'auraient pas été préalablement visités, ou des veaux qui n'auraient pas le poids fixé. Pareillement, si les blés ont été altérés dans leur principe par l'humidité ou autrement, les Syndics, après avoir fait constater par un homme de l'art le danger d'en faire usage, doivent en interdire la vente. « Ils donneront aussi leurs soins à ce que les vivres soient de bonne qualité, et particulièrement le pain, sans mixtion étrangère, qu'il soit bien pétri et bien cuit; que surtout les bestiaux soient tués et non pas morts de maladie ou étouffés, et que les viandes des boucheries soient débitées dans des temps à propos pour le service du Inst. du 23 avril 1816, §. 9. précit. R. P. S. liv. 5, chap. 6, §§. 18 - 27.

public ; que le tout soit vendu suivant les taxes déterminées par les Juges et Administrateurs locaux, qui les feront publier, afficher et observer, à peine de deux écus. » En cas de contravention, ils procéderont sommairement contre les auteurs, en confisquant les comestibles corrompus ou nuisibles, et en informant contre les contrevenans. *V*. §. 209.

ART. 2.

Boissons.

157. Il est défendu expressément à tout marchand de vin d'en vendre qui ait été falsifié, ou dans lequel on ait fait entrer des drogues on mixtions capables d'altérer la santé. *V*. §. 160 et 209.

ART. 3.

Mesures conservatrices.

Inst. préc. 158. Les Syndics feront éloigner des habitations tout ce qui peut produire des exhalaisons méphitiques et pernicieuses, et enlever des rues et chemins publics tout ce qui pourrait être dangereux ou embarrassant.

R. P. S. liv. 3, chap. 6, §§. 15, 16 et 17. Parmi ces mesures que commande la salubrité publique, on ne doit pas oublier le curement des fossés destinés à recevoir les eaux ; le fréquent nettoiement des égoûts et des abreuvoirs publics ; les précautions convenables pour prévenir les maux qui résultent du rouissage du chanvre dans les marres et pièces d'eau à proximité des habitations ; l'enlèvement des fumiers placés dans l'intérieur des communes ou même au dehors, à des expositions nuisibles ; la vidange des fosses d'aisance. Les officiers locaux devront surtout prendre soin que les tanneries, tueries, mégisseries, triperies, fours à plâtre, fours à chaux et autres semblables, qui répandent une odeur insalubre ou incommode, ne puissent être établis sans autorisation ; que les tanneurs et pelletiers n'étendent leurs peaux récemment écorchées sur les rues, chemins publics et autres lieux proches des habitations, de façon à infecter par des mauvaises odeurs les passans et les voisins ; enfin, ils devront veiller à ce qu'ils ne vident pas les eaux de leurs trempis dans les rivières qui servent à la boisson des hommes et des bestiaux, à moins qu'elles ne soient censées purgées par l'espace qu'elles auront parcouru dans les canaux que les tanneurs et pelletiers construiront et entretiendront à leurs frais.

Mais une attention particulière qu'on ne peut trop re- M. M. S. 15
commander aux Syndics, c'est de veiller à ce que les cada- sept. 1770. I. 67.
vres des animaux et bestiaux morts soient enfouis dans la journée; l'obligation en est imposée aux propriétaires de ces bestiaux, et la salubrité publique réclame impérieusement la répression de toute négligence à ce sujet. *V. Epizootie.*

159. A la suite des inondations, dégels, fontes de nei- Anc. inst.
ges, les Syndics doivent veiller à ce que chaque habitant fasse vider de suite l'eau que le débordement aurait pu porter dans les maisons, et en fasse enlever la vase et le limon qui s'y trouveraient déposés; il faut aussi laver les murs, les planchers; il faut rassainir entièrement les lieux; il faut que les individus s'assujétissent à des précautions salutaires que la plupart ne sauraient adopter par eux-mêmes, et auxquelles on doit les inviter. *V.* §. 152.

ART. 4.

Vente de médicamens et substances vénéneuses.

160. Les Syndics ne peuvent trop sévèrement tenir la M. M. R. 24
main à l'exécution des lois et règlemens sur cette matière; déc. 1818. VII. 211.
la surveillance en est spécialement confiée au magistrat du — VI. 319.
protomédicat. Cependant, en l'absence des délégués de ce — 24 déc.
magistrat, les Syndics des communes rurales auraient 1821. XII. 189, et Con.
grand tort de la regarder comme étrangère à leurs attri- de l'Univer.
butions; elle est pour eux un devoir journalier : en leur tit. 8, p. 61.
qualité d'officiers de police, il leur appartient de protéger leurs administrés contre l'imprudence et la cupidité des charlatans et des marchands de drogues, etc.; ils doivent les dénoncer au Juge du lieu ou à l'Avocat-Fiscal de la province. A défaut du Juge, ils accompagneront les visiteurs chez les apothicaires.

Sont punis d'une amende, 1° *de 150 liv., ceux qui distribuent des remèdes sans en avoir obtenu la permission du protomédicat;* 2° de 30 liv. extensible à un an de prison, les marchands et fabricans de vinaigre nuisible à la santé ; 3° de 300 liv., ceux qui exercent sans autorisation les professions de pharmaciens, droguistes, revendeurs d'épices, distillateurs, confiseurs et vendeurs d'eau-de-vie; 4° de 500 liv., ceux qui achètent des drogues importées de l'étranger et vendues sans permission; 5° de 50 écus, ceux qui retiennent des poisons sans en avoir besoin pour l'exercice de leur art et profession; 6° de 25 écus, ceux qui vendent des poisons à des inconnus, ou même ceux qui les vendent aux personnes exceptées, sans les inscrire dans un livre à ce destiné, et signé par eux.

R. C. liv. 4, tit. 34, c. 7.

ART. 5.

Sages-femmes, Empiriques.

Anc. instr. M. M. R. 14 sep. 1815. II. 185. Constitut. de l'Univ. de Turin, §§. 31 et 32. Régl. préc. VII. 211.

161. Il est aussi du devoir des Syndics de ne laisser exercer aucune branche de l'art de guérir dans leurs communes respectives, par des individus qui n'en ont pas reçu l'autorisation. L'intérêt public prescrit aux autorités locales la plus grande fermeté dans cette partie de leurs fonctions. Eh! qui ne sait combien l'effronterie des empiriques et l'ineptie des matrones portent tous les jours des coups meurtriers à la population !

On se figure assez communément que les accouchemens des femmes du peuple ou des femmes de la campagne exigent moins de précautions que les autres, et qu'on peut en quelque sorte en abandonner les succès à la nature ; c'est une erreur dont l'expérience a prouvé le danger. Des vérifications ordonnées par un gouvernement voisin ont fait reconnaître que la plupart des maladies graves qui altèrent la constitution physique et morale des habitans des campagnes, prennent leur source dans l'ignorance qui préside aux accouchemens et à leurs suites.

Une sage-femme instruite est un bienfait précieux que les Syndics éclairés s'efforceront toujours de procurer à la commune qu'ils administrent. Le Gouvernement à mis à leur disposition toutes les ressources qui peuvent concourir à atteindre ce but (1).

(1) Le cours gratuit d'accouchement est ouvert à Chambéry par M. le docteur Rey.

Sont punis de 300 liv. d'amende, ceux qui exercent la médecine, la chirurgie et la phlébotomie sans autorisation, et de 150 liv. les empiriques, charlatans et vendeurs de remèdes secrets.

ART. 6.

Epidémies.

162. Dans le cas d'épidémie, et lorsque les maladies dépassent le nombre ordinaire, les Syndics doivent en donner avis au Magistrat de santé, afin qu'il puisse ordonner les mesures que l'urgence des circonstances pourra exiger; « mais il doit bien prendre garde que cette preuve de sollicitude ne répande dans le public des alarmes déplacées; l'inquiétude qui en résulterait suffirait pour donner à des maladies très-ordinaires un caractère dangereux. En pareil cas la prudence prescrit à l'Administrateur, comme au médecin, d'atténuer autant que possible les premières impressions de terreur. Il doit regarder comme un moyen de diminuer le danger tout ce qui tendra à tranquilliser les malades et à rassurer ceux qui ne le sont pas, sans négliger les précautions convenables. Cette attention est d'autant plus essentielle, qu'une assez grande partie des maladies que le vulgaire qualifie d'épidémiques, ne le sont pas; elles peuvent d'ailleurs être épidémiques sans être contagieuses. » Instr. 13 déc. 1817 et 23 avril 1816, IV. 163. et Anc. inst.

« On ne peut trop recommander aux Syndics de seconder de toute leur influence les conseils que le médecin de l'épidemie croira utile de donner pour arrêter les progrès de la maladie, et de chercher par tous les moyens possibles à procurer aux malades indigens, les secours nécessaires même en viande et bouillon. Ces bouillons se sont toujours faits chez les curés, qui s'estiment heureux de pouvoir exercer de pareils actes de charité, lorsque des personnes bienfaisantes et les soins empressés de l'Administration communale y concourent avec eux. »

ART. 7.

Epizooties.

163. Il faut ranger dans la classe des mesures de salubrité publique, le soin de prévenir les maladies épizooti-

M. M. S. du 5 sep. 1770. I. 67. et du 10 déc. 1814. I. 58.

ques, d'en arrêter les progrès, d'en empêcher la communication. Les précautions prescrites sont les suivantes :

1° Quiconque a des bœufs, vaches, chevaux ou mulets atteints ou menacés de maladie, devra, sous peine de 50 liv., en avertir dans le jour le Syndic, celui-ci devra, sous la même peine, faire visiter, lui présent, le sujet malade par l'expert le plus proche, aux frais du requérant (1).

2° Etant reconnu que l'animal visité est malade, ou va l'être d'une maladie communicable, on devra aussitôt le séparer des autres reconnus sains, et le mettre dans une autre bouverie. Dans ce cas, le Syndic est chargé d'en participer immédiatement au Magistrat de santé (2), le

Arrêté du M. de Santé du 27 févr. 1825 et Cir. min. du 1er déc. 1825.

(1) Le montant des vacations du vétérinaire est à la charge des propriétaires dont il a visité ou soigné les bestiaux, à proportion du nombre de ces bestiaux. Les Conseils en font la répartition, et le cas échéant que parmi ces propriétaires il y en ait d'indigens, dans l'impossibilité de payer leur quote part, le Conseil en dresse un état qu'il communique au Percepteur pour remplir la colonne à ce destinée du montant des contributions de chacun, et les frais à la charge de ces indigens sont supportés par la commune où ils sont domiciliés.

(MODÈLE N° 1.)

Etat de vacations à la charge des propriétaires de bestiaux.

NOMS ET PRÉNOMS des propriétaires de bétail.	NOMBRE DE BESTIAUX visités et soignés par le vétérinaire.	MONTANT de la répartition des frais.	OBSERVATIONS.

(MODÈLE N° 2.)

Etat relatif aux propriétaires de bestiaux qui sont dans l'impossibilité de payer.

NOMS ET PRÉNOMS des propriétaires de bétail.	NOMBRE DE BESTIAUX visités et soignés par le vétérinaire.	RÉPARTITION des frais.	MOTIFS de l'insolvabilité.	MONTANT des contributions certifié par le Percept.

L'un et l'autre de ces états doit être certifié par le Conseil, accompagné d'une délibération, et être publié en la forme voulue.

(2) Les avis, lettres ou mémoires doivent être adressés à S. Exc. le premier Président du Sénat, ou à M. l'Intendant général.

tout sous peine arbitraire, ainsi que pour contraventions aux articles ci-après ; et de plus, il doit ouvrir un registre pour y consigner le jour de l'invasion de l'épizootie, les bestiaux qui en sont atteints et le nom des propriétaires.

3° Ne laisser introduire dans les foires aucune espèce de bestiaux sans les avoir fait inspecter.

4° Comme le germe de la contagion pourrait être apporté par des bêtes venues du dehors, prescrire à tout particulier de faire, dans les vingt-quatre heures, la déclaration des bêtes à laine ou à cornes qu'il aurait amenées soit d'une commune, soit d'une foire ou marché public, et lui assigner de suite un cantonnement particulier pour un mois.

5° Par les mêmes motifs, exiger que les troupeaux des bouchers et des marchands de bestiaux soient cantonnés dans tous les temps, et, à ces fins, leur affecter exclusivement une portion séparée des pâtures publiques.

6° Si la commune est atteinte de l'épizootie, faire marquer à l'épaule droite, par un vétérinaire, en l'assistance du Syndic, toutes les bêtes à cornes qui s'y trouvent; les bêtes ainsi marquées sont censées hors du commerce, et l'achat en est défendu sous peine de 25 liv. d'amende; les bateliers qui les transportent encourent la même peine. L'extraction illicite hors de la commune infectée est punie de 100 liv. d'amende. L'épizootie cessant, le vétérinaire commis procède à la contre-marque des bêtes marquées. M. M. S. du 10 décemb. 1814. I. 62.

7° Aucun étranger ne peut s'introduire dans les étables d'une commune infectée, sous peine d'une amende portée à 25 liv. pour les pâtres, bergers et marchands de moutons, et pour le propriétaire qui en a permis l'accès.

8° Le Syndic veillera scrupuleusement à ce que l'animal infecté ne puisse communiquer avec le bétail sain, ni être conduit aux abreuvoirs et pâturages communs, aux foires et marchés; si besoin est, le Syndic commet une personne attentive pour cette surveillance, aux frais du propriétaire.

9° Si l'animal succombe, le propriétaire, le gardien et l'expert, sont tenus d'en avertir de suite le Syndic, qui en avise aussitôt le Magistrat, à peine de 5 liv., et fait enterrer l'animal dans un lieu écarté, avec sa peau, préa-

M. M. S. 16 févr. 1824. XIII. 73. lablement coupée en divers endroits, dans une fosse tellement profonde, que la puanteur ne puisse s'en exhaler, ni les chiens et les loups en manger la chair. Il doit être porté, et non traîné, au moins à cent mètres des habitations. La voiture employée au transport est ensuite soigneusement lavée à l'eau chaude (3 liv. d'amende).

10° Il est fait défense au vétérinaire de passer d'une bouvée dans une autre sans avoir purifié ses vêtemens ; il est surtout défendu de vendre ou d'acheter de la viande des animaux morts d'une maladie contagieuse ou tués pendant la maladie, à peine de prison.

Art. 8.

Désinfection.

Ib. 12 avril 1815. II. 66. 164. 1° Les murs des étables où la maladie s'est manifestée doivent être entièrement repiqués et recrépis. Les planchers et cloisons seront lavés à grande eau et ensuite à l'eau de chaux vive, après avoir été préalablement balayés et brossés avec soin.

2° Les pavés desdites étables seront pareillement balayés, frottés et nettoyés. Ils seront, en outre, lavés aussi à l'eau de chaux vive, et successivement couverts de sable.

Dans les étables où il n'y a point de pavé formé, les terres qui en tiennent lieu seront creusées à un demi-pied au moins, et ensuite enlevées et remplacées par d'autres terres fraîches bien battues.

Les terres enlevées seront enfouies à une profondeur convenable, sous les yeux d'un commissaire, Syndic ou vétérinaire, à ce délégué.

3° Les crêches, râteliers et ustensiles quelconques, destinés à l'usage desdites étables, tels que longes, chaînes, anneaux, licols, fourches, etc., seront respectivement brûlés ou passés au feu, brossés et lavés à l'eau de chaux vive, ainsi qu'il sera déterminé par les commissaires à ce députés.

Il en sera de même à l'égard des auges et des abreuvoirs.

4° Les fourrages de toute espèce, placés dans les greniers au-dessus des étables non-voûtées où la maladie s'est manifestée, devront être brûlés ou enfouis de la manière indiquée par l'art. 2° ci-dessus, et sous les yeux d'un commissaire nommé pour cet objet.

Cette mesure sera également suivie à l'égard des litières et fumiers provenant de toute étable ou écurie infectée.

5° Après les différens procédés ci-dessus, et aussitôt que les étables seront remises en bon état, il sera fait dans celles-ci de fortes fumigations au moyen de l'expansion de l'acide muriatique suroxygéné, lesquelles devront être répétées au moins deux fois, et ne seront faites qu'en présence d'un vétérinaire à ce commis, lequel sera chargé en même temps d'en régler l'exécution, en déterminant les doses de l'acide, qui devra être employé en proportion de la grandeur de chaque étable.

6° Il ne pourra être employé, à l'usage des étables et des bêtes en question, aucun effet qui n'ait été purifié comme dessus, ou bien qui ne soit neuf. Les propriétaires s'abstiendront surtout de faire usage d'aucun objet acheté au hasard.

7° Tous propriétaires qui ont eu des bêtes malades ou soupçonnées atteintes de l'épizootie, seront tenus de laver ou faire laver leurs vêtemens ou draps quelconques en laine, ainsi que ceux de leurs vachers ou domestiques, qui ont pu avoir été en contact avec ces mêmes bêtes, à l'eau de chaux vive suffisamment affaiblie, et ce, afin de les désinfecter des miasmes contagieux dont ils peuvent être imbibés.

Ces objets ainsi lavés, seront, après avoir été séchés au grand air, suspendus dans une chambre bien fermée, dans laquelle on fera pratiquer une forte expansion muriatique, et d'où ils ne pourront être déplacés que trois jours après, afin qu'ils soient bien pénétrés par la fumée.

8° Il est spécialement enjoint à tous propriétaires d'aérer le plus possible leurs étables, surtout pendant les premières chaleurs qui se feront sentir.

9° Dans ces mêmes chaleurs, ainsi que dans les temps humides et chauds, on devra baigner les animaux jusque par-dessus le dos plusieurs jours consécutifs; ils seront ensuite bien bouchonnés et séchés après.

Cette double mesure étant reconnue de toute importance,

il faudra, dans le cas qu'il ne soit pas possible de baigner les bestiaux, les laver soigneusement, et suivre au reste les autres précautions sus-indiquées.

10° Défenses expresses sont faites à tous propriétaires de laisser entrer dans leurs étables comme dessus purifiées, et sous aucun prétexte, des chiens, moutons ou autres espèces d'animaux domestiques suspects ou étrangers, et de permettre à aucun mendiant d'y entrer, séjourner et surtout d'y coucher, sous les peines portées par le Manifeste du Magistrat de santé du 10 décembre 1814.

11° Il ne pourra être introduit dans lesdites étables de nouveaux bestiaux qu'après qu'on leur aura fait subir le procédé indiqué à l'art. 9° ci-dessus.

Tout propriétaire qui se refusera à l'accomplissement des mesures ci-dessus prescrites, ou qui différera de les exécuter, encourra une amende de 50 fr., dont le recouvrement sera poursuivi à la diligence du Fisc, sur la dénonciation que MM. les Syndics seront tenus d'en faire sous leur responsabilité personnelle.

Les ouvrages en retard seront en outre exécutés à la diligence des mêmes Syndics, aux frais de chaque retardataire.

ART. 9.

Inhumations, Cimetières.

165. L'exécution des lois sur les inhumations, a aussi sur la salubrité une influence plus ou moins sensible, et ne saurait être négligée sans danger. Aucune inhumation ne doit avoir lieu dans les églises, sans autorisation ou sans que l'individu qui a droit à cette distinction ait un *caveau*. Les Syndics doivent veiller à ce que, dans aucun cas, cette disposition d'intérêt public ne soit sacrifiée à la vanité et aux prétentions d'aucun individu.

M. S. du 9 avril 1822, art. 1 et 2. X. 248.

Art. 4. Les fosses doivent successivement s'ouvrir sur la même ligne, et l'on ne peut commencer une ligne qu'après que la précédente sera entièrement occupée. Une fosse ne peut être rouverte qu'après cinq ans révolus. Chaque fosse doit avoir au moins quatre pieds de profondeur. Il ne peut

Art. 5. être planté, semé, ni exister aucun arbre sur les cimetières. En cas d'insuffisance du cimetière, le Conseil doit en avertir l'Avocat général, qui est chargé de provoquer les dispositions nécessaires.

Il est expressément défendu d'enterrer et même d'envelopper aucun cadavre avant le laps de vingt-quatre heures de décès; et en cas de décès par accident, de quarante-huit heures du 1er novembre au 1er avril, et de trente-six heures pendant les autres mois; le tout sauf les exceptions qui pourraient être commandées pour cause de salubrité publique. Art. 12.

En cas de décès par accident, l'enterrement doit être précédé de la reconnaissance par une personne de l'art (1), qui est nommée chaque année, ou pour un temps illimité, par le Conseil, et de son avis donné par écrit. La famille du décédé prévient le médecin ou chirurgien commis dans les vingt-quatre heures. Art. 13, 14.

Avant les délais ci-dessus prescrits, il ne peut être procédé à l'ouverture d'aucun cadavre, si ce n'est pour l'opération césarienne ou d'autorité de justice. Art. 15.

Chaque commune doit être pourvue d'une bière pour transporter les pauvres à l'église. Le Sénat est chargé de prescrire les moyens convenables sur le temps et le mode de transport des cadavres d'une commune à une autre.

CHAPITRE IV.

OBSERVANCE DES FÊTES. — MŒURS.

ART. 1er.

Police du culte.

166. La direction des choses religieuses appartenant exclusivement au sacerdoce, le Syndic ne doit s'y immiscer en quoi que ce soit. Mais il appartient à celui-ci de faire observer les fêtes de précepte et les dimanches; d'empê-

(1) L'expert a droit d'exiger pour chaque reconnaissance, 1 liv. dans les villes, 75 cent. dans les campagnes, outre 1 liv. 50 cent. pour le transport, si la visite doit se faire à plus d'une demi-lieue du chef-lieu de la commune. Il les fera gratis pour les pauvres.

R. C. liv. 1, ch. 3, §§. 1 et 5. cher de faire publiquement, pendant ces saints jours, aucune œuvre servile (2 écus d'amende); de tenir des foires §§. 4 et 6. et marchés; de débiter des marchandises pendant le temps §§. 5 et 7. de la grand'messe, des vêpres, du catéchisme, à l'excep- §§. 9 et 10. tion des drogues médicinales (2 écus); de jouer, de donner des danses en public, même à l'occasion des fêtes que l'on célèbre dans les églises de campagne (10 écus); §§. 6 et 8. les aubergistes et cabaretiers doivent surtout être surveillés Ord. du 1er janv. 1831. (en cas de contravention, ils encourent l'amende de 2 écus, et la suppression, en cas de récidive). *V.* §. 97.

R. C. liv. 1, tit. 2, §. 1. Les Syndics s'entendront avec les Curés pour la procession générale et annuelle du 8 septembre. Ils auront soin de prévenir officiellement le Commandant de la station des Carabiniers-Royaux chaque fois qu'il y aura des fêtes qui occasionnent de nombreuses réunions, afin de maintenir le bon ordre.

ART. 2.

Sonnerie des cloches.

Circ. de la police. **167.** La permission de sonner les cloches pour tout cas étranger au service divin, entre dans les attributions des autorités civiles, qui doivent prendre garde qu'on n'abuse jamais de ce puissant moyen de troubler la tranquillité publique. Les Curés et les Syndics auront chacun une clef de la porte d'entrée du clocher, et elle doit être soigneusement fermée, afin qu'on ne puisse sonner les cloches sans leur permission. Ils sont responsables des inconvéniens qui résulteraient de leur négligence à ce sujet.

Les Syndics rendront un service important à leurs administrés en empêchant de sonner les cloches pendant les orages; les nombreux accidens que cet usage a provoqués ne permettent à qui que ce soit de contester la sagesse de cette prohibition.

ART. 3.

Mœurs.

Inst. du 31 déc. 1817, 23 av. 1816, chap. 1, art. 1 et 3. **168.** Un des principaux devoirs des Syndics est de prévenir et de défendre tout ce qui peut blesser les mœurs, principalement pendant les cérémonies religieuses et les fonctions civiles. Ils doivent en outre veiller scrupuleusement pour empêcher l'introduction et la vente de chansons, livres et gravures obscènes et nuisibles aux bonnes mœurs; pour empêcher qu'aucun individu ne se baigne publiquement près des habitations. Il est aussi de leur devoir de dénoncer à l'Avocat-Fiscal-Général les cohabitations scandaleuses; de surveiller les femmes de mauvaise vie. « Ils se garderont cependant de s'immiscer, sans en être requis, dans les affaires de famille, à moins qu'on n'en puisse raisonnablement craindre un scandale public. »

R. P. S. liv. 3, chap. 6, §. 10.

Lettre du Roi au Sénat du 26 mai 1762.

CHAPITRE V.

POLICE ÉCONOMIQUE.

169. L'objet de cette police consiste, quant aux Syndics, à assurer l'intérêt économique général de l'Etat, conjointement à celui de la ville ou commune qu'ils administrent. Ils transmettront en conséquence à l'Intendant toutes les notices qui leur parviendront et qui pourraient être avantageuses au domaine royal. Ils l'informeront de tous les actes relatifs à l'administration et à la conservation des biens et effets domaniaux existans dans la commune.

Inst. préc. ch. 3, §§. 1 et 2.

ART. 1er.

Biens communaux.

170. Ils observeront et feront observer ce qui est prescrit par les règlemens. *V*. §. 261.

ART. 2.

Fraudes, Malversations.

171. Ils donneront avis à l'Intendant de toutes les exactions qui se commettraient au détriment du public, des fraudes et malversations des débitans des objets de gabelle, et enfin de la contrebande de quelque nature que ce soit qui s'introduirait dans la commune.

§. 3.

Art. 3.

Taxes, Poids, Mesures.

§. 4. et R. P. S. liv. chap. 6, §§. 18, 19, 20 et 21. 172. Ils veilleront à ce qu'on ne s'écarte pas des taxes et tarifs publics. Ils tiendront la main à l'exactitude des poids et mesures, *V. ces mots*, et ils la constateront en cas de soupçon.

Art. 4.

Circulation des grains.

Instruct. 173. Les Syndics des communes où se tiennent les marchés ne négligeront rien pour assurer la libre circulation des subsistances, et pour empêcher que les grains dirigés sur un marché ne soient interceptés ou vendus sur la route; ils tiendront régulièrement les registres des mercuriales pour constater les prix courans des grains, et fixeront les heures où les marchands des grainettes et les boulangers seront autorisés à acheter dans les marchés.

Art. 5.

Garantie des ouvrages d'or et d'argent.

L. P. du 12 juillet 1824, art. 49. XIII 155. 174. Ceux qui se bornent à la vente et ne fabriquent pas, ne sont pas tenus d'avoir un poinçon, mais ils doivent faire leur déclaration qu'ils exercent ce commerce au Syndic de leur commune. Les marchands ambulans de ces sortes d'ouvrages qui viennent s'établir dans les foires, doivent aussi faire leur déclaration, afin que les Syndics s'assurent si les matières qu'ils vendent ont passé au contrôle. (Ces contraventions sont punies de 150 liv. d'amende.)

Art. 6.

Routes et Chemins.

175. Ils feront exécuter soigneusement les travaux faits par prestation en nature, et surtout les réparations qui, retardées ou négligemment faites, pourraient occasionner de plus grandes dépenses; ils tiendront la main à la cessation de l'abus de conduire les bois sur des chariots à deux roues ou des traînaux dans les chemins en pente, en faisant saisir les bois transportés de cette manière et en dressant procès-verbal. *V. Police des chemins*, §. 356 *et modèle.*

Cir. du 15 déc. 1822. M. C. du 29 mai 1826. XIV. 132.

CHAPITRE VI.

POLICE RURALE.

176. La police rurale a pour objet l'amélioration de l'agriculture, la conservation des fruits de la campagne, et en général l'exécution des lois et règlemens qui concernent cet objet important. Inst. du 23 avril 1816, ch. 4. §. 1.

ART. 1er.

De la récolte, Conservation des fruits et Bans champêtres (emprises).

177. Les Syndics feront publier tous les ans, avant la fin de mars, les bans ruraux dans les formes et termes avec lesquels ils ont été légalement établis; ils feront ensuite publier dans les différentes saisons les avis et prohibitions qui sont de leur compétence relativement à cet objet; ils sont tenus d'avertir, en temps dû, les officiers locaux de l'époque où il convient de visiter les vignes pour les emprises. (Amende de 25 liv.) En l'absence de ceux-ci, ils y procèdent eux-mêmes; à ces fins, un jour de dimanche, à l'issue des offices divins, au plus grand concours du peuple, ouï le Conseil et les propriétaires, qui seront avertis par les vignerons, et après avoir reçu le rapport des experts et des gardes préalablement assermentés, ils font l'annonce publique des jours où chacun est libre de commencer sa vendange dans les divers vignobles et clos. (Amende de 25 livres et confiscation de la vendange faite avant les emprises.) Ils rédigent procès-verbal du tout. Si le Conseil et les intéressés ne conviennent pas du temps auquel on devra vendanger, il sera réglé par les officiers locaux, qui n'exigeront pour ce regard que les frais de nourriture et de voiture, outre le papier timbré. *Ib.* §. 2 et R. P. S. liv. 3, ch. 4, et la coutume.

Le produit des amendes pour contravention aux bans champêtres a été abandonné par S. M. aux communes respectives. Circ. du 6 mars 1820.

178. Pour prévenir le vol de vieux paux[1], échalas, seps et clôtures, il est défendu d'en acheter (amende de 10 liv.). Les Syndics et Conseillers devront de plus veiller sur la R. P. S. liv. 3, chap. 4, §§. 6 et 7.

conduite des personnes suspectes de vol ou de recèlement, chez lesquelles ils pourront faire des perquisitions en l'assistance du Juge ou du Châtelain, et en leur absence, de deux notables, lorsque de semblables vols auront été commis, afin d'arriver, s'il est possible, à l'arrestation des coupables.

Depuis la création des gardes-champêtres, ceux-ci sont chargés de la recherche des délits et contraventions qui portent atteinte aux propriétés rurales, et de les constater.

Ib. §§. 8, 9, 10, 11, 12, 14, 15 et 16. R. C. liv. 4, tit. 34, ch. 9, §. 5.

179. Les Syndics et Conseillers établiront des gardes qui soient gens de bien, pour veiller le jour et la nuit à la conservation des fruits, notamment à l'égard des vignes, lorsque les raisins commencent à mûrir; ils leur fixeront, en l'assistance des officiers locaux, un salaire convenable, qui sera réparti avec une juste proportion sur tous les possesseurs de vignes, terres et fonds. Ces gardes seront assermentés par le Châtelain, et seront ouïs en leur rapport fait dans les vingt-quatre heures; mais faute d'autres preuves, il n'y aura pas lieu aux peines portées par les R. C., mais seulement à l'amende de 10 liv., dommages et frais de justice. Les gardes seront sévèrement punis en cas de malversation ou de connivence avec les voleurs. Il est défendu d'entrer dans les vignes et d'y passer, sans la permission des gardes, dès que les raisins commencent à venir en maturité. (Amende de 10 liv. et dommages.)

180. Les propriétaires ou les leurs ne pourront mettre dans les vignes, en quelque temps que ce soit, des chevaux, mulets, bœufs, vaches, pourceaux, brebis, moutons, ni aucun autre bétail, sous peine de 10 liv. d'amende et dommages; il est aussi défendu d'introduire dans les possessions d'autrui aucune espèce de bétail; celui qui en trouvera sur son fonds ou sur celui qu'il cultive avant que la récolte ne soit entièrement faite et pendant qu'il y aura de la pâture, pourra les y saisir et les conduire à la géole.

181. Ne seront pas compris dans ces dispositions les champs où l'on est en coutume de faire paître le bétail en commun; et quant aux prés et prairies qui participent à la même coutume, on ne pourra y introduire du bétail dès le premier avril jusqu'après la récolte, sauf règlement contraire. (Amende de 3 liv. et dommages.)

182. Il ne sera permis de tenir des chèvres (amende de R. P. S. liv.
3 liv. pour chaque chèvre) que dans les montagnes qui 5, chap. 4, §§. 17, 18,
n'aboutissent à aucun vignoble et dans les communes et 19, 20, 21
villages situés dans les montagnes. Les officiers locaux et 22.
pourront cependant permettre, en cas de nécessité, et seulement pendant sa durée, d'avoir une ou deux chèvres, à la charge de les faire tenir par le licol lorsqu'elles paîtront (*V. Bois*, §. 266); ils pourront d'office faire des visites, et ils devront en faire chaque année dans le mois d'avril, et chaque fois qu'ils en seront requis, pour faire saisir et vendre les chèvres qu'ils trouveront; ils seront payés de leurs vacations sur le produit des amendes et sur le prix des chèvres confisquées; de tout quoi ils donneront note à qui de droit. (Amende de 3 liv.) Les Syndics et Conseillers devront aussi dénoncer aux officiers locaux les particuliers qui auront des chèvres.

Il est défendu de sortir des Etats des fourrages et engrais *Ib.* §. 20.
(amende de 50 liv. et confiscation), à moins que celui qui les exporte ne soit étranger, et qu'ils ne proviennent de ses propriétés; et dans ce cas, il doit en avoir obtenu la permission du Sénat, permission qui s'accorde sur requête et sans frais.

183. Pour assurer l'exécution de toutes ces dispositions, on devra chaque année les rappeler aux gens de la campagne; à ces fins, il est enjoint aux officiers locaux d'en faire annuellement la lecture et la publication un jour de dimanche ou de fête, à l'issue des offices, dans chaque commune (amende de 25 liv.); de laquelle publication ils dresseront procès-verbal qu'ils inséreront dans leurs registres.

L'exécution des bans champêtres et les règlemens sur L. P. du 11
la police rurale sont sous l'inspection du Ministre de l'in- nov. 1818.
térieur (1). VII. 113.

(1) Les communes ne peuvent avoir un règlement municipal qu'en vertu de Patentes Royales obtenues par le canal du ministre de l'intérieur. Mais lorsqu'il s'agit seulement de bans champêtres, pour régler l'usage et la conservation des bois et pâturages communaux, c'est au Sénat que la commune doit proposer, par voie de requête, l'homologation du règlement qui aura été adopté en conseil double.

Art. 2.

Echenillage.

M. S. du 25 févr. 1822. X. 229; du 18 fév. 1817 IV. 251, et 2 mars 1819 VIII. 82.

184. Chaque propriétaire est tenu d'écheniller ou faire écheniller les arbres qui sont sur ses propriétés, à l'exception des gros chênes et des terrains en bois ayant un journal ou plus de contenance; cette opération sera terminée avant le 16 mars. A cet effet, chaque année, à cette dernière époque, le Conseil désignera un ou plusieurs Conseillers pour la visite des fonds dans les lieux qui seront confiés à chacun d'eux; ils feront cette visite dans les trois jours qui suivront leur désignation, et les contrevenans seront dénoncés dans les deux jours consécutifs au Châtelain ou au Juge, qui procédera sommairement, aussitôt la déclaration reçue et assermentée, et après avoir ouï le prévenu; il prononcera l'amende (6 à 12 liv.) et ordonnera que le fonds non échenillé le sera à la diligence du Conseil, dans les cinq jours et aux frais du contrevenant. Ces frais seront successivement réglés par le Juge, et rendus exécutoires aussitôt le travail achevé.

Art. 3.

Rivières et Torrens.

Inst. du 23 avril 1816, suite, ch. 4, §. 3. IV. 173

185. Les Syndics auront soin de veiller sur l'état du lit et des bords des rivières, torrens et canaux qui coulent sur leur territoire; de faire la vérification de tous les ouvrages et innovations préjudiciables, pour en empêcher l'exécution. *V. Police des chemins, Rivières, Torrens*, §. 356.

Art. 4.

Bois et Forêts.

Ib. §. 4.

186. Si les Syndics s'aperçoivent que l'on coupe ou qu'on défriche des bois, ils s'en feront représenter le permis, s'il en a été obtenu, et, dans le cas contraire, ils feront suspendre l'ouvrage et prendront des mesures pour que le délit soit constaté et poursuivi. *V. Bois*, §. 266.

ART. 5.

Chasse.

187. Les Syndics feront exécuter, de la manière la plus stricte, les ordonnances relatives à la destruction des animaux malfaisans, *V.* §. 152, qui infestent leur territoire.

Ils surveilleront aussi les lois sur la chasse et la pêche; à cet effet, ils feront publier chaque année, en temps utile, la défense temporaire de chasser dès le 1er avril au 16 août (30 liv. d'amende), d'enlever les œufs, de gâter les nichées ou d'empêcher autrement la multiplication du gibier (10 liv. d'amende), et encore de chasser, même après ce terme, dans les terres où la récolte ne sera pas faite et les vignes vendangées. *V. Port d'armes*, §. 129.

Instr. précitée, §. 5. R. P. S. liv. 3, chap. 3; M. S. du 15 avril 1825 XIII. 251; M. du 20 mars 1771, V. R. I. 59; Ordonn. du Gouv. du 18 janv. 1822. X. 203.

Pendant le temps de la cessation de la chasse, la vente et l'achat du gibier sont aussi défendus (amende de 20 liv. et confiscation), et il peut être fait des visites chez les traiteurs, cabaretiers et autres débitans, pour s'assurer s'ils ne sont point en contravention à cette défense.

Les Syndics doivent faire leurs efforts pour arrêter le goût de la chasse parmi leurs administrés, et réprimer la dévastation du gibier.

Circ. du 3 juillet 1823. XII. 264.

La chasse des bouquetins est défendue sous peine de 15 écus.

L. P. du 21 sept. 1821, X. 53.

Ceux qui dressent des embûches aux bêtes féroces (trapes, bascules, creux couverts) devront le nôtifier et circonstancier par cri public et affiches (amende de 50 liv.).

Les étrangers ne peuvent chasser sur les terres de S. M. (même amende). *V. Port d'armes*, §. 129.

Pour tout objet de police, les Syndics n'useront des voies de rigueur qu'après avoir employé inutilement les remontrances en particulier.

Inst. du 23 avril 1816. IV. 175.

CHAPITRE VII.

POLICE JUDICIAIRE.

ART. 1er.

Police, Recherche des délits, Arrestations, Accusés, Bandits.

188. La police judiciaire recherche les délits que la police administrative n'a pu empêcher de commettre, en rassemble les preuves et en livre les auteurs au tribunaux compétens.

L. P. du 13 nov. 1821, articl. 7. X. 380. Dans chaque ville ou commune où il n'y a pas de Commandant militaire, les attributions de la police appartiendront aux Syndics et, en leur absence, aux Vice-Syndics.

Ils correspondront avec le Commandant ou avec l'Avocat-Fiscal, de qui ils recevront les directions; dans les cas graves, ils peuvent s'adresser au Gouverneur ou au Ministre de l'intérieur. Ils devront, en conséquence, se procurer les renseignemens les plus exacts sur les délits qui parviendront à leur connaissance; ils doivent surtout en rechercher les auteurs, dresser les procès-verbaux relatifs et les transmettre au Juge compétent.

Ibid. et Inst. préc. 189. Les Syndics pourront faire arrêter les individus surpris en flagrant délit ou fortement soupçonnés; ils devront donner toute leur assistance pour l'arrestation des accusés, des déserteurs et des bandits. *V.* §. 93. Ils prendront garde surtout que ceux-ci ne séjournent sur le territoire de leur commune. *V. Pénalité.* Enfin, ils peuvent faire exécuter des arrestations toutes les fois qu'il s'agit d'une affaire urgente ou qui intéresse la tranquillité publique ou la sûreté de l'Etat; mais ils en donneront avis en même temps au Commandant de la province.

190. Les Carabiniers sont l'appui principal des autorités chargées de la police. Ils ne peuvent refuser d'obtempérer aux réquisitions par écrit qui leur sont adressées par le Syndic. Dans les cas d'urgence, ils sont tenus de procéder aux arrestations, même sur un simple ordre donné de vive voix.

Les Syndics ne sauraient mettre trop de circonspection dans les mandats d'arrêts qu'ils sont dans le cas de décerner, pour éviter toute responsabilité.

Ils ne pourront faire mettre en liberté les individus qu'ils auront fait arrêter ; ils devront les remettre au Juge compétent. Ils transmettront au commandant la note des personnes qui leur auront été présentées par les Carabiniers.

ART. 2.

Visites domiciliaires, Informations du Fisc.

191. Lorsque par mesure de police, ou pour constater des contraventions en matière de gabelles, il sera le cas de faire des visites domiciliaires, on devra requérir l'intervention des Syndics ou de ceux qui en font les fonctions, et ils ne pourront la refuser. Lorsqu'ils seront intervenus à une perquisition, ils devront en avertir immédiatement le Juge.

Ibid. et Circ. 1er mars 1820, et 1er avril 1824. E. R. du 11 août 1816. III. 283.

Ils sont de même tenus d'intervenir aux informations du Fisc, chaque fois qu'ils en seront requis par l'autorité judiciaire.

R. C. liv. 2, tit. 3, ch. 16, §. 10.

ART. 3.

Reconnaissance des corps de délits, des blessés et des cadavres.

192. En l'absence de l'autorité judiciaire, lorsqu'on a trouvé le cadavre d'un individu assassiné ou noyé, les Syndics doivent constater le corps de délit avec toutes les circonstances. Ils se feront assister d'un médecin ou d'un chirurgien, lesquels ne pourront s'y refuser, à peine de 12 écus d'amende.

Ib. liv. 4, tit. 6, §. 1, et tit. 5, §. 1.

Les Syndics remettront dans les vingt-quatre heures, au Juge, les déclarations que les médecins et chirurgiens sont tenus de faire lorsqu'ils ont pansé quelque individu blessé ou frappé.

Ib. liv. 4, tit. 5.

ART. 4.

Corps de délits.

193. Les Syndics peuvent être requis de fournir les moyens de transport des corps de délit, s'ils sont d'un volume considérable ; en faisant cette fourniture, ils de-

Cir. du 14 déc. 1825, n° 1145.

vront remettre au principal conducteur la réquisition qui leur aura été faite, pour retirer au bas de cette réquisition un reçu signé par le Carabinier commandant l'escorte, indiquant le nombre de colliers fournis. Le *vu arriver* par le Syndic du lieu de la destination devra y être apposé.

Lorsque les conducteurs rapporteront la réquisition, munie de toute ces formalités, le Syndic réglera le montant des sommes à payer et en délivrera un mandat, auquel la réquisition sera jointe. Ce mandat sera acquitté par le Percepteur à titre d'avance, avec les fonds communaux, et le remboursement en sera effectué par l'Intendance générale de l'intérieur, d'après l'état trimestriel fourni par le Syndic, indiquant la date de la réquisition, le nom et la qualité du requérant, la nature des objets transportés, le lieu du départ, celui de la destination, la distance et la somme payée.

ART. 5.

Procès-verbaux.

Inst. du 31 déc. 1817, 2de partie, art. 38, et L. P. du 13 nov. 1821. X. 383.

194. Les procès-verbaux d'arrestation, de perquisition, d'interrogatoire et autres semblables, seront rédigés par le Syndic sur papier libre; ils devront contenir d'une manière succincte, mais claire, toutes les circonstances de temps et de lieu, des faits et des personnes intéressées ou assistantes, des motifs qui auront donné lieu à l'opération et de son résultat. *V. Modèles à la fin du Titre.*

Lesdits verbaux seront faits au nom du Syndic qui, après lecture faite à haute et intelligible voix, apposera sa signature et y fera soussigner ou sousmarquer les parties intéressées, si elles sont présentes, et deux témoins choisis indifféremment parmi les Carabiniers-Royaux ou autres personnes dont le témoignage a force en justice.

Ces procès-verbaux ne devront être qu'un précis fidèle de tout ce qui a été observé, entendu, répondu et exécuté. Un seul verbal devrait suffire pour détailler toute l'opération; toutefois, si la nature du délit ne permettait pas de l'achever sans désemparer, en le suspendant l'on clorra le verbal, et on le reprendra lorsqu'on continuera l'opération.

« Dans tous les cas, l'examen des prévenus sera achevé dans les vingt-quatre heures, attendu que leur transfèrement devant le Juge ne doit souffrir aucun retard. » §. 3. et L.P. préc. du 13 nov. 1821.

ART. 6.

Instruction des procès de police judiciaire.

195. L'instruction des procès appartient à l'autorité judiciaire, les Syndics devront par conséquent, dans tous les cas ordinaires, borner leurs opérations aux seuls actes nécessaires pour constater le fait, pour établir et conserver l'identité des personnes arrêtées et des corps de délit, et pour fournir à la justice les premiers renseignemens qui pourraient l'éclairer et l'aider dans la formation du procès. Inst. préc. art. 30.

Ces procès-verbaux faisant foi en justice, jusqu'à preuve contraire, seront rédigés avec toute l'exactitude et la clarté possibles; l'on aura soin d'y spécifier, avant l'apposition des signatures, le nombre des ratures et des renvois; et le Syndic en transmettra les originaux à l'autorité compétente, après s'en être retenu une copie. Art. 34. Art. 36.

En remettant les procès-verbaux, les personnes arrêtées et les corps de délit, *V. Corps de délit*, §. 193, on y joindra toujours un inventaire, dont on retirera une copie signée du secrétaire du bureau où la remise en aura été faite. Art. 35.

Après que le procès-verbal et les personnes arrêtées, s'il y en a, auront été envoyés au Juge, l'officier de police, dont l'action finit où commence celle de la justice, ne peut plus s'immiscer dans le procès. Art. 39.

Toutes les arrestations seront annotées sur un registre tenu à cet effet.

(MODÈLE.)

N° D'ORDRE.	DATE DE L'ARRESTATION.	NOMS ET PRÉNOMS de la personne arrêtée et de son père.	AGE.	PATRIE.	PROFESSION.	MOTIF DE L'ARRESTATION.	AUTORITÉ QUI L'A ORDONNÉE.	DÉTERMINATION PRISE sur chaque prévenu.	OBSERVATIONS.

Il en sera fait au Commandant un rapport mensuel affirmatif, ou négatif lorsqu'aucune arrestation n'a eu lieu.

ART. 7.

Règle de correspondance, Discipline et Ordre.

3me partie, art. 44. 196. La correspondance des Syndics avec la police se divise en trois classes :

1° *Correspondance ordinaire ou périodique*, qui consiste dans un rapport, dont les Syndics des communes populeuses et riches doivent faire l'envoi le premier jour de chaque mois, de tout ce qui aura eu lieu d'important sous le rapport de l'ordre et de la tranquillité publique, des bonnes mœurs, etc.; et si rien n'a eu lieu d'intéressant, on le fera négatif.

Art. 45. 2° *Correspondance extraordinaire*, qui est nécessitée par des événemens remarquables, des désordres, des découvertes, dont il importe que le Commandant de la province soit immédiatement prévenu; elle doit être tenue par simple lettre et d'une manière exacte, claire, précise, et ne doit éprouver aucun retard.

Art. 46. 3° *Correspondance secrète*, qui comprend les rapports confidentiels que le Syndic croira nécessaire ou convenable de faire au Commandant, sous le sceau du secret. Afin de s'assurer que cette correspondance lui parvienne directement et exclusivement, les Syndics auront l'attention de les lui adresser avec l'annotation sur l'enveloppe : *A lui seul. V.* §. 68, *Correspondance ordinaire.*

Art. 48, §. 1. 197. Le Syndic devra retenir auprès de lui, et garder soigneusement sous clef, toutes les lettres qui lui auront été adressées avec l'annotation *à lui seul*, comme aussi le registre de celles qu'il aura écrites avec la même annotation.

§. 2. Ces lettres et registre secrets ne pourront être par lui communiqués à personne, pas même au Vice-Syndic ou au nouveau Syndic, sans un ordre, *par écrit*, du Commandant, à l'égard des lettres écrites par lui.

Art. 53. 198. La correspondance épistolaire des Syndics, pour les affaires de police, sera écrite en colonne, sans aucun préambule inutile, ni complimens à la fin de la lettre.

L'adresse sera placée en tête de la colonne de gauche, la date au-dessus de la première ligne, et la signature, qui ne doit être précédée que du titre et de la qualification de celui qui écrit, sera placée sans intervalle après la dernière ligne.

CHAPITRE VIII.

DISPOSITIONS DIVERSES.

ART. 1er.

Postes, Franchise des lettres et paquets.

199. Les Syndics jouissent de la *franchise limitée*, 1° pour les lettres et paquets fermés, seulement avec le Commandant de la station des Carabiniers-Royaux, en indiquant dans le contre-seing le lieu où l'envoyeur exerce ses fonctions ; E. R. du 12 août 1818, art. 132, 133 et 134. VI. 161.

2° Pour les lettres et paquets sous bandes, aussi contresignés par l'envoyeur, avec les Archevêques, les Evêques, les Vicaires-Capitulaires, les premiers Présidens, les Chefs du Magistrat, les Inspecteurs et les Commissaires des levées ; le Commissaire des guerres, les Gouverneurs de division, les Commandans de province ; l'Intendance générale, le Président du Conseil des finances, l'Intendant de la province, l'Inspecteur de l'insinuation, l'Inspecteur et le Sous-Inspecteur de police, les Avocats-Généraux, les Avocats-Fiscaux, les Juges de mandement, les Conservateurs de la vaccine.

200. Les lettres et paquets de service seront adressés aux fonctionnaires *avec la seule qualification de leur emploi.* Pour jouir de la franchise, les Syndics ne devront insérer ni lettres ni papiers étrangers au service sous les plis de leurs lettres ou paquets, faire attention que la bande n'excède pas en largeur le tiers du total de l'enveloppe, et qu'ils soient pliés de manière que les employés des postes puissent reconnaître s'il y existe des papiers étrangers au service. Cir. du 19 oct. 1818. VI. 288. E. précité, art. 133.

L'omission de ces précautions ou du contre-seing soumettrait à la taxe les lettres et paquets.

ART. 2.

Loterie.

L. P. 24 fév. 1820. IX. 87 et Cir. du 3 nov. 1827.

201. Dans le cas où par quelque empêchement les registres de quelques bureaux ne pourraient arriver à leur destination avant le tirage, les pédons se présenteront au Syndic de la première commune de leur passage pour y faire constater la cause du retard, en déposant chez lui, pendant leur séjour, le paquet, et retirant pour leur garantie un double du procès-verbal.

ART. 3.

Députations.

Cir. du 20 mai 1820, nº 158.

202. Il est défendu d'envoyer aucune députation à Turin, tant qu'elle n'a point été autorisée par le ministère des affaires internes.

ART. 4.

Actes d'affirmation.

L. P. du 27 juin 1823. XII. 261.

203. Les Syndics reçoivent les actes d'affirmation des procès-verbaux des gardes forestiers, *V.* §. 284, et des Carabiniers-Royaux. *V.* §. 408.

ART. 5.

Déclarations, Attestations.

Circul. du gouvern. 1er août 1816. III. 210.

204. Quant aux déclarations qui leur sont réclamées, ils ne doivent les donner qu'en leur ame et conscience, sans aucune considération humaine, après avoir pris toutes les informations possibles, étant responsables des inconvéniens qu'elles peuvent entraîner.

ART. 6.

Certificats d'indigence en fait d'amende, frais de justice, etc.

Cir. du 16 déc. 1825, et L. P. 21 déc. 1821.

205. Les Administrations communales sont formellement chargées de délivrer ces certificats, et elles ne doivent en fournir qu'en parfaite connaissance de cause, après s'être assurées de l'état réel de la fortune du réclamant. *Mais la circonstance qui peut se présenter que l'indigence*

ne soit pas absolue, ne doit pas empêcher les Syndics d'informer, sans retard, les Insinuateurs des motifs qui s'opposent à la délivrance du certificat d'indigence absolue, ou de rédiger le certificat de manière à faire connaître l'état réel de la fortune des débiteurs. En conséquence, ils ne doivent jamais laisser ces sortes de demandes en souffrance, afin de ne pas entraver la comptabilité des Insinuateurs, et aussi afin qu'ils puissent apprécier la possibilité de diriger les poursuites avec succès.

206. La prestation préalable de serment par le Conseil devant le Juge, pour la délivrance de chacun de ces certificats, a cessé d'être exigée. Cir. du 1er juillet 1818.

Art. 7.

Visite des limites.

207. Le Syndic, accompagné du Secrétaire et d'un Conseiller, ou d'un délégué par le Conseil, doit visiter une fois l'année toute la ligne du territoire de la commune qu'il administre, lorsquelle est limitrophe des Etats étrangers; et l'Intendant, lorsqu'il n'existe pas de conservateur de limites, déléguera tous les deux ans, un expert approuvé par le Commissaire général, pour faire la visite de toute la ligne des limites dans sa province. Le Syndic ne peut se dispenser de cette visite annuelle, quand même il n'aurait observé aucune innovation; il dresse procès-verbal de sa visite, signé par lui et par les deux personnes qui l'accompagnent, et le transmet au Conservateur, et à défaut de celui-ci, à l'Intendant général, pour le plus tard le 1er novembre de chaque année. L. P. 10 av. 1817. V. 1.

208. L'Intendant transmet annuellement, le 1er décembre, au Commissaire général, le résumé des visites des Syndics de sa province, en même temps que le procès-verbal de la visite de l'expert par lui délégué.

CHAPITRE IX.

PÉNALITÉS ADMINISTRATIVES.

209. Parmi les devoirs des Syndics et des Conseillers, il en est quelques-uns dont l'omission pouvant avoir des

suites funestes, a été revêtue d'une sanction pénale; nous les réunissons sous ce titre, afin qu'ils n'échappent à aucun Administrateur.

Sont punis d'amende,

R. de 1739 §. 36. 1° De 5 écus d'or et du remboursement des sommes payées, ceux des Conseillers qui auront, sans l'autorisation de l'Intendant, fait des répartitions, sous quelque titre ou nom que ce soit;

§. 7. 2° De 3 liv., s'ils se dispensent d'assister au Conseil sans cause légitime.

R. C. liv. 2, tit. 3, ch. 16, §. 10. 3° De 10 écus, si, étant requis par le Juge pour intervenir aux informations du Fisc, ils refusent de le faire.

Id. liv. 4, tit. 7, §. 20. 4° De 8 écus, s'ils ne donnent pas toute leur assistance pour l'arrestation des accusés, lorsqu'ils en sont requis par le Juge.

Tit. 32, §. 4, 10 à 16. 5° De 25 à 100 écus, s'ils négligent de faire arrêter les bandits ou de les poursuivre; ils sont même tenus en leur propre et privé nom, des dommages que ceux-ci auraient commis sur leur territoire, et des peines qu'ils auraient encourues envers le Fisc.

Tit. 34, ch. 15, §. 6, et L. P. 18 jan. 1815. I. 182 6° de 400 liv., s'ils omettent de faire arrêter les fainéans et les vagabonds.

E. 10 août 1816, ar. 35 39. III. 283. 7° De 200 liv., s'ils refusent d'assister aux perquisitions de sel et tabac de contrebande.

R. P. S. liv. 1, ch. 4. 8° De 1000 liv., s'ils laissent établir dans la commune des congrégations non autorisées.

Liv. 3, ch. 6. 9° De 10 liv., s'ils omettent d'avertir le Juge-Maje des étrangers qui viennent s'établir dans la commune.

Ch. 4, §. 2. 10° De 25 liv., s'ils omettent d'avertir en temps dû les officiers locaux de la visite des vignobles pour mettre les emprises.

Ch. 4, §. 19. 11° De 3 liv., s'ils omettent de dénoncer au Juge ceux qui tiennent des chèvres contre les règlemens.

E. R. du 16 févr. 1816. II. 312. 12° De 150 liv., s'ils omettent de se faire présenter la permission de congé de tous les soldats qui rentrent dans leurs foyers, et à l'expiration du congé, de les faire partir. (Les R. C. portaient l'amende à 50 écus.)

Code pénal mil. art. 135 XI. 171. 13° De 300 liv. solidairement, s'ils négligent de faire arrêter les déserteurs, ou s'ils tolèrent qu'un déserteur ait asyle dans leur territoire. Ils encourent la même amende chaque fois qu'il résultera qu'un déserteur a séjourné pendant un mois dans leur territoire, sans qu'ils en aient procuré l'arrestation, ou qu'ils l'aient dénoncé.

14° Ils encourent une peine arbitraire, s'ils refusent d'assister aux visites domiciliaires faites par mesure de police. L. P. du 13 nov. 1821. X. 380.

15° Ils sont punis de cinq ans de galères, s'ils accompagnent sciemment un individu substitué frauduleusement au tirage, aux séances du Conseil, ou à l'enrôlement. Règl. gén. sur les Lev. art. 244.

16° Enfin, ils sont responsables des actes arbitraires qu'ils pourraient commettre dans l'exercice de leurs fonctions.

CHAPITRE X.

MODÈLES.

(N° 1.)

Procès-verbal pour poids et mesures.

Cejourd'hui...., nous Syndic de..., accompagné de R... et de G...., nous sommes transporté chez B...., à l'effet d'y procéder à la vérification de ses poids et mesures; nous y étant rendu, et après nous être fait représenter tous les poids et mesures dont se sert journellement ledit B...., nous avons reconnu, et nous nous sommes assuré par l'examen qui a été fait desdits poids et mesures par R.... et G...., qu'ils n'étaient point conformes à ceux ordonnés par la loi, et nous avons en conséquence saisi lesdits poids et mesures, que nous avons fait transporter à la salle consulaire, et en présence dudit B...., rédigé le présent procès-verbal, qu'il a signé *ou* refusé de signer, et qu'ont signé avec nous lesdits R.... et G...., pour servir et valoir ce que de raison.

A...., lesdits jour et an.

(N° 2.)

Procès-verbal pour maison de jeux.

Cejourd'hui...., nous...., instruit qu'il se tenait dans la maison du sieur...., rue...., des jeux prohibés où le public était admis, nous nous y sommes transporté accompagné de.... Etant entré dans un appartement au..., nous y avons aperçu un grand nombre de personnes assises autour d'une table et qui jouaient à...., nous nous sommes desuite saisi des.... et de l'argent qui était sur la table, lequel se montai à la somme de..., et après avoir observé au sieur..., propriétaire, *ou* locataire, tenant ladite maison de jeu, qu'il était en contravention aux réglemens de police, qui défendent de tenir maison de jeux, nous lui avons déclaré que nous saisissions lesdits objets et argent ci-dessus désignés; et avons dressé le présent procès-verbal, que nous avons signé lesdits jour et an que dessus.

(N° 3.)

Procès-verbal pour jeux de hasard sur la voie publique.

Cejourd'hui...., nous..., passant sur la place de..., avons remarqué un individu à nous inconnu, qui donnait à jouer au jeu de hasard de....; nous étant approché de lui, nous lui avons représenté que les lois et règlemens de police défendaient de donner à jouer à de semblables jeux, et qu'il était en contravention; pourquoi nous lui avons déclaré que nous saisissions lesdits jeux, dont nous nous sommes emparé, lesquels consistent en...., et que nous allions dresser contre lui notre procès-verbal; ce que nous avons fait et signé lesdits jour et an que dessus.

(N° 4.)

Procès-verbal chez un marchand de vin, ou *cabaretier*, ou *limonadier en contravention.*

Cejourd'hui...., nous F...., Syndic de....., sur les..... heures de nuit, passant devant la porte de la maison de V..., et ayant entendu du bruit, nous y sommes entré, et avons trouvé dans une salle.... plusieurs particuliers qui y buvaient; sur quoi nous avons représenté audit V.... qu'il était en contravention aux lois et règlemens de police qui défendent de donner à boire après.... heures du soir, *ou* pendant les offices divins, et lui avons déclaré que nous allions dresser notre procès-verbal de la présente contravention; et après lui avoir enjoint de congédier de suite les personnes qui étaient à boire chez lui, nous nous sommes retiré. De tout ce que dessus nous avons rédigé le présent pour servir et valoir ce que de raison.

A...., lesdits jour et an.

(N° 5.)

Procès-verbal pour un homme trouvé sans passeport chez un aubergiste.

Cejourd'hui...., nous D...., Syndic de...., accompagné de...., nous sommes transporté au domicile de H...., aubergiste, où étant arrivé, nous avons demandé audit H... la représentation de son registre, et, après en avoir pris communication, nous lui avons demandé de nous conduire dans ses chambres, pour y faire la visite et l'inspection des voyageurs logés chez lui, et l'examen de leurs passeports et papiers ; à quoi il a déféré de suite. Etant parvenu dans une chambre.... nous y avons trouvé un individu couché, qui nous a dit s'appeler...., âgé de...., natif de...., de la profession de...., lequel, interpellé de nous représenter son passeport, nous a déclaré n'en point avoir, *ou* nous a en représenté un ancien non conforme à la loi ; pourquoi nous lui avons déclaré que nous allions le faire conduire devant qui de droit, à l'effet de quoi nous avons requis les sieurs P.... et T...., qui nous accompagnaient, de le conduire, et avons dressé le présent procès-verbal, que nous avons signé.

A...., lesdits jour et an.

(N° 6.)

Autre procès-verbal d'insulte chez un marchand de vin, ou *cabaretier*, ou *limonadier*.

Cejourd'hui...., nous G...., Syndic de...., sur les.... heures du soir, ayant été averti qu'il y avait chez le sieur D.... une réunion de personnes qui s'y livraient à la débauche et à des excès, nous nous y sommes de suite transporté, et étant entré dans une salle au rez-de-chaussée donnant sur la rue de..., nous y avons remarqué... individus qui étaient assis à une table et y buvaient; nous avons représenté audit D.... que les lois et réglemens de police ne permettaient pas de donner à boire après.... heures du soir, *ou* pendant les offices divins, ledit D.... nous ayant répondu...., nous lui avons enjoint de congédier de suite les personnes qu'il avait chez lui, en déclarant que nous allions dresser procès-verbal de sa contravention : sur quoi ledit D.... nous aurait, ainsi que plusieurs des personnes qui buvaient, injurié et forcé de sortir en nous poussant hors de la maison et fermant la porte ; de tout ce que dessus nous avons dressé le présent pour servir et valoir ce que de raison.

A...., lesdits jours et heure,

(N° 7.)

Procès-verbal pour coalition d'ouvriers.

Cejourd'hui...., nous I...., Syndic de la commune de...., instruit que dans la maison du sieur A.... un grand nombre d'ouvriers de la profession de...., depuis quelques jours s'y rassemblaient à l'effet de former entre eux une coalition pour...., nous nous sommes transporté dans ladite maison sur les.... heures du...., où nous avons trouvé un rassemblement d.... ouvriers ; nous avons représenté auxdits ouvriers qu'un pareil rassemblement était contraire aux lois, et leur avons enjoint de se séparer de suite, ce à quoi ils se sont refusés ; et avons

pareillement déclaré au sieur R...., propriétaire de la maison où se faisait le rassemblement, qu'il était en contravention aux lois; et en conséquence, vu ladite contravention et le refus de la part desdits ouvriers de se retirer, nous avons dressé notre procès-verbal, pour servir et valoir à qui appartiendra.

Lesdits jour et an que dessus.

(N° 8.)

Réquisition en cas d'incendie ou d'inondation.

Nous Syndic de.... requérons, vu le cas d'incendie, *ou* d'inondation, arrivé lejourd'hui à..... de fournir, sans aucun délai, ...

A...... le.....

(N° 9.)

Procès-verbal de refus de service en cas d'incendie ou d'inondation.

Nous.... Syndic de..... déclarons que le sieur T.... ayant été requis par nous... de fournir... pour.... ledit T.... s'est refusé à notre réquisition; en conséquence, nous avons dressé le présent acte de refus, pour servir et valoir ce que de raison.

A.... le....

(N° 10.)

Procès-verbal de visite de fours et cheminées.

Nous...., Syndic de la commune de...., accompagné de V... et C...., en exécution de notre annonce en date du..., portant qu'il serait fait par nous une visite des fours et cheminées des maisons de cette commune, nous avons procédé à ladite visite.... le.... de ce mois.

Dans le cours de laquelle visite nous avons constaté,

Que la cheminée de A... était en mauvais état, et qu'elle pouvait donner des craintes d'incendie, et lui avons ordonné de la faire réparer sous le délai de....;

Que la cheminée de B... était encombrée de suie, ce qui pouvait occasionner un incendie, et lui avons enjoint de la faire ramoner sous vingt-quatre heures;

Que le four de C.... était aussi en mauvais état, et avait besoin de réparations, que nous lui avons enjoint de faire sous le délai de...;

Que le four de D.... était en si mauvais état, qu'il ne pouvait supporter de réparations qui missent hors d'inquiétude d'incendie: pour quoi nous lui avons ordonné qu'il fût démoli; ce qui a été de suite exécuté sous nos yeux;

Que les fourneaux de E.... étaient construits de manière à pouvoir occasionner l'incendie des bâtimens voisins; pour quoi nous lui avons enjoint de les faire démolir sous le délai de..., et de se conformer, dans la construction des nouveaux qu'il ferait, aux lois et règlemens sur ces sortes de constructions.

De tout ce que dessus nous avons dressé le présent procès-verbal, pour servir et valoir au besoin; lequel procès-verbal ont signé avec nous lesdits V... et C...

A.... le....

(N° 11.)

Procès-verbal de feux allumés dans les rues ou dans les champs, ou près des tas de paille ou de foin.

Cejourd'hui...., nous...., Syndic, *ou* Commissaire délégué, de la commune de...., instruit qu'il y avait des individus qui allumaient un feu dans la rue, *ou* sur la place, de...., nous nous y sommes transporté, où, étant arrivé, nous avons aperçu un feu qui brûlait et était entrenu par de la paille et du bois qu'y apportaient plusieurs personnes, et entre autres R... et L.... Nous leur avons observé le danger qu'il y avait d'allumer ainsi du feu près des habitations, et leur avons annoncé que nous allions dresser notre procès-verbal contre une pareille contravention aux lois, ce que nous avons fait, après avoir fait éteindre le feu.

(N° 12.)

Procès-verbal de comestibles gâtés.

Cejourd'hui...., nous...., Syndic de...., et assisté de V...., expert, nous sommes transportés en la maison de R..., marchand, à l'effet d'y faire la visite des..... qu'il vend et débite au public. Examen fait des..... et assuré, d'après l'avis dudit V..., que les... que R... avait exposés en vente, étaient gâtés et corrompus, nous lui avons déclaré que nous allions les saisir et les faire transporter à la maison consulaire, ce que nous avons fait de suite, et avons dressé le présent procès-verbal, pour servir et valoir ce que de raison.

A.... le....

(N° 13.)

Procès-verbal de boissons et vinaigres falsifiés.

Cejourd'hui...., nous S..., instruit que le sieur P...., marchand de....., débitait au public des boissons falsifiées, nous nous sommes transporté au domicile dudit P...., accompagné de..... et assisté de A... et L..., experts, par nous choisis. Nous étant fait conduire dans la cave dudit P..., et dégustation faite de différentes pièces de....., nous nous sommes assuré, d'après l'avis de A... et

L.... que ladite boisson n'était pas naturelle et qu'elle était mélangée de.....; en conséquence, nous avons fait saisir et conduire à.... les... pièces contenant de pareille boisson; et après avoir apposé, sur la bonde, une plaque en fer, sur laquelle nous avons mis notre cachet, avons, en présence dudit P..., dressé notre procès-verbal qu'il a refusé de signer, et que nous avons signé avec A... et L... lesdits jour et an que dessus.

(N° 14.)

Procès-verbal pour vente de livres et de gravures obscènes.

Cejourd'hui...., nous...., passant...., avons remarqué exposés en vente sur la boutique de...., des livres, *ou* gravures obscènes. (Désigner ces livres ou gravures, leur format, la quantité des exemplaires.) Nous étant approché dudit...., nous lui avons fait observer que la vente de pareils objets, qui blessent la décence, était un délit contre les mœurs : en conséquence, nous lui avons déclaré que nous allions saisir ces mêmes objets; ce que nous avons fait à l'instant; et avons dressé, tant dudit délit que des objets saisis, notre présent procès-verbal, que nous avons signé les jour et an que dessus.

(N° 15.)

Procès-verbal pour négligence à écheniller.

Cejourd'hui...., nous M...., Syndic de...., faisant dans ladite commune une tournée à l'effet de nous assurer si tous les habitans s'étaient conformés à l'ordonnance sénatoriale, en date du...., qui leur enjoignait d'écheniller les arbres de leurs propriétés, nous avons remarqué que les arbres de la propriété de V..., habitant de cette commune, étaient couverts de chenilles, et que ledit V.... avait négligé entièrement de faire l'échenillage de ses arbres : pourquoi nous avons dressé le présent procès-verbal, que nous avons signé, pour servir et valoir ce que de raison.

A...., lesdits jour et an.

(N° 16.)

Procès-verbal pour n'avoir pas déclaré des animaux attaqués de maladie contagieuse, et les avoir envoyés aux pâturages et abreuvoirs communs.

Cejourd'hui...., nous...., instruit que le sieur...., habitant de cette commune, avait chez lui des bestiaux attaqués de maladie contagieuse, qu'il conduisait aux pâturages et abreuvoirs communs, nous nous sommes transporté au domicile dudit...., accompagné de...., vétérinaire, *ou* maréchal-expert, où, examen fait desdits bestiaux, nous avons reconnu que.... (désigner les animaux et leur nombre) étaient attaqués de la maladie de.... (énoncer le genre de maladie) : sur quoi nous lui avons observé qu'il était en contravention aux lois et réglemens, pour n'avoir pas fait la déclaration de la maladie dont étaient attaqués ces animaux ; il nous a répondu que.... (ses réponses); nous lui avons répliqué que.... et lui avons fait défenses de les conduire, jusqu'à nouvel ordre, aux pâturages et abreuvoirs communs, et lui avons enjoint de les tenir en garde chez lui, aussi jusqu'à nouvel ordre. Et avons de tout ce que dessus dressé le présent procès-verbal, que nous avons signé les jour et an que dessus.

(N° 17.)

Procès-verbal pour chevaux et autres bestiaux attaqués de maladie contagieuse.

Cejourd'hui...., nous T...., Syndic de la commune de..., instruit par la notoriété publique, que I...., cultivateur en cette commune, avait des chevaux, *ou* des vaches, *ou* des moutons, attaqués de maladie contagieuse, nous nous sommes transporté au domicile dudit I..., accompagné de B..., maréchal-expert, *ou* artiste vétérinaire, où étant arrivé, nous nous sommes fait représenter les chevaux, *ou* les bestiaux, dudit I...., et ayant reconnu que.... étaient effectivement attaqués de la maladie de.... qui pouvait être communiquée aux autres.... et que la maladie était incurable, nous avons ordonné que.... seraient tués de suite et enfouis à...., à huit pieds de profondeur, et que l'écurie *ou* l'étable *ou* la bergerie, où avaient séjourné lesdits.... seraient purifiée, et que les murs, l'auge et le râtelier seraient lavés à l'eau de chaux dans les vingt-quatre heures ; sinon qu'il y serait pourvu par nous aux frais dudit I...., ou que ledit I.... serait tenu de séparer lesdits.... des autres...., et ne pourrait les mener paître ailleurs que...., ni les conduire pour être abreuvés ailleurs que...., jusqu'à ce que lesdits... fussent entièrement guéris : ce que ledit I... a consenti faire et exécuter de suite.

De tout ce que dessus nous avons dressé notre procès-verbal pour servir et valoir au besoin.

A...., lesdits jour et an.

(N° 18.)

Procès-verbal de plainte.

L'an...., le... jour du mois de...., à... heures du..., pardevant nous soussigné, Syndic de...., s'est présenté le sieur François...., laboureur, demeurant à...., lequel nous a requis de rédiger la plainte qu'il vient nous rendre des faits ci-après détaillés, à quoi nous avons procédé d'après la déclaration dudit François...., lequel nous a dit que.... (*détailler les faits propres au plaignant*), tous lesquels faits il nous a affirmé être tels qu'il les a déclarés, et a dit que les sieurs N. N., témoins par lui indiqués, en assureraient les circonstances qui étaient à leur connaissance.

Après avoir fait audit François.... lecture de sa plainte, il nous a déclaré qu'il était prêt à l'affimer par serment et à la signer; et sera la présente par nous transmise à M. le Juge du mandement, dont acte, que ledit François.... a signé avec nous, tant sur chaque feuillet qu'à la fin.

Si la plainte est rédigée par le plaignant, le Syndic met au bas :

La présente dénonciation, signée de...., nous a été présentée par le sieur François.... le...., à... heures du...., lequel nous a déclaré que les faits ci-dessus étaient tels qu'il les avait exposés; nous lui avons en conséquence donné acte de sa déclaration, qu'il a signée avec nous; et nous avons dressé le présent pour être le tout transmis à M. le Juge du mandement.

TITRE V.

CONTRIBUTIONS DIRECTES.

CHAPITRE PREMIER.

DES CONTRIBUTIONS DIRECTES EN GÉNÉRAL.

210. LES contributions directes se composent,

E. R. du 22 déc. 1818. VII. 184.

1° De la contribution foncière, 2° de la contribution personnelle et mobiliaire.

Le montant de ces contributions est fixé chaque année par S. M., sur le rapport du Ministre des finances, qui est chargé de cette branche d'administration.

211. La répartition annuelle des contributions directes est transmise par l'Administration générale des finances aux Intendans; ceux-ci procèdent à la répartition entre les communes de leur ressort, en prenant pour base les contingens actuels. Cette répartition terminée et approuvée, l'Intendant notifie à chaque Administration communale son contingent, pour être réparti entre les contribuables.

CHAPITRE II.

IMPOSITION FONCIÈRE.

212. La répartition de l'imposition foncière est faite entre les contribuables de chaque commune, au marc la livre de la cote générique ou revenu cadastral, après qu'il a été apuré et qu'il en a été déduit celui des biens et bâtimens destinés au culte, ou qui sont le patrimoine de S. M. et des Princes du sang (1), lesquels sont exclus de toute répartition. E. précité, tit. 4.

CHAPITRE III.

AUGMENTATION DU REGISTRE.

V. §. 47.

CHAPITRE IV.

CONTRIBUTION PERSONNELLE ET MOBILIAIRE.

213. Le contingent de cette imposition se répartit par le moyen de taxes personnelles et de cotes mobiliaires. *Ib.* art. 1, 2, 3 et 4.
Sont assujettis à la taxe personnelle, les individus de tout âge, domiciliés dans une commune, majeurs de vingt ans, non soumis à la puissance paternelle ou émancipés, à l'exception de ceux qui sont réputés indigens.

214. *Exemptions.* Sont exempts de la taxe personnelle et mobiliaire, tous les membres des corporations religieuses, les évêques et les curés.

Ne sont pas assujettis à la contribution personnelle, mais seulement seront soumis à la taxe mobiliaire, dans la proportion des autres contribuables, et pour leur habitation dans le lieu de leur domicile ordinaire, tous les individus qui font partie du clergé régulier, et qui, étant pourvus des ordres sacrés, sont admis au bénéfice du for;

(1) Indépendamment des fonds corrodés, ravinés ou occupés par des rectifications de route, etc., qui doivent être répartis sur les autres fonds cotisés. *V.* §. 47. R. de 1739 art. 8 et 52.

E. précité, art. 5. les militaires en activité de service, soit qu'ils se trouvent sous les armes, soit qu'ils fassent partie des contingens L. P. du 22 août 1822. ou qu'ils soient en expectative; les Commandans, Majors et autres officiers de place.

E. précité, art. 6. **215.** Les taxes personnelles sont au même taux pour tous les contribuables d'une même commune, et ne peuvent excéder 3 liv. par chaque individu, dans les communes ou la population est de 10,000 ames; 2 liv. 50 cent. dans celles de 5,000 et au-dessus; 2 liv. dans celles de 2,000 et au-dessus, et 1 liv. 50 cent. dans les autres communes.

Art. 7. **216.** La taxe mobiliaire sera règlée dans la proportion du prix ou réel ou présumé de la valeur locative des habitations respectives du domicile ordinaire. Le domicile ordinaire s'entendra fixé dans la commune où le contribuable fait, pendant le cours de l'année, sa plus longue résidence; s'il s'élève quelque doute à cet égard, le contribuable taxé dans diverses communes, ne sera tenu qu'au payement de la cote la plus élevée.

217. Le prix du bail ou la valeur locative sera déterminée non-seulement d'après les bases contenues dans les déclarations que les locataires et propriétaires des maisons sont obligés de faire, mais encore d'après les renseignemens que les Administrations doivent prendre sur les lieux; et en cas de contestation, elle sera fixée d'après un rapport d'expert nommé par l'Intendant.

Art. 8. **218.** Les Administrations communales formeront, d'après les bases ci-dessus indiquées, un état des individus assujettis à la taxe mobiliaire, en raison de la valeur locative ou réelle ou présumée de leurs habitations.

Cet état sera rectifié chaque année par les mêmes Administrations, eu égard aux variations survenues pendant le cours de l'année précédente; et il sert ensuite de règle pour la formation des rôles de perception des taxes mobiliaires.

Art. 10. **219.** Les Administrations communales établissent, de plus, sous l'approbation de l'Intendant, quelle est la valeur locative qui, en raison de la ténuité du prix, donne lieu à l'exemption de la taxe mobiliaire.

220. Elles fixent pareillement, sous l'approbation du premier Secrétaire des finances, la portion du contingent qui doit être *répartie en taxes personnelles et celle qui doit être perçue en cotes mobiliaires;* cependant, dans les communes d'une population de 2.000 ames et au-dessus, un tiers au moins de la susdite contribution doit être réparti en cotes mobiliaires. Quant aux communes d'une population moindre, elles peuvent s'écarter d'une répartition semblable, pourvu que les taxes personnelles n'excèdent pas 1 liv. 50 cent., pour produire le contingent total auquel la commune se trouve imposée, et sans que les Administrations qui ont adopté ce mode de répartition puissent se dispenser de rectifier annuellement l'état prescrit par l'art. 8, à l'effet que l'on puisse ordonner au besoin la répartition d'une partie de la contribution en taxes mobiliaires.

L. P. préc. art. 11. VII. 205.

Art. 4, tit. 5.

221. L'exécution des dispositions contenues dans les articles qui précèdent, a donné lieu à diverses instructions de l'Intendant général des finances, reproduites dans des circulaires de l'Intendance, et qui portent en substance :

Cir. du 1er févr. 1819, n° 106, et Cir. du 15 févr. 1819, n° 140. VIII, 13.

222. « 1° Le tableau dont la formation est ordonnée par « l'art. 8 du titre 5 de l'Edit, et qui est destiné à servir de « matrice de rôle, doit comprendre, non-seulement les « habitans sujets à la taxe mobiliaire, mais encore ceux « qui doivent concourir à la personnelle, afin que le rôle « à former puisse être rédigé avec plus d'exactitude. Ce « tableau aura l'avantage de servir pour cinq années, au « moyen du soin qu'on aura d'y porter, d'année en année, « dans la colonne à ce destinée, les mutations survenues, « ou en confirmant dans la même colonne ce qui aura été « établi l'année qui vient de s'écouler quant aux articles « qui n'ont subi aucun changement.

223. « 2° On doit se dispenser de porter dans le tableau « les personnes que l'art. 3 du tit. 5 exempte, tant de la « contribution personnelle que de la mobiliaire; et on doit « y inscrire toutes celles qui, n'étant pas assujetties à la « contribution personnelle, sont cependant soumises à la « taxe mobiliaire. »

L. P. préc. art. 4 et 5, tit. 5.

224. 3° Si les propriétaires sont en retard de faire leur

8

déclaration sur le prix du bail ou sur la valeur locative de leurs maisons, les Administrations locales y suppléent en établissant d'office le loyer présumé de chaque habitation, d'après les notices qu'elles sont tenues de se procurer, et en faisant la comparaison avec d'autres habitations semblables, pour maintenir toujours la proportion nécessaire; sauf, en cas de contestation, à procéder de la manière prescrite par l'art. 7, sans cependant que les contestations de l'espèce puissent empêcher la formation du tableau; l'expertise dont s'agit audit art. 7 pouvant toujours avoir lieu, même après la formation du rôle, sur réclamations faites en temps utile après sa publication.

L. P. préc. et Cir. du 13 janv. 1830. 225. Dès que ce tableau a été arrêté par le Conseil, il reste déposé pendant huit jours dans le local de ses séances, après avoir prévenu de ce dépôt les habitans, par le moyen d'un *avis* qui sera publié et affiché, afin que les contribuables puissent en prendre connaissance, et faire au Conseil telles observations qu'ils croient dans leur intérêt et sur lesquelles il statue de suite, en prononçant les rectifications demandées, s'il reconnaît les observations fondées. Dans le cas de contestation sur le droit des réclamans, le Conseil en réfère à l'Intendant, par le moyen d'une délibération motivée, pour obtenir sa décision.

226. En arrêtant le tableau, le Conseil doit établir, par une délibération, *quelle est la valeur locative qui, en raison de sa modicité, donne lieu à l'exemption de la taxe mobiliaire*, et déterminer en même temps, par une autre délibération distincte, *quel sera, sur le contingent à payer* L. P. préc. art. 10. *par la commune, la portion à répartir en taxes personnelles et celle à recouvrer en cotes mobiliaires; et y arrêter, de plus, le nombre des contribuables assujettis à chacune des contributions personnelle et mobiliaire. V. §. 231, comment s'opère cette répartition.*

Art. 11 et Circ. du 20 fév. 1827. 227. Quant à cette division, les communes dont la population est au-dessous de 2,000 habitans, *V.* §. 220, peuvent s'en dispenser, lorsque la quotité de ce contingent, réparti seulement en taxes personnelles, n'oblige pas d'excéder pour ces taxes, qui doivent être exactement au même taux pour tous, le *minimum* fixé à 1 liv. 50 cent.

228. Lorsque le Conseil veut user de cette faculté, il consigne sa détermination à cet égard dans une délibération motivée, et par laquelle il fait connaître quel est alors le taux de la taxe personnelle, pour produire le contingent assigné à la commune. Cette circonstance n'exempte pas le Conseil de former le tableau de la manière prescrite par l'art. 11. *V.* §. 222. Circ. préc.

229. Pour toutes ces opérations, le Conseil est augmenté d'un nombre de personnes égal à celui de ses membres, choisies parmi les plus imposées.

ART. 1er.

Décisions et observations particulières sur la contribution personnelle et mobiliaire.

230. 1° Les femmes mariées, *qui vivent avec leurs maris*, doivent être exemptes de la contribution personnelle, à l'instar des personnes qui se trouvent sous la puissance paternelle, parce que la puissance du mari équivaut à celle du père. Il n'est pas permis de comprendre deux individus dans une même cote. Cir. du 15 févr. 1819. VIII. 17.

2° Les filles, lorsqu'elles ne sont pas sous la puissance paternelle, doivent la taxe comme les autres personnes.

3° La population qui doit servir de base à l'établissement des taxes, est celle qui résulte du dernier recensement, et qui sert aussi pour la répartition des contingens militaires, jusqu'à nouvel ordre.

4° Les taxes personnelles ne doivent pas être réglées sur la population agglomérée des villes et communes, mais sur celle de tout le territoire sujet à une même Administration communale; en conséquence, les habitans des bourgades et dépendances d'une même commune payent la même taxe que ceux du lieu principal; car il est prescrit par l'art. 6 qu'elles doivent être égales pour tous les contribuables d'une même commune.

5° La contribution mobiliaire des militaires qui sont exempts de la personnelle par l'art. 5, *V.* §. 214, doit être payée au lieu où ils ont leur domicile civil ordinaire, et non dans celui de leur garnison, qui est presque toujours accidentel; et lorsqu'ils ont plusieurs domiciles, la disposition de l'art. 5, qui n'oblige le contribuable au payement de la taxe que dans la commune où elle est plus forte, leur devient applicable.

6° Les délibérations dont on vient de parler, *V.* §. 60, ayant pour objet une contribution au profit du trésor, ne rentrent pas dans l'espèce des actes soumis au timbre ; il en est de même des rôles et des tableaux servant de matrice aux rôles.

Cir. 24 déc. 1819, n° 805 et du 20 jan. 1826. Ces tableaux doivent être soigneusement additionnés à chaque page et en totalité.

Ibid. 7° Les Conseils sont tenus de soigner la fixation des loyers, de manière à ne pas les porter à un taux infiniment au-dessous de leur valeur réelle ; afin de ne pas s'exposer à opérer sur des bases notoirement défectueuses.

8° La répartition en taxes personnelles et en cotes mobiliaires se faisant avant d'avoir ajouté les centimes additionnels au principal du contingent, il faut faire attention de ne pas fixer la taxe personnelle à un taux tellement élevé, qu'on ne puisse, sans excéder le *maximum* fixé par l'Edit, y ajouter le nombre des centimes additionnels qui doivent être proportionnellement répartis lors de la confection des rôles.

ART. 2.

Mode pour déterminer la portion du contingent à répartir en taxes personnelles et en cotes mobiliaires.

Cir. du 1er janv. 1824, n° 567. 231. Supposez une commune dont le nombre de contribuables qui sont soumis à la taxe s'élève à trente-deux, et dont le contingent est fixé à 59 liv. 78 cent. ; et admettez d'abord que le Conseil ne veut point répartir la totalité de ce contingent en taxes personnelles, ou que même il ne le peut pas, afin de ne pas excéder le taux de 1 liv. 50 cent. Dans ce cas, le Conseil doit opérer sa répartition sur les 59 liv. 78 cent., *sans y ajouter les centimes de subside ni la remise du Percepteur*, et il peut déterminer de répartir 44 liv. en taxes personnelles et 15 liv. 78 cent. en cotes mobiliaires ; parce qu'en ajoutant 7 pr o/o à ces 44 liv. pour les centimes de subside et la remise du Percepteur, calculée au taux le plus élevé, la somme de 47 liv. 8 cent., qui résulte de cette addition, n'excéderait point le montant de trente-deux taxes personnelles à 1 liv. 50 cent.; au contraire, en assignant 48 liv. pour être réparties en taxes personnelles, on dépasserait le *maximum*, puisque la même somme fait déjà arriver ces taxes à ce *maximum*, sans y avoir ajouté la remise ni les centimes de subside.

TITRE VI.

FONDS ET DÉPENSES PROVINCIALES, ET CENTIMES DE SUBSIDE.

CHAPITRE PREMIER.

FONDS ET DÉPENSES PROVINCIALES.

232. CHAQUE année, l'Intendant, après s'être concerté avec les Administrations générales, formera le projet d'un bilan on budget des dépenses qui ont été déclarées à la charge de la province. E. R. du 22 déc. 1818, tit. 6. VII. 184.

Ce bilan ayant été approuvé, sera réparti par l'Intendant entre les villes et communes de la province, sur les bases du principal de la contribution foncière.

Le fonds nécessaire pour cet objet sera prélevé sur les impositions locales, et formera partie des dépenses allouées dans les budgets ou bilans communaux; il sera recouvré par le Percepteur, et ne pourra être appliqué à aucune autre destination que celle pour laquelle la fixation en a été autorisée. *V. Rôles*, §. 62.

CHAPITRE II.

CENTIMES SUPPLÉMENTAIRES ET DE SUBSIDE.

233. On ajoutera annuellement au contingent de la contribution foncière, le nombre de centimes supplémentaires, fixé par S. M. provisoirement comme suit : *Ib.* tit. 7.

Trois pour l'entretien des routes, un et demi pour les dépenses du cadastre, et dix-sept pour les dépenses fixes et variables.

Il sera de plus ajouté aux contingens des contributions foncières, personnelles et mobiliaires, deux centimes de subside, pour secours aux communes, remboursement des contributions dont sont exemptés les biens des pères et mères de douze enfans, *pour suppléer aux cotes reconnues irrécouvrables et qui ne peuvent être réimposées, et pour indemnités dans le cas de grêle, d'incendies, d'inondations et autres accidens malheureux. V.* §§. 289 *et* 294.

TITRE VII.

ADMINISTRATION DES BIENS COMMUNAUX.

DISPOSITIONS GÉNÉRALES.

Inst. du 1er avril 1826. XIV. 65.

234. D'APRÈS le système introduit par l'Edit du 22 décembre 1818, les communes ont cessé d'être responsables du montant de la contribution foncière, et elles administrent leur actif et leur passif séparément et distinctement.

SECTION PREMIÈRE.

ACTIF.

CHAPITRE PREMIER.

ACENSEMENS.

R. de 1739, art. 17, 18 et 19.

235. L'acensement des communaux est un acte d'administration ordinaire que le Conseil effectue avec la seule autorisation de l'Intendant; il doit y être procédé, ensuite d'affiches, à la chaleur des enchères, *à moins que l'Inten-*

dant en ait autrement décidé, soit afin d'éviter les frais, soit pour des motifs d'urgence, etc.

236. Dans ces sortes d'adjudications, l'augmentation du demi-sixième sur le prix moyennant lequel l'adjudication a été faite, est admise dans le terme de vingt jours. R. C. liv. 5, tit. 12, §. 7.

237. Lorsqu'il ne s'agit que des acensemens de quelques biens ou revenus annuels, les délibérations consulaires qui en contiennent l'expédition ne sont pas sujettes à l'insinuation. *Ib.* tit. 22, ch. 4, §. 7.

Les communes peuvent avoir besoin de prendre quelque immeuble à bail; dans ce cas, les conditions du bail, rédigées de concert par le Syndic et le bailleur, sont soumises *à l'approbation préalable de l'Intendant*, après avoir été discutées en conseil. Instr.

Soit que la commune donne, soit qu'elle prenne à bail, la minute de l'acte doit être soumise à l'approbation de l'Intendant de la province, et le délai pour l'insinuation, lorsqu'elle doit être revêtue de cette formalité, ne court qu'à compter du jour où le bail a été homologué; mais ce délai courrait dès la date même du bail, s'il n'y était expressément inséré la clause suivante : *Le présent procès-verbal n'aura d'exécution qu'autant qu'il sera approuvé par l'Intendant.* Décision de la R. Ch. du 5 sep. 1820.

238. Depuis quelque temps, l'usage ou plutôt l'abus d'affermer annuellement les communaux, commence à se perdre; les Conseils, en y regardant de plus près, se sont aperçus que c'était mal s'y prendre pour les faire prospérer, que de les livrer à l'avidité et à l'incurie d'un preneur à court terme, qui est toujours dans la crainte de faire le profit de son successeur : ils ont aussi reconnu que, sans les entraves d'un bon cahier des charges, la tenue de la presque totalité des acensataires était une vraie dévastation, pendant laquelle ils coupaient les arbres et dégradaient tout. En conséquence, il est à peu près généralement admis que les baux de biens de communes doivent se renouveler le moins souvent possible, et que lorsqu'il est question d'en venir à cette opération, il y a lieu de l'entourer des précautions suivantes :

1° D'une délimitation, pour constater les usurpations R. de 1739, art. 38.

commises au détriment de la commune pendant le dernier bail ; 2° d'un acte d'état indiquant le nombre et la grosseur des arbres que les nouveaux preneurs auront à représenter, la nature du sol, le genre de culture, et les plantations qui peuvent avoir lieu sur chaque communal ; 3° d'une expertise du revenu de chacun de ces biens, pour servir de mise à prix ; 4° enfin, de la rédaction d'un cahier des charges, basé sur toutes ces données, et qui est transmis à l'Intendant pour son homologation, en même temps que la délibération qui a provoqué le renouvellement de ces baux.

CHAPITRE II.

PARTAGES ET BAUX A LONG TERME DES COMMUNAUX.

239. Le spectacle magnifique de richesse agricole et d'industrie que présentent les contrées qui ont procédé au partage de leurs communaux, semble, depuis quelque temps, avoir fait une impression profonde sur un grand nombre d'administrations locales. En vain les partisans de l'indivision veulent encore voir, dans le mode de tirer parti des communaux en les partageant, tous les inconvéniens d'une aliénation définitive, et une ressource enlevée à la classe indigente, qu'ils supposent profiter considérablement de ces sortes de biens ; ils ne peuvent convaincre personne, et ne font que retarder une opération aussi importante, à laquelle ils seraient les premiers à concourir, s'ils voulaient approfondir les considérations suivantes :

1° « Les arts, le commerce, l'agriculture, l'excès de population, ont rendu tous les terrains excessivement précieux ; ainsi, il n'y a nul motif pour abandonner aux bêtes fauves cette masse considérable de broussailles, d'essarts, de vains parcours, de pâturages et même de forêts, qui sont parvenus au dernier état de dépérissement dans la communauté.

2° « Pour donner à l'agriculture une terre inculte, il faut des dépenses, des soins, des sueurs et une surveillance que personne ne s'avisera d'accorder à un fonds bannal, qu'il soit défriché ou non.

3° « Les communaux n'étant fermés ni par des haies ni par des fossés, deviennent le point de départ d'où le bétail se jette avidement dans les propriétés circonvoisines, causent des dégâts aux vignobles, aux blés, etc.; d'où il résulte des dommages, des querelles, des procès.

4° « Pour tirer parti d'un pâturage, on ne devrait y mettre que la quantité de bétail qu'il peut nourrir commodément, et presque toujours on surcharge les *communaux;* il ne faudrait ouvrir les pâturages que lorsque l'herbe aurait assez de force pour résister aux pieds et aux dents des bestiaux : pour l'ordinaire on les ouvre dès que l'herbe commence à pousser, ce qui arrête manifestement la végétation.

5° « On ne fait point usage des communaux d'une manière équitable; tous y ont également droit; mais, ou le pauvre n'en profite pas, parce qu'il n'a que peu ou même point de bétail, ou chaque habitant le surcharge d'un si grand nombre de bêtes que le pâturage ne peut fournir une nourriture suffisante, et que le pauvre, qui n'a aucune autre possession, loin de retirer quelque profit de la *commune*, essuie souvent des pertes considérables par le dépérissement de ses bestiaux.

6° « Il est certain que les pâturages communs occasionnent une perte considérable de fumiers; qu'ils sont en partie cause de la propagation des épizooties; et que les pauvres, qui ne voient que leur besoin du moment, n'y attachent quelque prix que lorsqu'ils entrevoient un point de départ pour la dévastation.

7° « En Angleterre, en Allemagne, en Suisse, en France, etc., et dans une partie de la Savoie, où l'abolition des *communaux* a eu lieu, on en a éprouvé les plus heureux effets. Ces terres défrichées ont été semées en grains, en bois, en légumes, en chanvre, en herbages naturels ou artificiels; ce qui a augmenté la nourriture, les fourrages, les engrais, les chauffages, etc.; les pauvres ont été soulagés et mis en état d'élever leurs enfans et de *les accoutumer au travail.* »

CHAPITRE III.

BOIS ET FORÊTS.

Art. 1er.

Bois communaux, Administration forestière, Gardes, Coupes, Adjudications.

240. L'Administration des bois communaux n'est pas comprise dans les règles ordinaires établies pour les biens des communes; ces bois sont placés sous la surveillance de l'Administration publique, dépendante de la Secrétairerie d'Etat pour les affaires internes, et qui est composée

L. P. du 15 octob. 1822. XII. 4.

De l'Intendant général de l'Administration économique de l'intérieur, des Intendans et Syndics, d'un Inspecteur dans chaque division, d'un Sous-Inspecteur dans chaque province, des brigadiers et gardes-forestiers, et des gardes-champêtres.

Ib, et L. P. 18 jan. 1825 XIII. 226.

241. Les brigadiers sont nommés par l'Intendant général prénommé, sur la proposition des Intendans. Les gardes-bois dépendent directement de leur Sous-Inspecteur, et sont nommés par les Intendans, sur la proposition de ceux-ci. Chaque province est divisée en districts forestiers, qui comprennent le territoire d'une ou de plusieurs communes. Les gardes peuvent être changés de destination et suspendus de leurs fonctions par l'Intendant sur les plaintes de l'Inspecteur; il leur est alloué un traitement de 250 à 400 liv.; ils ont un uniforme et peuvent faire usage d'armes dans l'exercice de leurs fonctions.

L. P. du 15 oct. 1822.

Art. 68.

242. Toutes les coupes de bois appartenant aux communes indistinctement, seront vendues aux enchères publiques après la publication ordinaire, tant dans le chef-lieu de la province que dans la commune de la situation des bois et celles voisines.

Art. 54.

243. Lorsqu'il s'agira de plantes accordées pour des constructions et autres besoins, elles seront délivrées sans ces formalités; le Conseil en fixera la valeur à un prix inférieur à celui du commerce et à raison des besoins de la commune, par délibération mise au bas de la requête

même qui aura été adressée à l'Intendant à cet effet, et par lui renvoyée au Conseil.

244. L'adjudication des coupes de bois a lieu dans les formes ordinaires, pardevant l'Intendant, lorsque le prix excède 1,000 liv.; s'il est inférieur, elle se fait pardevant le Conseil, sous l'approbation de l'Intendant, auquel seront communiqués les actes d'enchère. Le cahier des charges sera rédigé d'après les bases de celui qui a été envoyé par l'Administration économique de l'intérieur. L. P. préc. art. 69.

Le Sous-Inspecteur, en procédant à la visite de ces coupes, en fixera approximativement la mise à prix pour les enchères. Art. 70.

Les employés forestiers veilleront à ce que les coupes se fassent avec régularité et suivant le cahier des charges. Art. 71.

On ne pourra couper les bois pour l'affouage des communes qu'avec la permission de l'Intendant, à peine d'une amende du triple de la valeur des bois. Cette permission est sollicitée par une délibération prise dans le *mois de mai*, indiquant le triage, le numéro et la contenance de la coupe de bois. On observera pour ces affouages les coutumes légalement introduites. Art. 53, 54 et 55. Cir. du 28 mars 1821.

245. *Les Sous-Inspecteurs ne pourront diriger aucune poursuite judiciaire contre les membres de l'Administration communale, pour contravention aux règlemens forestiers, avant d'en avoir obtenu la permission des Intendans.* Circul. de l'Agenc. écon. du 10 juin 1823.

Si les pâturages communaux excèdent les besoins d'une commune, l'Intendant pourra, sur l'avis de l'Inspecteur forestier, ordonner qu'une partie sera réduite en nature de bois. Il pourra aussi faire mettre en réserve, de la même manière, une certaine quantité de bois, pour le laisser croître en haute-futaie. L. P. préc.

Les permissions pour faire paître les chèvres dans les bois ne seront accordées qu'aux communes situées en montagne, qui ne possèdent pas de pâturages, et sont dans l'usage dès long-temps de tenir des chèvres. Les demandes pour obtenir ces permissions seront adressées aux Intendans, qui ne les accorderont que pour de graves motifs, Ib. et Cir. de l'Ag. éc. Inst. du 15 sept. 1823.

et qui les refuseront chaque fois que les bans champêtr défendront de tenir des chèvres.

Cir. du 15 févr. 1823. Les circulaires que les Inspecteurs et Sous-Inspecteur voudraient adresser aux Syndics des communes, seroı soumises préalablement à l'approbation de l'Agence éco nomique de l'intérieur.

Art. 2.

Bois particuliers, Contraventions.

L. P. préc. ar. 20 et 21. 246. Il est défendu à qui que ce soit d'essarter et d défricher un terrain quelconque, couvert de bois ou *châtaigneraies fructifères*, pour le réduire en culture en disposer autrement, sans la permission de S. M. (amen de 50 liv. et plantation d'une égale quantité de terrain).

La Secrétairerie de l'intérieur pourra accorder cet permission lorsque la totalité du terrain à défricher n'e cèdera pas un journal, et elle sera annotée sur les regi tres de la commune et de l'Intendance. Les demandes d permission sont présentées à l'Intendant, qui leur donn cours sur l'avis favorable du Conseil communal et d l'Inspecteur forestier.

Art. 56. La saison pour la coupe, tant des bois taillis que de haute-futaie, est fixée depuis le 1er novembre jusqu'à la fin d'avril de chaque année (50 liv. par journal); ces époques peuvent être avancées dans les pays montagneux; et, pour les cas d'urgence, les Intendans peuvent permettre de couper hors dudit terme. *Les bois de haute-futaie seront préalablement martelés.*

Art. 25, 26, 34, 35, 36, 37 et 46. *Ib.* et L. P. 24 oct. 1826 XIV. 218. 247. Il est défendu d'exporter les bois hors des Etats sans la permission de S. M. (amende et confiscation); d'oter l'écorce des arbres, de pratiquer des trous dans la tige et dans les racines, pour en extraire la résine (6 liv par plante endommagée), ou de couper les tiges et le branches de haute-futaie, *V.* §. 249; il est surtout défend de couper dans les bois d'autrui ou de voler des bois vert ou secs (10 à 50 liv. par plante et 1 liv. 50 cent. à 5 liv par fagot); enfin, de conduire du bétail dans les bois défensables (2 à 3 liv. par tête).

248. Les bois et arbres qui sont propres à soutenir le

neiges et à empêcher les avalanches et éboulemens de terrains, ne pourront jamais être coupés (50 à 300 liv.). L. P. préc. art. 37.

249. Il est permis aux possesseurs des bois de les couper lorsqu'ils ont atteint leur maturité; ils doivent néanmoins en obtenir le permis de l'Intendant, et ne pas omettre d'indiquer dans la requête, qu'ils doivent lui adresser à cet effet, s'ils veulent charbonner, écorcer des chênes ou extraire la résine des plantes à abattre (amende égale au double de la valeur des plantes coupées). Art. 44 à 50.

Ces permissions s'accordent *gratis*. Ceux qui les auront obtenues devront les faire enregistrer au Secrétariat de la commune où sont situés les biens, à peine de payer tous les dépens qu'occasionneraient les procès-verbaux dressés contre eux. Cir. de l'Ag. gén. du 25 août 1823.

250. Les arbres de haute-futaie dispersés dans la campagne, qui ne forment pas forêt ou rive, les bois taillis, parmi lesquels il ne se trouve aucun bois de haute-futaie, peuvent être coupés sans autorisation. L. P. préc. art. 51.

251. Dans les coupes de bois taillis où l'on trouve de nouveaux arbres de bois dur, il en sera laissé neuf par chaque journal pour baliveaux, dont trois seront de l'âge de la coupe, trois de la précédente et trois des autres coupes (amende de 10 liv.). Art. 60.

Il est défendu, en faisant les coupes, de déraciner les arbres; il l'est également d'arracher les rejetons de la souche. Les coupes se feront régulièrement avec la hache, près de la souche même, et en forme inclinée, pour faciliter l'écoulement de l'eau de la pluie. *V. Police rurale*, §§. 182 et 186, *et Incendies*, §. 151.

252. Les brigadiers, gardes-champêtres et gardes-bois qui découvriront quelque contravention au règlement, en dresseront aussitôt un verbal sur papier libre; ils procèderont en même temps à la saisie des arbres et bois volés, et des bestiaux surpris en contravention. Art. 75.

Ils pourront aussi procéder à toutes perquisitions et visites domiciliaires en l'assistance du Juge ou de son lieutenant, et à leur défaut, du Syndic ou d'un Conseiller, lorsqu'il y aura soupçon fondé. Art. 76.

253. Ils énonceront dans leur verbal le jour et le lieu Art. 77.

de sa rédaction ; leurs noms, prénoms, qualités et résidence ; la qualité et la quantité des arbres et bois coupés ou volés, ou des bêtes surprises en contravention, et toutes les autres circonstances propres à la prouver ; les interrogats faits aux contrevenans, et les déclarations qu'ils auront fournies.

Le verbal sera signé par ceux qui l'auront dressé, ainsi que par le contrevenant, et à défaut, l'on exprimera le motif pour lequel celui-ci ne l'aura pas signé. Si la contraven-
L. P. préc. art. 78. tion est accompagnée de quelque délit, ils arrêteront le coupable et le traduiront sur-le-champ devant le Juge.

Art. 79. 254. Les procès-verbaux, dans les deux jours de leur date, seront affirmés avec serment par ceux qui les auront dressés et signés, pardevant le Juge du mandement ou son lieutenant. On donnera lecture aux affirmans du verbal et de l'acte d'affirmation, lequel sera rédigé au bas du verbal même, et signé par eux, ainsi que par le Juge et son Greffier.

L. P. du 27 juin 1823. XII. 261. 255. Dans les communes où ne résident ni le Juge ni son lieutenant, l'acte d'affirmation sera reçu par le Châtelain, ou bien par le Syndic et le Vice-Syndic.

MODÈLE D'AFFIRMATION.

Pardevant nous Syndic de la commune de...., mandement de...., est comparu le sieur... (nom, prénoms, qualité et domicile), lequel nous a présenté le procès-verbal qu'il a donné le...., et dont nous lui avons donné lecture ; et il a affirmé par serment que tout son contenu était sincère et véritable.

De tout quoi nous lui avons donné acte qu'il a signé avec nous, après lecture faite.

256. Lorsqu'il n'aura été dressé aucun procès-verbal, les Juges, les Châtelains, et à leur défaut, les Syndics ou Vice-Syndics, pourront recevoir les plaintes et dénonciations de toute contravention au règlement, procéder aux actes convenables pour constater la contravention et le contrevenant, et dresser les procès-verbaux nécessaires, qu'ils transmettront à l'Assesseur-Instructeur ou au Juge, pour prendre les informations que le cas exigera.

L. P. préc. art. 88. 257. Les bestiaux saisis pourront toujours être relâchés sous caution; les pères, tuteurs, etc., sont civilement responsables pour ceux qui sont sous leur dépendance.

Les indemnités accordées aux employés forestiers pour tournées dans l'intérêt des communes, sont à la charge de celles-ci. L. P. du 10 sept. 1824. XIII. 177, et 5 août 1823.

On pourra transiger, en tout état de cause, sur les contraventions aux Règlemens sur les bois et forêts, emportant une simple peine pécuniaire, ou même une peine corporelle subsidiaire. Les offres sont faites aux Inspecteurs ou Sous-Inspecteurs forestiers. Ils peuvent les accepter, si la contravention emporte une peine pécuniaire moindre de 100 liv., moyennant le *visa* de l'Avocat-Fiscal et le consentement par écrit de l'Intendant général de l'Administration de l'intérieur. L. P. du 15 avr. 1825. ¶

Si la contravention emporte une peine de plus de 100 liv. ou que la cause soit en appel pardevant un Magistrat suprême, la transaction devra être visée par l'Avocat-Fiscal-Général ou par le Procureur-Général, et être autorisée par le Ministre de l'intérieur.

Les frais qui sont taxés par l'Assesseur-Instructeur, et les indemnités dues aux parties lésées, ne sont jamais compris dans cette transaction, et ils doivent être payés en même temps que les sommes offertes.

L'Administration admet toujours les offres des contrevenans, lorsqu'elles sont au moins égales à la moitié du *minimum* de l'amende.

CHAPITRE IV.

OCTROIS.

258. Les droits de toute espèce possédés par les communes, et qui n'ont pas été approuvés par S. M. avant le 1er juillet 1824, sont abolis. Sont aussi abolis indistinctement tous les droits et gabelles possédés par des particuliers ou des corporations. L. P. du 8 déc. 1823. XIII. 49.

L'établissement des octrois remplace tous ces droits indistinctement, soit pour les communes qui en possédaient, soit pour celles qui n'en possédant pas, ont désiré l'employer pour subvenir à leurs dépenses strictement nécessaires.

Art. 1er.

Des Tarifs.

Ib. et Cir. du 31 mars 1824.

259. Les tarifs ne peuvent porter que sur les objets compris dans les sept divisions suivantes, savoir : 1° boissons et liquides ; 2° comestibles ; 3° combustibles ; 4° fourrages ; 5° matériaux ; 6° marchandises ; 7° mouture des blés et légumes que l'on porte aux moulins situés dans la commune (1).

On ne doit même avoir recours à ces deux dernières divisions qu'en cas de besoin, et en démontrant qu'*il y a défaut de consommation et difficulté de l'assiette du droit sur les cinq premières divisions.*

260. Ces sept divisions se subdivisent en un assez grand nombre d'articles, dont les principaux se trouvent indiqués dans le modèle de tarif, où l'on a cherché à joindre le précepte à l'exemple, et que nous ferons précéder de quelques observations, afin de donner à chaque objet les développemens les plus indispensables.

Observations générales sur les tarifs des droits d'octroi.

261. 1° L'application du tarif aux huiles exige la distinction de leurs espèces ; il faut non-seulement les dénommer, mais encore distinguer leur emploi, et les ranger, soit dans la classe des comestibles, soit dans celle des combustibles. Lorsqu'une même espèce est passible des deux usages, il convient de les taxer uniformément et au droit le plus modéré.

M. C. du 5 déc. 1829. XVI.

(1) Ce droit ne peut être perçu lorsque les blés et les légumes réduits en farine seront exportés du ressort de l'octroi, et qu'ils seront accompagnés d'acquits à caution, afin d'en assurer la sortie dans le délai fixé.

Toute introduction en contravention aux droits d'octroi, de viandes dépécées, sera passible d'une amende de 5 liv., et confiscation de la viande introduite en fraude. Toute autre contravention aux règlement et tarif pour lesquels aucune peine spéciale n'a été établie, donne lieu à la confiscation des marchandises introduites en contrebande, et à une amende pécuniaire égale à leur valeur.

« Par une conséquence naturelle des articles compris au modèle de tarif, dans la première division, les fruits et grains propres à faire de l'huile, peuvent être assujettis au droit proportionnel.

« Dans la classification des matériaux, il faut avoir égard à leur valeur respective, et ne tarifer que les objets d'un usage fréquent.

« Avoir soin surtout de ne pas faire porter la perception sur les objets *qui sont moins de consommation que d'industrie.*

« Il faut toujours préférer les mesures décimales, et, en cas d'impossibilité, les mesures fixes à des mesures vagues et indéterminées, telles que charge, voiture, etc.

« Eviter dans la rédaction des tarifs ces longues nomenclatures qui les surchargent et rendent la comptabilité des perceptions plus difficile à établir.

« Il serait à désirer que les droits fussent tarifés aux mêmes taux dans les communes d'un même mandement, pour prévenir l'abus des répartitions inégales des droits d'octroi, qui interdisent souvent tout commerce entre des communes voisines. Cette uniformité est facile à obtenir, puisque, si les besoins d'une commune sont moins considérables que ceux d'une commune voisine, on peut comprendre moins d'objets sur le tarif, et laisser subsister un taux uniforme pour ceux qui y sont compris.

« Il est loisible de déclarer en dépôt fictif les raisins introduits dans l'arrondissement de l'octroi pour y être réduits en vin. M. C. du 22 mars 1828.

« Il est permis à ceux qui voudront travailler à fabriquer des objets soumis à l'octroi, d'introduire, sous le bénéfice du dépôt, les matières premières de ces objets. Les commis à l'octroi donneront décharge des matières mises en œuvre, et prendront à charge les produits qui jouiront du bénéfice du dépôt. » *Ibid.*

262. Modèle *de Tarif des droits d'octroi*

		DENRÉES SOUMISES A L'OCTROI.	MESURE, NOMBRE OU POIDS.	TAXE.
Boissons.		Vin, vinaigre, raisin, esprit de vin, de grappes et de grains	Hectolitre.	
		Rhum, ratafia, liqueurs, eaux-de-vie, etc.		
		Bière		
Comestibles.	Bétail.	Bœufs et taureaux, veaux et génisses	Par tête.	
		Béliers, brebis, moutons, boucs et chèvres		
		Cochons, cochons de lait		
		Viande de cochon fraîche, lard, saucissons, etc.	Liv. mét.	
		Viande fraîche de boucherie	PROHIBÉE.	
		Dans le cas où elle ne serait pas prohibée elle est taxée par	Liv. mét.	
		Limons, oranges, fromages, pâtes, poissons, riz.	Quint. mét.	
Combustib.		Huiles et cires de toutes qualités		
		Suif, chandelles		
		Bois à brûler, charbons	Stère.	
Fourr.ges.		Foin	Quint. mét.	
		Paille		
		Avoine pour cheval et épautre		
Matériaux.		Bois de construction	Stère. Mètre cube	
		Pierres de taille		
		Marbres		
		Pierres brisées, tuiles, briques, chaux, gypse, terre glaise		
Marchandes diverses.		Fer, plomb, étain et autres métaux		
		Savon, verres et cristaux		
		Denrées coloniales		

dans la Commune de......

OBSERVATIONS ET DISPOSITIONS PARTICULIÈRES.

L'hectolitre et le litre sont les seules mesures en usage dans les tarifs de boissons. Lorsque les fruits servant à la confection des boissons sont imposés, on peut déterminer le produit relatif de ces fruits, en raison de deux hectolitres de vin pour trois hectolitres de vendange, et de deux hectolitres de cidre ou de poiré pour cinq hectolitres de fruit. Sont exemptes les charges d'un poids non excédant dix livres métriques.

Les eaux-de-vie et esprits de toutes espèces peuvent être divisés en deux ou trois classes suivant les degrés ; les degrés sont constatés d'après l'aréomètre.

Les bêtes abattues qui sont introduites entières et sous la peau, payent comme si elles étaient vivantes; mais celles dépécées par quartiers sont sujettes aux droits et aux règles établies pour la viande fraîche de boucherie. Sont réputés bœufs, taureaux et vaches, les animaux de cette espèce qui n'ont plus aucune dent de lait; on les considère comme veaux, lorsqu'ils ont encore toutes les dents de lait; on les considère comme jeunes taureaux et génisses, etc., *si le tarif contient cette distinction*, lorsqu'ils ont changé deux à quatre dents de lait.

On regarde comme agneaux, chevreaux et cochons ceux qui, pesés vifs ou morts, n'outrepassent pas 10 liv. métriques.

Lorsqu'il ne sera pas possible d'asseoir le droit par stère, il faut le préciser par cent, millier ou voiture. Dans la classification du droit, il est nécessaire d'avoir égard à la nature du chauffage et à sa valeur, afin de modérer la taxe des combustibles qui ne sont employés que par la classe indigente, tels que les ronces, les bois morts, etc. Quant aux suifs et aux cires, il faut distinguer ceux qui sont préparés de ceux qui sont bruts.

Afin d'éviter toute contestation, l'article doit être libellé : *Fourrages de toute espèce.*

Distinguer les bois en grume de ceux équarris, et la chaux vive de la chaux éteinte.

Art. 2.

De la Perception.

263. L'art. 8 établit trois modes de recouvrement des droits d'octroi.

264. 1° Par économie, *qui consiste à percevoir les droits d'octroi au moment de l'introduction, par le moyen de commis placés aux entrées.* La difficulté d'établir ce genre de perception sans employer des moyens dispendieux, ne permet pas de l'organiser autre part que dans les grandes villes.

265. 2° Par adjudication, *qui a lieu en affermant l'octroi moyennant un prix fixe convenu, ou en attribuant à un habitant le privilége de vendre par exclusion à tout autre débitant qui voudrait s'établir dans la même commune.*

L'octroi par adjudication ne peut convenir qu'à quelques communes, et seulement pour ce qui concerne les droits à établir sur les bestiaux destinés à l'abat; mais dans ce dernier cas, il est aussi le seul qui paraisse convenir aux communes rurales, surtout en admettant l'adjudication *du privilége exclusif de vendre*, puisque par ce moyen elles s'assurent un revenu fixe et déterminé, elles éliminent les bouchers ambulans, dont la surveillance est si difficile; enfin, elles réduisent à un seul, plus que suffisant aux besoins d'une petite localité, ce grand nombre de bouchers, qui sont toujours trop ou trop peu fournis, parce qu'ils ne peuvent asseoir aucun plan régulier pour faire face à une consommation déjà si modique et surchargée de pourvoyeurs.

266. 3° Par abonnement, *d'après lequel on traite avec le débitant d'un prix fixe pour tenir lieu d'équivalent des droits de détail, dont il serait présumé passible.*

267. Par l'économie des dépenses, par la simplicité, la régularité et l'exactitude de ses résultats, ce mode doit être considéré comme le plus généralement avantageux.

Art. 3.

Des Règlemens.

Modèle de Règlement

Pour les Octrois communaux perçus par abonnement et par voie d'adjudication sur les denrées vendues en détail.

TITRE Ier.

DE LA PERCEPTION.

Art. 1er.

268. Les droits d'octroi de la commune de.... se percevront partie par abonnement et partie par voie d'adjudication, d'après les bases indiquées ci-après pour chaque mode d'octroi.

Art. 2.

Seront assujettis à ces droits, savoir : par abonnement, les aubergistes, les cabaretiers, les meuniers et les revendeurs de comestibles ; et par la voie de l'adjudication, les bouchers qui existent dans le territoire de la même commune.

Art. 3.

Le payement tant des droits de l'abonnement que de ceux du montant de l'adjudication, se fera à l'échéance du trimestre, par égale portion, et les contribuables devront fournir une caution valable pour ce payement. Ceux qui voudraient se dispenser de cette formalité, pourront payer leur quote part par anticipation au commencement de chaque trimestre.

Art. 4.

Le recouvrement de ces droits se fera par le percepteur communal.

TITRE II.

DE L'ABONNEMENT.

Art. 5.

269. Les aubergistes, les cabaretiers, les meuniers et les revendeurs de comestibles devront, dans le terme de cinq jours, déclarer au secrétariat de la commune leurs nom, prénoms, profession et le lieu où ils l'exercent. On donnera au déclarant une expédition de cette déclaration détachée d'un registre à souche. Personne à l'avenir ne pourra entreprendre ce genre de commerce, sans avoir fait une semblable déclaration.

Art. 6.

Celui qui omettra de faire la déclaration prescrite par l'art. précédent, sera puni de l'amende de 50 liv., outre la confiscation des denrées vendues en détail.

Art. 7.

Le montant de l'abonnement sera proportionné aux droits, qui, en cas d'exercice, auraient été dus aux termes du tarif, sur la vente annuelle présumée desdites denrées.

Art. 8.

Tous les ans le Conseil communal conviendra avec les débitans de la répartition du montant de l'abonnement; et en cas de dissidence, elle sera établie d'office. Dans les deux cas, on en fera dresser un état et on l'adressera à l'Intendant de la province, lequel, au moyen de son approbation, le rendra exécutoire.

Art. 9.

Ceux qui, après la formation de l'état annuel mentionné à l'art. 8, établiront des auberges...., seront, sans autre, compris dans l'abonnement, à raison du temps, et seulement pour la moindre quote part assignée dans ledit état aux vendeurs de sa classe, ou de celle qui en approche davantage au jugement communal, et toujours sous l'approbation de l'Intendant. Le trimestre commencé sera considéré comme entier.

Art. 10.

Le contribuable qui voudra cesser l'exercice de sa profession sera tenu d'en faire, au Secrétaire de la commune, sa déclaration dont il lui sera donné copie. Si la déclaration a lieu dans le dernier trimestre de l'année, il payera la totalité des droits mis à sa charge pour l'année entière. Si cette déclaration a lieu dans un autre trimestre, il doit payer, outre les droits du trimestre commencé, ceux des trimestres suivans.

TITRE III.

DE L'ADJUDICATION.

Art. 11.

Circ. du 15 sept. 1824. 270. La tenue des boucheries de.... sera mise aux enchères de....

Ib. et Régl. modèle n° 1, art. 18, 19, 20, 22, 24, 25, 26, 27, 28 et 29. (Les modèles et les instructions n'ayant pas prévu d'une manière bien précise le mode d'adjudication proposé pour l'octroi des boucheries, les Conseils adopteront les mesures les plus appropriées aux localités, et donneront les dispositions qu'ils jugeront convenables, en indiquant, d'une manière positive, les exemptions, les contraventions, etc., et ils les énonceront dans les articles 12 et suivans.)

TITRE IV.

DU CONTENTIEUX.

Art. 20.

Art. 80. 271. Les contraventions seront constatées par le garde.... de la commune, à la poursuite et diligence du Syndic ou de l'un des Conseillers.

Le procès-verbal sera régulier au moyen qu'il énonce la date de l'année, du mois et du jour où il est rédigé, les diverses circonstances qui peuvent faire reconnaître la contravention, et l'autorité à la diligence de laquelle il a été rédigé. Art. 80.

Art. 21.

Le procès-verbal sera signé par le saisissant et par le prévenu; et celui-ci ne pouvant ou ne voulant pas signer, ou se trouvant absent, il en sera fait mention. Art. 81.

Art. 22.

Ce procès-verbal, après avoir été affirmé dans les vingt-quatre heures devant le Juge du mandement, sera transmis au Syndic, qui indiquera au bas l'article du règlement auquel on a contrevenu, avec instance au Juge de procéder. Art. 84.

Art. 23.

Il sera prononcé sommairement sur les contraventions par le Juge du mandement, qui devra poursuivre d'office celles qui lui seront signalées.

Art. 24.

Les marchandises déclarées en commise par sentence passée en jugé, seront vendues dans les vingt-quatre heures aux enchères publiques, dans les formes prescrites par la loi. On vendra encore de cette manière, et immédiatement, les marchandises saisies, non restées chez le contrevenant, lesquelles seront en péril de s'avarier et de dépérir. Art. 85.

Art. 25.

Il sera permis de transiger sur les contraventions; l'acceptation du Syndic, outre l'approbation de l'Intendant, sera nécessaire pour la validité des transactions. Art. 96.

Art. 26.

Le produit des amendes et confiscations prononcées pour cause de contravention au règlement de l'octroi, sera partagé ainsi qu'il suit : la moitié appartiendra au préposé qui a constaté la contravention, et l'autre moitié sera versée dans la caisse des revenus de la commune. Art. 98.

Art. 27.

Les injonctions décernées par les Syndics contre les débiteurs des droits, et rendues exécutoires par le Juge du mandement, auront leur exécution nonobstant opposition, sauf toutefois les raisons qui peuvent compéter aux intimés.

Fait en Conseil double, le....

Art. 4.

Dispositions générales sur les Règlemens et Tarifs.

272. Le règlement et le tarif seront rédigés sur papier timbré et signés par tous les membres du Conseil; le pre- Circ. du 13 sept. 1824.

mier devra être écrit à demi-marge, afin d'y pouvoir indiquer les modifications dont il aura été jugé susceptible; l'un et l'autre devront être transmis à double expédition, de même que la délibération prise à ce sujet par le Conseil double, et le tableau qui doit accompagner cette délibération, pour donner un aperçu du produit de l'octroi, lorsqu'elle n'est pas assez motivée.

L. P. du 16 jauv. 1827. XV. 129. 273. Les Intendans et Vice-Intendans connaissent des causes relatives à l'exécution des baux à ferme, et des abonnemens des octrois appartenans aux communes, et par suite il leur appartient de contraindre les fermiers et les abonnés au payement du prix convenu, par les mêmes moyens que ceux établis par la loi pour le recouvrement des revenus communaux.

274. Les Juges continuent à connaître de toutes les contraventions aux règlemens des octrois et des contestations entre les communes ou les fermiers et les particuliers, pour le payement des droits, sauf l'appel, s'il y a lieu, aux tribunaux.

275. Rien n'est innové concernant la juridiction de la Chambre des Comptes, sur les questions interprétatives des règlemens et tarifs d'octroi.

L. P. du 22 mars 1828. XV. 126. 276. L'interprétation donnée sur quelques doutes relatifs aux octrois communaux a été portée à chaque endroit du tarif qu'elle concernait. *V. Modèle de tarif*, §. 262.

SECTION II.

PASSIF.

CHAPITRE PREMIER.

IMPOSITIONS LOCALES.

Art. 1er.

Répartition.

E. R. du 22 déc. 1818. VII. 208. 277. Le bilan ou budget des dépenses communales, *V.* §. 307, abstraction faite des fonds nécessaires pour le concours de chaque commune à celles déclarées à la charge de la province, et pour le payement des dettes fixes et légitimes, ne pourra excéder le douzième (8 liv. 33 cent. et un tiers pour cent) de la somme dont la commune aurait été imposée pour les contributions directes, que dans le cas d'une autorisation souveraine spéciale.

Le montant des sommes à répartir pour couvrir le déficit des dépenses communales ne pourra être imposé d'aucune autre manière que d'après le rôle de l'imposition foncière et au marc la livre de la cote générique; il se perçoit sous la désignation d'*imposition locale*, et se payera par douzième dans les mains du Percepteur. *V. ce mot*, §. 285.

Art. 2.

Dépenses pour le culte. Cathédrales, Archevêchés, Séminaires, Eglises, Presbytères, etc.

278. Seront compris dans les *dépenses communales extraordinaires* les frais qui concernent la cathédrale, l'archevêché, le séminaire, etc.; ils seront supportés moitié par la ville de Chambéry, et l'autre moitié par les villes et communes de son diocèse, proportionnellement à leurs contributions directes; et dans les autres diocèses, un tiers par la ville siége de l'évêché, et deux tiers par les villes et communes du diocèse, dans la même proportion. L. P. du 5 avril 1825. XIII. 248.

279. Les églises paroissiales et les presbytères des villes et communes ne formant qu'une seule paroisse, sont considérés comme une charge communale, à laquelle chacune de ces communes concourra dans la concurrence de ses contributions directes. Dans les villes divisées en plusieurs paroisses, ces frais seront considérés comme une charge communale.

A défaut de fonds, pour faire face à ces dépenses, il sera fait un rôle de répartition au marc la livre des contributions directes dans l'étendue de chaque ville ou commune.

Ces impositions ne pourront être ordonnées qu'autant que leur montant aura été préalablement constaté par des expertises régulières.

Il n'est rien innové par ces Royales Patentes en ce qui concerne les sommes portées par le passé sur les budgets de quelques villes et communes, pour subvenir à ces sortes de dépenses. *V. Fabriques.*

Art. 3.

Dépenses ordinaires et extraordinaires.

L. P. du 27 mars 1826. XIV. 31. **280.** 1° Les dépenses relatives à l'administration des communes seront, dans la formation de leurs budgets, divisées en deux catégories, c'est-à-dire en ordinaires et en extraordinaires.

2° Dans la première catégorie seront comprises les dépenses permanentes et successives, les annuités et les intérêts des cens et autres capitaux dus par les communes. Dans la seconde seront comprises celles qui, de leur nature n'étant pas périodiques et progressives, sont seulement requises par un besoin urgent, extraordinaire et momentané.

[illegible] 84. **281.** 3° Les dépenses ordinaires seront fixées d'une manière stable par la Secrétairerie de l'intérieur, en une somme précise pour chaque article; on ne pourra, par conséquent, ajouter aucun article de dépense, ni outrepasser les sommes fixées pour chaque article, sans une autorisation préalable de la même Secrétairerie. Toute dépense qui n'aura pas été autorisée de cette manière, sera supportée en propre par les Administrateurs.

Ib. art. 4. On fera face au payement des dépenses ordinaires comprises dans la première catégorie, au moyen des revenus et autres produits appartenans aux communes; dans le cas où ceux-ci ne seraient pas suffisans, on pourra y suppléer par des impôts communaux, après en avoir obtenu l'autorisation de la Secrétairerie des finances.

282. On ne pourra faire aucune dépense extraordinaire, quoique peu considérable, si elle n'a pas été préalablement autorisée en connaissance de cause par la Secrétairerie d'Etat de l'Intérieur. Lorsque cependant il y aura urgence extrême de faire quelque dépense de peu de valeur, dont le retard peut occasionner des dommages graves, les Administrateurs sont autorisés à y pourvoir, à condition d'en référer sur-le-champ à l'Intendant de la province, qui en informera la susdite Secrétairerie d'Etat, afin d'en recevoir les ordres nécessaires sur le mode de payement. *V.* §§. 281, 307 *et suivans.*

Les fonds qui resteront sur les revenus communaux, après déduction des dépenses ordinaires, seront appliqués aux dépenses extraordinaires dûment autorisées ; si ces fonds ne suffisaient pas, le premier Secrétaire des finances pourra autoriser une imposition communale proportionnée au besoin, pourvu qu'elle n'excède pas le douzième du principal de la contribution foncière. Pour tout impôt au-delà de cette proportion, l'autorisation souveraine sera nécessaire. L. P. préc. art. 6.

Il est dérogé au règlement des communes et à l'Edit du 22 décembre 1818, en tout ce qui est contraire à ces Lettres-Patentes.

ART. 4.

Formalités préalables et précautions relatives aux dépenses extraordinaires.

283. La Royale Secrétairerie d'Etat, par sa circulaire du 11 avril 1829, a statué en exécution des provisions royales dont le texte vient d'être donné, *V.* §. 280, Cir. du 20 avril 1829.

1° Que les Conseils communaux doivent adresser au bureau de l'Intendance, avec toutes les pièces, telles que plan, devis, etc., avant le 30 juin de chaque année, les extraits des délibérations, où seront établis les motifs de l'absolue nécessité de nouvelles dépenses extraordinaires, dont l'allocation aux budgets est sollicitée.

2° Que, passé ce délai, toutes demandes à ce sujet qui pourraient parvenir aux bureaux de l'Intendant, *seront considérées comme ayant trait au budget de l'année suivante.*

3° Enfin, que les dépenses doivent peser sur plusieurs exercices, lorsque la quotité en est assez élevée pour augmenter les charges locales dans une trop forte proportion.

ART. 5.

Excédant du revenu communal.

284. Comme les communes qui ont un excédant de revenu peuvent l'employer au payement de l'impôt royal et

Instr. gén. du 1er avril 1826, art. 78, 79 et 226 XIV. 65, et Circ. du 20 janv. 1820.

provincial, elles devront, dans ce cas, demander par une délibération du Conseil double, l'autorisation de la Secrétairerie d'Etat pour les affaires internes. *V.* §. 63.

Les Intendans, par lesquels ces délibérations seront soumises à la Secrétairerie d'Etat précitée, feront connaître sa décision au Conseil de la commune, et celui-ci procédera ensuite à la répartition de la somme à payer par le moyen des revenus communaux, entre tous les contribuables de la commune, domiciliés ou non, en raison directe du montant de leurs cotes portées aux rôles de la contribution foncière royale, ou provinciale, ou de la personnelle, suivant que l'application de l'excédant de revenu devra être faite à l'une ou à l'autre de ces contributions. Cette répartition sera publiée pendant huit jours consécutifs, ensuite transmise à l'Intendant, et le Percepteur émargera sur les rôles, en présence du Syndic, la somme allouée. *V. Comptes, Budgets.*

ART. 6.

Percepteurs.

Instr. préc. art. 21, 22, 44, 45 et 46.

285. Les Percepteurs sont nommés par S. M. pour un temps illimité, sur la présentation d'une liste dressée par le premier Secrétaire des finances; leur cautionnement peut être effectué *en rentes* ou *en immeubles*. Le Fisc a privilége sur les meubles, immeubles, créances des Percepteurs, et une hypothèque légale sur leurs biens présens et futurs, ainsi que sur ceux acquis par leur femme, leurs frères, etc. Ces priviléges et hypothèques *doivent être inscrits, à la diligence de l'Intendant, dans les trois mois de leur nomination.* Les communes n'ont qu'une hypothèque légale, qui doit être inscrite à leur diligence, dans le même délai.

Dans le mois de novembre de chaque année, on leur remet les rôles de l'exercice suivant. *V. Rôles*, §. 62. Les contributions directes et les revenus communaux, tant ordinaires, qu'extraordinaires et imprévus, ne peuvent être valablement acquittés qu'entre leurs mains, en vertu des rôles ou ensuite d'un ordre émané de l'Intendant.

Art. 33, 33. Chaque percepteur doit résider au chef-lieu de son district de perception, se transporter une fois par mois dans les communes pour y procéder au recouvrement, et tenir son bureau ouvert tous les autres jours.

Le contribuable qui n'a pas profité de la présence du Percepteur dans la commune, pour solder le douzième échu de ses contributions, devra en faire le payement au chef-lieu, dans l'intervalle d'une tournée à l'autre. Inst. préc. art. 47.

Au fur et à mesure qu'un contribuable fait des payemens à la caisse du Percepteur, celui-ci doit en émarger l'article du rôle en toutes lettres et en chiffres, néanmoins en portant la somme perçue à compte ou à solde de l'exercice le plus ancien. L'émargement des rôles aura lieu à l'instant même du payement, en présence du contribuable, et le Percepteur devra y croiser chaque article soldé *avec deux traits de plume en forme de croix, au travers de la case, sur la première colonne*. A cet effet, les percepteurs devront expressément porter les rôles avec eux dans leurs tournées mensuelles, et, de plus, remettre *gratis* des quittances détachées du registre à souche, pour toutes les sommes qui sont versées dans leur caisse. Art. 47, 48, 49, 51 et 53.

286. Les percepteurs jouiront d'une remise sur le montant réuni de toutes les contributions, et qui y sera portée en sus; savoir: Art. 25, 26.

	Directes, royales, provinciales.	Revenus et recettes communales.
Sur les 1res 10,000 liv.		2 pr %
Sur les 40,000 liv. suivantes		1 pr %
Sur les 50,000 liv. suivantes		1/2 pr %
Sur les 1res 20,000 liv.	5 pr %	
De 20,000 à 50,000 liv.	2 1/2 pr %	
De 50,000 à 100,000 liv.	1 1/2 pr %	

Ils n'auront droit à aucune remise pour les recouvremens extraordinaires, tels que le restant en caisse, le montant des sommes prêtées aux communes et autres recettes semblables éventuelles ou extraordinaires.

Lorsqu'une portion des revenus communaux sera versée en déduction des contributions directes, le Percepteur n'aura droit qu'à un complément de remise égal à la différence existante entre celle fixée pour les contributions et Art. 29.

celle établie pour les revenus communaux, c'est-à-dire à la moyenne des deux remises réunies.

Inst. préc. art. 30. Le Percepteur dont la destination est changée, ne touche plus aucune remise dans la perception qu'il quitte.

ART. 7.

Vérifications de caisse.

Art. 82. **287.** Le Syndic du chef-lieu du mandement de perception, ou, en son absence, le Vice-Syndic, assisté du Secrétaire de la commune, vérifie et arrête, le premier jour de chaque mois, tous les comptes de la perception, dresse un procès-verbal de vérification des recettes et dépenses du mois précédent, ainsi que du restant en caisse au moment même de la vérification. Ce restant en caisse devra toujours être présenté et reconnu. On ajoutera au procès-verbal le bordereau des espèces qui le composent.

Si le Percepteur ne présente pas la totalité du restant en caisse, il en sera fait mention au procès-verbal, qui sera toujours rédigé à triple expédition et signé par le Syndic ou le Vice-Syndic, le Secrétaire et le Percepteur. Une des expéditions sera remise au Percepteur, la seconde sera déposée aux archives communales et la troisième sera transmise à l'Intendant de la province.

Les Syndics doivent au besoin solliciter, auprès de l'Intendant, des vérifications extraordinaires.

Pendant que les deux exercices sont ouverts, les procès-verbaux de vérification doivent présenter tous les résultats des deux exercices; cependant, cette distinction n'aura lieu, pour les recettes communales, que jusqu'à la reddition du compte de l'année précédente, époque à laquelle on clorra les journaux de chaque commune, en reportant sur celui de l'année courante l'excédant ou le déficit, et à compte nouveau sur les journaux de l'exercice courant.

Pour ce qui concerne les contributions directes, on annullera pareillement ce compte pour l'exercice précédent, et l'on portera, dans les procès-verbaux de vérification, les sommes à recouvrer, lesquelles constituent une créance particulière des Percepteurs, après le numéraire qui compose le fonds en caisse.

Le restant à recouvrer sur les revenus communaux de l'exercice précédent, figurera de la même manière après la clôture du compte.

Les Syndics vérificateurs auront soin de s'assurer de la véritable existence de ces arriérés.

ART. 8.

Contraintes pour payement des contributions.

288. Les contribuables en retard pour le payement des douzièmes échus, sont passibles de la saisie mobiliaire et immobiliaire, et de la contrainte militaire, qui pourra être décernée le cinquième jour du mois successif à l'échéance du douzième. Inst. préc. art. 122.

A cet effet, le Percepteur en demandera l'autorisation par écrit à l'Intendant de la province, et en même temps il dressera un état double des retardataires, qu'il soumettra au Syndic pour son visa.

Le Syndic renverra une des expéditions au Percepteur et *gardera l'autre par devers lui.*

Au bas de la demande précitée sera inscrite l'autorisation de l'Intendant, qui en fera tenir copie.

Le Syndic ne pourra retarder son visa au bas de l'état précité, au-delà de vingt-quatre heures; il ne pourra non plus y rayer aucun débiteur, à moins qu'il n'ait la preuve positive de l'inexistence de la dette; et dans ce cas, il en demandera des éclaircissemens au Percepteur, afin que, s'il y a erreur, on en prenne note pour éviter des frais aux contribuables. Art. 84.

Si toutefois il y avait sur l'état des petites sommes, et que le Syndic jugeât que la saison ne fût pas convenable pour le payement des contributions, il en informera l'Intendant dans les vingt-quatre heures, sans pourtant retarder son visa sur l'état qu'il lui transmettra.

Le garnisaire, avant de signifier la contrainte aux débiteurs, se présentera pardevant le Syndic qui prendra note sur l'état resté par devers lui, du jour où le logement militaire aura son commencement. Le soldat devra en outre se présenter tous les jours au Syndic, pour lui rendre compte de ses opérations, ainsi que de chaque révocation de poursuites ; le Syndic prendra note, sur l'état des débiteurs, du jour de la cessation de chacune des contraintes, dont les frais ne sont plus à la charge du contribuable dès le lendemain du payement des contributions arriérées. Les garnisaires reçoivent 3 liv. par jour.

La contrainte ne peut se proroger au-delà de cinq jours, après lesquels elle fait place aux actes de saisie (1) ; elle est tarifée comme suit : par jour, 15 cent. pour une dette de 5 à 15 liv. ; 40 cent. pour 15 à 30 liv. ; 85 cent. pour 30 à 50 liv., etc.

Inst. préc. art. 168. Toute somme restée disponible sur les frais de contrainte fait masse au profit des communes ; le Percepteur en rend compte à l'Intendant dans le mois de février.

Les Syndics tiendront la main à ce que ni les Percepteurs ni le garnisaire n'abusent de leurs fonctions ; ils prêtent assistance à celui-ci, s'il était insulté dans l'exercice de ses fonctions.

Art. 8.

Cotes irrécouvrables.

Art. 170 et 172. 289. Les cotes irrécouvrables sont remboursées à la fin de chaque année au Percepteur, *sur le fonds de subside* ; afin d'obtenir ce remboursement, il remet à l'Intendance, dans les derniers jours de décembre de chaque année, l'état divisé par communes, des cotes irrécouvrables, résultantes des rôles. S'il y a irrécouvrabilité notoire, il sera inutile de produire des actes de carence à l'appui des états, sur lesquels le Percepteur ne pourra porter les doubles emplois et autres erreurs commises sur les rôles, au préjudice des contribuables ; car c'est à ces derniers à réclamer en temps utile. *V.* §. 225.

290. Aussitôt après la réception de ces états, l'Intendant les renvoie aux Administrations communales, qui les exa-

(1) *Tarif de saisie.* — Pour l'acte d'exécution, 1 liv. 50 cent. ; si le débiteur paye avant l'acte, 1 liv. ; chaque verbal de carence, 75 cent. ; chaque copie d'exécution, 50 cent. ; chaque affiche de vente, 25 cent. ; au gardien de meubles et fruits proposé par le débiteur, 00, autrement 50 cent. par jour ; l'acte d'enchère, 2 liv. ; au crieur, 50 cent.

minent article par article, et donnent sur chacun d'eux leur avis motivé, dont elles font résulter en résumé dans un acte consulaire qui sera publié avec l'état, et le tout sera transmis à l'Intendant dans le terme de vingt jours, après la communication des pièces.

L'Intendant, sur l'avis du Conseil, prononce sa décision et donne connaissance au Percepteur des cotes rayées sur les états, ainsi que des motifs qui les ont fait éliminer, afin que celui-ci puisse continuer ses poursuites contre les redevables, pour les forcer au payement.

Si les cotes irrécouvrables proviennent de contributions assises sur des biens fonds, dont la valeur peut suffire à leur payement et aux frais, l'Intendant a droit d'en refuser l'admission, et dans ce cas, il fait procéder à l'adjudication des biens.

A cet effet, si l'objet est dans ses attributions, il charge un délégué de procéder à l'adjudication des biens, d'après les règles tracées par les R. C. et l'Edit du 22 juillet 1822; dans le cas contraire, il renvoie les parties devant le tribunal compétent.

ART. 9.

Immunités en faveur des pères de douze enfans.

291. Pour en jouir, les pères devront produire, dans le mois de décembre, annuellement, à l'Intendance, Inst. préc. art. 179 et suivans.

1° La patente d'immunité et son entérinement; 2° un certificat du Secrétaire de la commune, constatant que les biens exemptés sont par eux possédés; 3° un extrait du rôle de la personnelle et mobiliaire, visé par le Syndic. *V. Pères de douze enfans.*

ART. 10.

Réclamations pour surcharge en fait de contribution.

292. *Elles peuvent être de deux sortes* : pour erreurs térielles, ou pour doubles emplois. Art. 180 et 182.

L'erreur matérielle a lieu lorsque le contribuable est imposé dans une commune pour une propriété située dans une autre; lorsqu'une propriété est imposée sous un autre nom que celui du véritable propriétaire; lorsque l'allivrement, ou l'évaluation du revenu imposable, a été porté sur les rôles pour une somme différente de celle énoncée au cadastre, ou à la matrice, ou au livre des mutations; enfin, lorsque dans le calcul de la cote on n'a pas conservé l'égalité proportionnelle.

Il y a *double emploi* lorsque le propriétaire du même bien se trouve imposé sur deux articles séparés du même rôle, ou que, pour le même article de propriété, il se trouve imposé sur le rôle de deux communes différentes. Il y a erreur matérielle sur la contribution personnelle et mobiliaire, si le contribuable est imposé dans une commune où il n'a pas son domicile, si la taxe est dans une proportion plus forte que celle de la répartition, si la taxe personnelle n'a pas été fixée sur les bases déterminées par la loi. Il y a double emploi, lorsque le même individu est inscrit deux fois sur le même rôle ou sur celui de deux communes différentes.

Les réclamations doivent être adressées individuellement, et non collectivement, à l'Intendant, sur papier timbré, dans les trois mois après la publication des rôles, sous peine de déchéance de tout droit.

293. A l'appui de leurs demandes, *qui peuvent être présentées au nom de tous les ayant-droit, s'ils figurent collectivement sur le même article du rôle*, les réclamans joindront,

Inst. préc. art. 190. 1° Un extrait de l'article du rôle qui donne lieu à la réclamation; 2° la quittance du Percepteur pour les douzièmes échus; 3° et dans le cas d'erreurs matérielles, l'extrait de l'article ou des articles du cadastre et des matrices qui peuvent fournir la preuve de l'erreur existante sur les rôles.

Art. 191. Le Percepteur et le Secrétaire fourniront respectivement ces extraits, sans frais, excepté le prix du papier timbré.

Art. 193. Cette demande est communiquée au Conseil, qui donne son avis par acte consulaire, dont copie authentique est inscrite au bas de la réclamation même, laquelle doit être renvoyée à l'Intendance dans la quinzaine.

Art. 195. Si le degrèvement est refusé par le Conseil, l'Intendant peut ordonner une vérification des localités par des experts, *dont un est nommé par la commune, l'autre par le ré-*

clamant, lesquels donnent leur avis, dont le Secrétaire de la commune dresse procès-verbal.

L'Intendant, ayant prononcé sa décision, en informe le Percepteur ainsi que le Syndic, qui la notifiera au contribuable.

294. L'ordonnance de décharge ou de réduction est remise pour numéraire, par le comptable au Percepteur, et elle n'a pas lieu si les rectifications prescrites par l'arrêté de l'Intendant ne portent que sur une erreur de noms; dans ce cas, le Syndic prévient le contribuable. Les frais d'expertise sont à la charge de la commune lorsque la réclamation est fondée; ils forment un article de dépense sur le budget de l'année successive; et ils sont à la charge du demandeur si la réclamation est inadmissible. Inst. préc. art. 199.

ART. 11.

Réclamations pour grêle, incendie, inondation, gelée, etc.

295. Ces réclamations, dûment motivées et détaillées, seront adressées par les intéressés à l'Intendant de la province, et renvoyées par lui au Conseil de la commune, qui déclarera, dans un acte consulaire aussi motivé, si elles doivent être accueillies ou non; la section, la qualité des fruits; la nature et le montant approximatif du dommage; il proposera trois experts *pris dans les communes environnantes*, probes, capables, sachant écrire, quoique cultivateurs, et indiquera si quelque membre du Conseil y est intéressé. Si le dégât a été général, le Conseil devra, dans le délai de quinze jours, sous sa responsabilité, procéder d'office à la declaration sus-indiquée, et évaluer le dommage, pour épargner la dépense d'une expertise; et lorsqu'elle a lieu, le Syndic notifie l'arrêté de l'Intendant au commissaire et à l'expert que celui-ci a désigné, au moyen d'un avertissement contre-signé par le Secrétaire, portant le jour établi de concert avec l'expert, pour commencer la visite, en faisant attention qu'il y ait cinq jours d'intervalle entre la publication et la visite. Le Secrétaire, à qui il appartient de rédiger tous les actes, joindra au manifeste le certificat de la publication, la délibération du Conseil et l'arrêté de l'Intendant. Art. 205.

Inst. préc. art. 210. 296. Le manifeste annoncera les principales dispositions de cet arrêté, les cantons qui seront visités, le jour et l'heure où l'on procédera, et le nom de l'expert, afin que chacun puisse y intervenir ; si le dégât a été général, il suffira d'indiquer le canton par lequel l'expert commencera la visite, etc.

Art. 211. Les réclamations pour omission de cantons endommagés seront adressées par écrit au commissaire délégué, lequel entendra le réclamant et le Conseil ; il dressera procès-verbal de leur dire, et fera constater par une visite de l'expert si les faits exposés sont véritables ; ensuite il fera droit à ces réclamations, ou les déclarera inadmissibles, en énonçant les motifs du refus.

Art. 212. 297. Le jour fixé, l'expert, assisté de l'indicateur, procédera à la visite, en évaluant approximativement la qualité et la quantité de fruits endommagés, déduisant ceux qui auraient été cueillis avant le désastre ; il observera si les fruits pendans ont souffert un dommage égal, s'il est général, s'il peut y avoir compensation par l'espoir d'un nouvel ensemencement ; et il prendra note du tout, non pour en rédiger des rapports particuliers, mais afin d'établir une proportion et de baser son opinion, tant d'après ces données que par la comparaison des produits des cantons préservés, s'il en existe.

Art. 214. Lorsqu'une observation d'un intéressé a pour but l'avantage général, l'expert est obligé de la recevoir et de s'en prévaloir.

Art. 215. Après la visite, l'expert dresse et remet au commissaire son rapport et son évaluation des dommages constatés, en expliquant son avis sur leur montant, et en donnant les raisons pour chaque canton visité.

Le rapport est rédigé par le Secrétaire et l'expert, qui, avant de le signer, y ajoute la note de ses vacations, en distinguant les journées employées sur le terrain, d'avec celles passées au bureau pour la rédaction dudit rapport.

Art. 216, 217, 218, 219, 220 et 223. Celui-ci indique, sans différence de produits, la quantité totale des propriétés ravagées, par chaque espèce de culture, par exemple : terres labourables, prés, vignobles, oliviers, citronniers, etc., et par chaque canton, qui sera indiqué par la dénomination qu'il porte sur le cadastre, ou à défaut, par celle qui est communément en usage.

On indiquera cette quantité par portions aliquotes, c'est-à-dire par moitié, tiers, quart, cinquième, etc., de tel ou tel canton dévasté.

298. Le commissaire, en recevant le rapport, en dresse procès-verbal, au bas duquel il indique, avant de signer, le nombre des vacations qu'il a employées dans son travail.

Le Secrétaire, après avoir inséré au registre des délibérations l'original du rapport et du procès-verbal susdits, en fait de suite une expédition, et, après avoir formé un dossier de toutes les pièces susdites, il y joint une liste extraite du cadastre et des livres des mutations, et rédigée par le gardien de ces livres, où l'on aura indiqué les pertes éprouvées par chaque canton, d'après l'évaluation de l'expert, l'allivrement des terres endommagées appartenantes à chaque propriétaire, et le montant de la contribution foncière affectée à ces mêmes propriétés.

Cette liste sera vérifiée par le Conseil, moyennant un acte consulaire qui sera publié dans les formes accoutumées, et soumis, avec le certificat de publication et les autres pièces, à l'approbation de l'Intendant, afin d'en obtenir l'allocation de la bonification convenable.

L'envoi de ces pièces aura lieu, au plus tard, dans deux mois, à compter de la date du décret.

299. Quand toutes les demandes de cette nature se trouvent réunies et vérifiées dans la forme indiquée aux articles précédens, l'Intendant fait dresser un état général qui établit le montant des dommages, celui des contributions, ainsi que la somme qu'il propose d'accorder à chaque commune, et il transmet cet état à l'Administration générale des finances avec la situation du fonds de subside disponible.

Les indemnités à accorder ne peuvent jamais dépasser le montant de la contribution foncière royale, provinciale et locale, dont les immeubles dévastés se trouvent grevés.

Dès que l'Intendant aura reçu la décision du bureau général des finances qui autorise la distribution du fonds disponible, il assigne, par une arrêté spécial, à chaque commune, la somme à distribuer, et renvoie au Secrétaire la liste dont il est parlé ci-dessus, afin qu'il fasse la répartition de cette somme entre les contribuables intéressés.

Cette répartition est ensuite soumise à l'approbation de l'Intendant, qui en ordonnera la publication pendant huit jours consécutifs, pour que personne n'en ignore.

Inst. préc. artícl. 224, 225, 226, 227, 230, 231, 233, 234 et 237.

300. Après la publication, le Secrétaire prend copie de ladite répartition et de l'arrêté, pour les insérer dans les registres de la commune, et remet l'original au Percepteur, afin que celui-ci puisse allouer à chaque contribuable la somme qui lui revient.

301. Si quelque contribuable avait déjà soldé les contributions de l'exercice pour lequel l'indemnité est accordée, la compensation aura lieu sur celles de l'année suivante.

Pour opérer cette compensation, le Percepteur émarge, en présence du Syndic, à chaque article du rôle, la somme accordée, et délivre en même temps à chaque contribuable une quittance à souche dans la forme ordinaire, où sera répété le numéro correspondant à l'état de répartition. Ces quittances seront distribuées sans frais aux contribuables par l'huissier de la commune, à la diligence du Syndic.

302. Lorsque les émargemens auront été terminés, et les quittances distribuées, le Syndic ou le Vice-Syndic de la commune délivrera, au bas de l'état de répartition, un certificat contre-signé par le Secrétaire, constatant que le Percepteur a fait les émargemens prescrits en faveur de chaque contribuable.

Le comptable transmet ensuite la répartition, revêtue dudit certificat, à l'Intendant, qui délivre un mandat de pareille somme, à l'ordre du Percepteur, payable par le trésorier sur les fonds à ce destinés.

303. Les propriétaires, dont les maisons ont été endommagées par des incendies, ont droit à une indemnité, qui sera prélevée sur le même fonds destiné aux ravages de la grêle, etc.; et, pour l'obtenir, ils présentent leur réclamation à l'Intendant de la province, qui déléguera un expert pour procéder à l'évaluation des dommages causés à leurs maisons, bâtimens et usines.

304. La proportion de l'indemnité est fixée, dans ce cas, au dixième de la valeur des pertes, à l'exclusion néanmoins de celles des meubles et effets ; mais elle ne peut être accordée qu'à ceux des propriétaires qui justifient, moyennant un certificat de l'Administration communale, que, par l'effet de cet événement, ils se trouvent réduits à la misère.

Le payement de l'indemnité accordée aux incendiés a lieu également sur mandats de l'Intendance, imputés sur le fonds à ce destiné, et portant à l'appui la requête de l'incendié, le rapport de l'expert, qui expliquera clairement le montant du dommage supporté par la maison et ses dépendances, à l'exclusion des meubles, et le certificat de pauvreté du réclamant délivré par la commune, au bas duquel sera transcrit l'arrêté de l'Intendant, qui fixera le montant de l'indemnité.

305. S'il éclatait, dans quelque commune ou hameau, un incendie extraordinaire, ou tout autre grand désastre de ce genre, les Intendans s'empresseront d'en informer de suite le bureau général des finances, au moyen d'un rapport circonstancié, qui indiquera le montant du dommage, le nombre et les noms des personnes qui en ont souffert, ainsi que leur position particulière, ouvrant leur avis dans le cas où ils croiraient nécessaire d'implorer de la munificence de S. M., un secours extraordinaire en faveur de ces malheureux.

306. Quand le subside accordé à une commune pour le dommage général causé par la grêle ou autre accident, sera au-dessous du vingtième de l'impôt foncier, et que l'Administration communale, au lieu de faire la répartition entre les contribuables, préférera donner à ce fonds une destination d'utilité publique, l'Intendant, sur la présentation d'une délibération du Conseil double, publiée dans les formes prescrites, et d'un certificat constatant qu'il n'y a pas eu d'opposition, approuvera la proposition par un arrêté spécial, et délivrera, au profit de la commune et au nom du Percepteur, un mandat payable par le trésorier sur le fonds à ce destiné.

Ce mandat portera à l'appui l'acte consulaire susdit,

avec le décret d'approbation, et le Percepteur se chargera en recette, dans ses comptes, de la somme allouée, comme recouvrement extraordinaire.

TITRE VIII.

COMPTABILITÉ COMMUNALE.

SECTION PREMIÈRE.

DES BUDGETS, DES MANDATS DE PAYEMENS ET DES PARCELLES DES SECRÉTAIRES.

CHAPITRE PREMIER.

OPÉRATIONS PRÉLIMINAIRES RELATIVES AUX BUDGETS.

307. CHAQUE année, dans le mois de juin ou de juillet, le Conseil est appelé par l'Intendant à dresser l'état ou *budget* des dépenses que la commune est présumée avoir à faire dans le courant de l'année suivante, et des fonds et revenus qui seront affectés à ces dépenses.

Aucune portion des ressources de la commune ne pouvant être employée qu'en vertu de l'allocation spéciale qui en a été faite au budget, le Conseil doit mettre la plus grande importance à l'établir avec sagesse, économie et sans omission; il doit s'en occuper dès le mois de mai, ouïr le curé pour les réparations à faire à l'église et au presbytère, et autres objets du culte, afin de prévoir et solliciter, avant le 30 juin, *V.* §. 283, l'autorisation d'y faire figurer les dépenses extraordinaires que nécessitera l'exercice suivant. Si une dépense quelconque un peu considérable a échappé à leur attention *ou n'a pas été prévue*, il s'écoulera dix-huit mois avant qu'il y ait des fonds bilancés pour y faire face, à moins que, s'agissant d'un objet excessivement urgent, l'Intendant ne veuille ouvrir un crédit spécial sur les fonds disponibles de la commune.

Quand il s'agira de travaux, le Conseil doit produire, 1° un devis détaillé et estimatif des travaux, 2° un cahier des charges à imposer à l'entrepreneur.

Mais le Conseil ne doit jamais oublier que toute proposition de dépense est nécessairement rejetée quand la commune ne présente pas des ressources pour y faire face, et si la nécessité n'en est pas constatée.

Cette opération préalable est indépendante de celle qui doit avoir lieu pour la formation du projet de budget.

CHAPITRE II.

DES PROJETS DE BUDGETS.

308. Aussitôt que l'Intendant aura transmis les cadres imprimés du bugdet de l'année suivante, le Secrétaire devra s'occuper de mettre en ordre toutes les pièces et tous les élémens nécessaires pour sa formation; ensuite, le Conseil double se réunira pour émettre son vœu sur chacun des articles de ce budget, après en avoir été prévenu trois jours à l'avance. Inst. des 18 févr. 1815 et 3 février 1816. II. 1 et 271. et R. 1739, art. 28, 29 et 30.

Art. 1er.

Mode fictif de répartition. Cote générique.

309. Dans le titre 1er, si la commune n'est pas nouvellement cadastrée, on établit le montant total de la cote générique primitive (1); on examine si cette cote a subi des changemens, et on fixe la somme à laquelle se trouve réduit le total de la cote générique, *lequel doit servir de base de répartition.* Art. 52, 53, 54 et suiv., jusqu'à 63, 130 et 132.

On fait ensuite le parallèle entre la cote générique de l'année précédente et la cote actuelle; si quelque variation a eu lieu, on en explique la cause.

L'augmentation ou la diminution de cette cote peut s'opérer par vacance, désertion, éboulement, inondation ou ravine, et par suite de nouvelles rectifications de route, tout

(1) Le principal de la contribution foncière, qui a été conservé en Piémont, a obtenu en Savoie une diminution du 10 pr %

comme par suite de vente de biens communaux et autres motifs semblables. *V.* §. 47.

Inst. préc. art. 6. Si la commune a été cadastrée, au lieu de la cote générique, on énonce le montant du revenu de la commune, d'après l'allivrement cadastral.

E. R. du 22 déc. 1818. VII. 184. Pour arriver au montant sur lequel s'opère la répartition de l'imposition foncière, on déduit de la cote générique celle des palais, maisons curiales et des jardins qui y sont attigus, des églises, cimetières et monastères, exempts de l'imposition royale. *V.* §. 212.

Successivement, la cote générique ou revenu cadastral, pour servir de base à la répartition de l'imposition locale, est apuré et établi, *en déduisant seulement les églises, les cimetières*, qui ne doivent pas y concourir et sont exempts de toute répartition.

Art. 2.

Fonds restés disponibles (première partie du tit. 2 du budget.)

Cir. du 31 juill. 1826. **310.** D'après le nouveau système adopté, on indique, seulement pour mémoire, le principal de la contribution royale foncière, qui n'est qu'une dette particulière des contribuables envers les finances royales, et dont la commune n'est plus responsable; d'où il suit que le titre 2 des anciens cadres du budget est remplacé par le titre 2 destiné à présenter les avoirs de la commune, et auquel on doit faire figurer avec soin et précision,

1° Les fonds restés disponibles d'après le compte du Percepteur pour l'avant-dernier exercice, *déduction faite de la somme qui aurait été portée en avoir au dernier budget.*

Ib. et du 14 sep. 1827. 2° Ceux restés disponibles sur ce dernier budget. Il faut observer qu'un fonds bilancé au budget pour une dépense quelconque, n'est considéré comme disponible qu'autant que cette dépense aurait été indéfiniment ajournée ou qu'elle aurait donné lieu à quelque économie; il ne suffit pas qu'il soit dans la caisse du Percepteur lors de la formation du projet de budget, pour être cru disponible, puisque d'un moment à l'autre il peut recevoir son emploi.

Au surplus, le restant en caisse disponible à porter à l'art. 2, ne doit provenir que des fonds *sans destination*, indiqués à la fin du tit. 4 du budget de l'année précédente, sous la désignation de *reste disponible à appliquer aux dépenses de l'année successive.*

ART. 3.

Revenus ordinaires et extraordinaires (seconde partie du tit. 2 du budget.)

311. 3° Les revenus ordinaires et extraordinaires composant la seconde partie du tit. 2, en désignant les débiteurs sous les titres auxquels ils appartiennent par la nature de leur dette, la date et la durée des contrats qui établissent la légitimité des rentes communales, ainsi que l'échéance des payemens. A l'égard des octrois, il faut spécifier les objets assujettis à la taxe, leur produit réel ou approximatif, s'ils sont perçus par abonnement, en régie ou par suite d'adjudication. Les Syndics doivent veiller à ce que les revenus qui n'ont pas une quotité fixe et annuelle, ne soient inscrits au budget que d'après l'évaluation la plus approximative, afin que l'Administration locale puisse faire face à ses engagemens et que la comptabilité ne soit pas embarrassée dans sa marche par des *déficit.* Cir. préc. et R. 1739, art. 28 à 35. Cir. du 1er juill. 1829.

Il faut bien remarquer surtout que les contributions et revenus communaux, tant ordinaires qu'extraordinaires et imprévus, ne peuvent être valablement payés qu'au Percepteur, *V. ce mot.* Aucune recette communale quelconque ne doit être omise au budget. Inst. du 1er avril 1826, art. 45 et 46. XIV. 53.

Les revenus étant divisés au budget par catégories, il est essentiel de les classer dans le chapitre auquel ils appartiennent par leur nature; une légère attention suffit pour atteindre ce but, sans qu'il soit besoin d'entrer ici dans aucun détail ni explication; seulement il doit être observé que le chap. 8 ne doit comprendre que les coupes de bois qui se font régulièrement chaque année, celles qui se font à des époques indéterminées devant rentrer dans la catégorie des recettes extraordinaires et éventuelles à porter au chap. 11; quant au chap. 10, il doit comprendre tous les articles des revenus ordinaires qui, par leur na- Cir. du 31 juill. 1826.

ture, ne peuvent être classés dans les chapitres précédens : tels sont, par exemple, les rôles de taxe sur les communaux et sur les bestiaux pâturant dans ces mêmes communaux.

4° Enfin, les recettes extraordinaires, dans lesquelles se trouvent le produit par approximation des amendes pour contraventions quelconques et les dommages alloués pour délits forestiers.

Cir. et Inst. précit., et Cir. du 18 mars 1816. III. 12.

Dans plusieurs communes, il existe des revenus dont le recouvrement est incertain, mais qui ne doivent pas moins être connus ; ces revenus doivent être portés par simple démonstration.

Dans d'autres communes, le total général de l'actif dépasse celui des dépenses ordinaires et extraordinaires ; il en résulte un fonds libre qui a, une destination fixe, celle d'être appliquée aux dépenses du budget successif ; dans ce cas, il ne faut pas omettre de le faire figurer au tit. 2, art. 2 du budget.

Tout revenu communal, qui a pu être caché à l'autorité supérieure par le passé, à raison des prélèvemens qui s'opéraient ou par tout autre motif, ne doit plus être dissimulé au budget, actuellement qu'il diminue d'autant le montant de l'impôt foncier.

Art. 4.

Passif de la commune (tit. 3 du budget).

312. A teneur des Lettres-Patentes du 27 mars 1826, les dépenses communales doivent être divisées en deux catégories, savoir, en ordinaires et en extraordinaires : les dépenses ordinaires comprennent toutes celles qni sont d'une nature à devoir se reproduire chaque année, *et dont la quotité doit être fixée par la Secrétairerie de l'intérieur :* tels sont, par exemple, les salaires et traitemens des employés de l'Administration, les frais d'entretien des bâtimens et édifices communaux, etc. Ces dépenses ont été arrêtées à une somme fixe, *V.* §. 281 ; elles doivent dorénavant être répétées d'année en année, dans le même total, sauf néanmoins les autorisations particulières qu'il est facultatif à la commune de solliciter, en conformité

Cir. des 12 févr. et 12 juill. 1828.

des Lettres-Patentes précitées, art. 3, soit pour l'introduction d'une nouvelle dépense ou l'élévation en quotité d'une autre.

L'intitulation des chapitres composant le titre 3, et l'indication qui y a été faite des dépenses qui se reproduisent le plus ordinairement dans toutes les communes, ne laissent aucune difficulté pour leur classification, en admettant pour principe que celles qui n'y sont pas prévues doivent être portées dans le chapitre avec lequel elles ont le plus d'analogie, pourvu toutefois *qu'elles soient de nature à se reproduire chaque année.* Cir. du 31 juill. 1826.

Art. 5.

Récapitulation (tit. 3 du budget).

313. La récapitulation mise au bas de ce titre doit servir à faire connaître si les revenus de la commune peuvent suffire pour couvrir les dépenses ordinaires, et s'ils présentent encore quelque excédant pour subvenir aux dépenses extraordinaires, ou, dans le cas contraire, s'il est nécessaire de recourir à la Secrétairerie des finances, afin d'obtenir l'autorisation d'imposer des centimes additionnels, pour pourvoir à leur insuffisance. *V.* §. 277.

Art. 6.

Dépenses extraordinaires (tit. 4 du budget.)

314. Les chapitres composant le tit. 4, ont été indiqués sous les mêmes dénominations que ceux du titre précédent, en y ajoutant un 9me chapitre pour les dépenses relatives à des exercices antérieurs, et qui n'ont pu être payées par défaut de fonds; d'où il suit que la classification des dépenses à porter dans le tit. 4, doit être faite de la même manière que pour celles du titre précédent, en observant seulement la distinction sus-indiquée. Cependant, comme aucune de ces dépenses ne peut être faite sans une autorisation spéciale de la Secrétairerie de l'intérieur, il est indispensable d'en consigner les détails les plus exacts, savoir : le montant de la somme à imposer, les fonds déjà faits, la date de l'adjudication, à combien Cir. du 14 sept. 1827.

elle s'élève et autres renseignemens; de même que d'en motiver particulièrement la nécessité dans la délibération à devoir être prise à la fin du budget, *auquel elles ne seront portées avec succès qu'autant que le Conseil se serait préalablement conformé au prescrit de la circulaire ministérielle du* 11 *avril* 1829. *V.* §§. 283 *et* 307.

Les dépenses extraordinaires méritent de fixer particulièrement l'attention du Conseil; celles du tit. 4 appartiennent à deux catégories : la première comprend la suite des dépenses extraordinaires déjà autorisées et dont les premiers fonds ont été faits au budget précédent ou des années antérieures; leur complément ou partie du complément sera allouée au nouveau budget, sur la proposition de la Commune, et sans autre formalité de sa part, pourvu qu'il ne soit pas excessif.

Dans la seconde catégorie se trouvent les dépenses qui ont été reconnues indispensables, et sollicitées préalablement par une délibération, avant le 30 juin, *V.* §. 283; le Conseil y inscrira le total ou partie du total de ces dépenses nouvellement proposées, et l'allocation aura lieu en conformité et dans les proportions de l'autorisation obtenue.

Art. 7.

Décompte (tit. 4 du buget).

Cir. du 12 juillet 1828 et du 31 juil. 1826.

316. Quant au décompte à établir à la fin du tit. 4, le cadre destiné à le contenir indique assez clairement qu'il doit servir à présenter le montant total des sommes à imposer, et à faire connaître si les fonds de la commune seront suffisans pour faire face à ses dépenses ordinaires et extraordinaires, ou si elle devra recourir pour être autorisée à s'imposer au-delà du douzième du principal de sa contribution foncière, *V.* §. 277; mais comme cette circonstance ne peut être déterminée d'une manière précise qu'après l'adoption, par la Secrétairerie de l'intérieur, des dépenses votées par le Conseil, il sera inutile d'en faire mention dans la délibération qui doit terminer le budget. *V.* §. 320.

Art. 8.

(Titre 5 du Buget.)

316. Le titre 5 devant servir à mettre les budgets en harmonie avec les comptes communaux, l'autorité supérieure s'est réservée de donner les instructions convenables à ce sujet; en conséquence, le Conseil n'aura point à s'en occuper jusqu'à nouvel avis.

Art. 9.

Spécialité des fonds alloués au budget.

317. La subdivision des dépenses ayant pour but principal, outre les motifs qui ont déjà été signalés, d'établir la spécialité des fonds alloués pour chacune d'elles, *il ne sera plus permis d'excéder les sommes portées au budget, ni de les employer à d'autres dépenses que celles auxquelles elles auront été affectées, sans une autorisation spéciale de la royale Secrétairerie de l'intérieur.*

Art. 10.

Allocations du budget.

318. Les Syndics doivent bien se pénétrer que l'allocation de sommes dans un budget, même parmi celles fixes, *à l'exception des salaires et traitemens*, n'est pas une autorisation de faire ces dépenses, mais seulement une assurance de leur payement, car, en général, elles ne peuvent être faites qu'après que l'exécution en a été autorisée spécialement par l'Intendant, comme, par exemple, *lorsqu'il s'agit de réparations, de travaux, de fournitures, etc. En conséquence, le Syndic qui, sans cette autorisation, ferait adjuger, exécuter et payer, comme cela est arrivé, des travaux, etc., parce qu'ils sont alloués au budget, en prendrait la dépense sous sa responsabilité.* Cir. du 15 déc. 1818.

Art. 11.

Délibérations.

319. Dans la délibération qui accompagne le budget on devra consigner soigneusement tous les renseignemens et

toutes les particularités qui pourront faciliter, dans les bureaux de l'Intendance, le travail qui précédera son envoi à l'Intendant général des finances.

ART. 12.

Vacances des cures.

320. Quoique les fonds qui se trouvent sans destination ne puissent être employés à solder une dépense qui n'a pas été préalablement allouée au budget, il convient toutefois que l'Intendant soit informé régulièrement des vacances et des permutations qui peuvent survenir dans les cures. Sous ce rapport, les Syndics ne doivent pas omettre de lui faire connaître la date précise du décès ou de la permutation des desservans de la paroisse, de même que celle de l'entrée en fonction de leurs successeurs.

ART. 13.

Formalités, Publications.

Cir. des 12 juillet 1828, 15 jan. 1821 et 12 mars 1819.

321. Le budget doit parvenir à l'Intendant à triple expédition, dont deux sur papier timbré dit de tabellion, et une sur papier libre; une de ces premières est souscrite et sousmarquée respectivement par tous les membres qui y ont pris part, et les deux autres sont délivrées pour copies certifiées par le Secrétaire, qui aura soin de les écrire avec netteté, de remplir et de totaliser, par page et par titre, les sommes inscrites dans les colonnes intitulées *sommes admises au budget de l'année précédente*; il en tracera toutes les lignes au crayon, et placera des guillemets dans les colonnes où il n'y aura aucune somme à ajouter.

On transmettra en outre à l'Intendant, 1° une copie de l'avis que le Syndic a fait publier en même temps que le budget, pour inviter les intéressés à présenter leurs oppositions, s'ils en ont, au contenu du budget, dans les huit jours, au secrétariat; 2° la relation de la publication, suivie du certificat que, pendant les huit jours fixés par l'avis, il n'a été fourni aucune opposition, ou que les oppositions fournies par un tel, ont fait l'objet de la délibération en date du...; 3° copie de cette délibération, si elle a eu lieu; 4° une relation sur une feuille de papier libre de protocole séparée, expliquant la différence en plus ou en moins, qui a eu lieu sur chaque article d'entrée ou de dépense, comparativement à l'exercice courant. Finalement, le budget étant approuvé, le Secrétaire en remet une copie, dans les dix jours, au Percepteur, et il procède à la formation des rôles des revenus communaux, etc. *V. Rôles.*

Enfin, le Secrétaire aura soin de transcrire tous les articles de dépenses sur le registre des mandats, pour leur ouvrir à chacun un crédit, et successivement y annoter les mandats de payement, au fur et à mesure de leur délivrance et de leur approbation.

CHAPITRE III.

MANDATS DE PAYEMENT.

322. Les mandats à délivrer pour le payement des dépenses portées au budget, devront l'être sur les cadres imprimés à cet effet; ils devront, en outre, contenir l'indication exacte des titres, chapitres et articles du budget, auxquels ils sont relatifs, et être délivrés avant la fin du mois de mars, époque de la clôture de l'année financière.

Les mandats au-dessous de 30 liv. ne doivent être timbrés qu'à 15 cent., et ceux dont la somme à payer est moindre de 10 liv., peuvent être délivrés sur papier libre. Les cadres imprimés peuvent en conséquence être employés sans timbre pour l'expédition de ces derniers. Pour ne pas multiplier sans motifs les frais de timbre, les Syndics peuvent comprendre en un seul mandat, 1° *l'indemnité qui leur est allouée annuellement; 2° le traitement du Secrétaire; 3° le salaire du pédon; 4° celui du garde-champêtre. Ils peuvent également réunir, dans un autre mandat, le supplément au recteur, le traitement du vicaire, et la somme admise pour les menus frais du culte*, en ayant soin d'indiquer les titres, chapitres et articles qui se rapportent à la nature des payemens.

E. R. du 5 déc. 1817. V. 240. et Cir. 10 fév. 1829.

Les Syndics peuvent délivrer, avec la permission de l'Intendant, des mandats provisoires de 5 liv. et au-dessous; de plus, pour éviter tout retard dans le payement des ouvriers employés aux travaux publics à économie, le Syndic, s'il y a urgence, délivre, au lieu des mandats provisoires qu'il a le droit d'émettre, sauf pour traitement ou dépense fixe, un mandat d'à compte ou d'avance, à l'ordre du surveillant délégué par le Conseil, et ce mandat, approuvé par l'Intendant, sera acquitté par le Percepteur.

Inst. du 1er avril 1826, art. 70, 71 et 72. XIV. 62.

CHAPITRE IV.

PARCELLES DES SECRÉTAIRES.

Circ. du 10 fév. 1829.

323. Le mode adopté relativement à leur présentation, ayant occasionné des retards dans leur approbation, et ayant donné lieu à des frais inutiles au préjudice des communes, puisqu'elles étaient écrites sur papier timbré, et accompagnées encore d'un mandat qui portait également un timbre, et sur lequel se faisaient les corrections des frais réduits; on a adopté une nouvelle marche, celle de n'exiger que la production d'une parcelle dont le timbre ne pourra être supérieur à celui que doit comporter le montant des sommes inscrites et dues pour menus frais de bureaux. Les parcelles des Syndics sont assimilées à celles dont s'agit.

CHAPITRE V.

DÉLIVRANCE DES MANDATS.

324. Quelques Syndics ont remis aux parties prenantes, avant qu'ils fussent revêtus de l'approbation de l'Intendant, les mandats délivrés pour dépenses locales, et souvent même sans être contre-signés par le Secrétaire, et revêtus du sceau de la commune; pour obvier aux graves abus résultans de cette méthode vicieuse, il a été déterminé que l'approbation de l'Intendant serait refusée à tout mandat qui ne lui aurait pas été adressé directement, et où les formalités voulues seraient omises.

SECTION II.

COMPTES DU PERCEPTEUR. — SOMMAIRE RÉCAPITULATIF.

CHAPITRE PREMIER.

COMPTES DU PERCEPTEUR.

ART. 1er.

Dispositions préliminaires.

325. Pour assurer une marche régulière à la comptabilité communale, la forme des cadres destinés à la reddition des comptes des Percepteurs a été changée et mise en relation avec la contexture des cadres des budgets. Cette innovation, en faisant disparaître de ces comptes la colonne destinée à recevoir les sommes arrêtées, tant en recettes qu'en dépenses, par les Conseils communaux, a rendu moins apparent, mais a laissé subsister dans son intégrité, le contrôle que ceux-ci doivent y exercer; et comme elle a compliqué ce genre de comptabilité, les instructions données à ce sujet ne peuvent être trop familières aux personnes appelées à l'administration des communes, et il devient indispensable de les rappeler dans ce recueil.

L. P. du 27 mars 1826. XIV. 31, et Cir. de l'Int. gén. des fin. du 19 mars 1827. R. de 1739, art. 14, 14 et 15 abrog.

C'est au Syndic que le Percepteur doit remettre son compte, et il provoque aussitôt sur ce compte les débats du Conseil double.

Il semblerait au premier coup d'œil qu'on ne doit avoir besoin que du budget pour vérifier la recette, puisqu'il contient la nomenclature de toutes les ressources de la commune; mais il faut remarquer que plusieurs des articles qui composent cette nomenclature, ne sont et ne peuvent être que des aperçus à l'époque de la formation des budgets. Lors du compte tout est connu, et c'est sur des bases certaines qu'il doit être établi.

En conséquence, le Syndic doit mettre sous les yeux du Conseil toutes les pièces propres à justifier les recettes et les dépenses, et le Conseil doit faire du tout, la vérification et l'examen le plus scrupuleux.

ART. 2.

Recettes. Fonds restés en caisse et restant à percevoir (première partie du compte et du titre premier).

326. Les recettes qui composent ce titre sont de deux natures, savoir : 1° les fonds restés en caisse sur le dernier exercice, d'après le compte qui en a été approuvé, et il ne s'agit que d'en vérifier matériellement l'identité ; 2° les restans à percevoir d'après le même compte, lesquels, par suite des entraves qu'ils apportent à la comptabilité, demandent quelques explications.

327. Le Conseil ne doit considérer comme restant à percevoir que les sommes qui peuvent réellement être perçues ; car il arrive quelquefois qu'on ne peut obtenir la rentrée intégrale des sommes qui ont été *présumées recouvrables*.

Cir. du 12 juill. 1820. 328. Ce *restant à percevoir*, dont le Percepteur est personnellement responsable, aux termes de l'art. 3, tit. 3, et de l'art. 3, tit. 8 de l'édit du 22 décembre 1818, doit être portée en recette sur le compte suivant, à moins qu'il ne soit justifié qu'il est irrécouvrable.

Inst. du 4 avril 1818. 329. S'il arrivait que dans le nombre de ces *restans à percevoir* il y eût une somme dont le recouvrement n'ait pas été effectué par l'effet de quelques causes accidentelles, elle ne serait pas inscrite dans la colonne latérale, mais bien portée pour mémoire dans le cadre du titre, et le Percepteur donnerait, sur une feuille à part, l'explication des causes qui en ont empêché la rentrée ; *à défaut d'explications suffisantes, le Conseil insisterait pour que le comptable en soit chargé en recette.*

L'examen du Conseil se fixera particulièrement sur toutes les recettes, pour reconnaître si aucune d'elles n'aurait été omise, sur ces restans à percevoir, sur les erreurs intervenues au préjudice du comptable ou de la commune, et sur les sommes qui, *bilancées aux budgets antérieurs*, ne devront plus être employées à leur destination, et seront proposées *en économie* à l'actif du budget de l'exercice prochain.

Art. 3.

Revenus ordinaires.

330. Les recouvremens effectués et provenans des revenus ordinaires seront classés soigneusement dans les dix premiers chapitres du compte, auxquels ils se rapportent; ces chapitres sont en parfaite relation avec ceux du budget.

Dans le cas où le comptable n'aurait pu recouvrer la totalité des revenus qui doivent être portés dans l'un ou dans plusieurs des onze articles qui composent le titre 2, par les motifs *qu'il déduira sur une feuille à part*, il établira comme suit les restans à percevoir dans les chapitres où il y en aura :

Le fermage des biens communaux s'élève à la somme totale de..	2340 l.
Reste à percevoir, d'après les motifs donnés par le comptable..	120
La recette se réduit à..................................	2220

Cette dernière somme est celle qui sera inscrite dans la colonne du compte, intitulée *sommes partielles*.

Art. 4.

Recettes extraordinaires.

331. On porte dans cette catégorie celles prévues au budget, chap. 11. Dans le nombre de ces dernières, se trouve l'*excédant des rôles*, pour lequel le Percepteur fournira l'état particulier qui lui a été remis par le bureau de l'Intendance, et toutes autres recettes non désignées dans la colonne du restant à percevoir au compte précédent; on y fait aussi figurer les revenus incertains portés au budget par simple démonstration.

On totalise le montant compris dans ces onze chapitres et dans le titre 1er, et on obtient de cette manière le total général des recettes.

Le Conseil, dans sa délibération, énonce les motifs de la différence qui pourrait exister entre la recette présumée portée au budget, et la recette effective.

ART. 5.

Dépenses. Résidus des exercices antérieurs (titre premier, seconde section).

332. Les dépenses qui doivent figurer dans ce titre comprennent uniquement les mandats approuvés sur les restans à payer, résultant du compte précédent; le comptable aura donc un soin particulier de n'introduire dans ce titre que cette seule nature de dépenses.

ART. 6.

Dépenses ordinaires et dépenses extraordinaires (titre 3).

333. Les huit chapitres du titre 2 et les neuf du titre 3 du compte, portent la même dénomination que ceux des titres 3 et 4 du budget; il est facile de classer exactement les diverses dépenses qui doivent y figurer par relation aux sommes allouées dans le budget qui y correspond. Le comptable doit remarquer que, pour mettre le Syndic et le Secrétaire à même de composer le sommaire récapitulatif qui doit faire suite au compte, *V.* §. 313, le total des dépenses de chaque chapitre ne peut excéder, d'après le principe de la comptabilité en vigueur, celui des chapitres du budget susdit; et s'il arrivait que, par l'effet d'erreur ou par toute autre cause, un chapitre du compte excédât en dépenses celui prévu par le budget, il en référerait sur-le-champ à l'Intendant, en lui transmettant toutes les pièces qui composent la dépense du chapitre, pour être pourvu sur l'objet.

Relativement au chapitre 3 du titre 2, il faut observer, 1° que la remise que le comptable doit se retenir sur la recette des revenus communaux, se calcule en raison du 2 p^{r} $^{0}/_{0}$, et qu'il n'a droit à aucune remise sur les recettes purement extraordinaires, conformément au prescrit par l'article 26, telles que les fonds disponibles sur le produit des frais de poursuites militaires et de saisies, l'excédant des rôles, etc.

Inst. du 1er avril 1826, art. 26.

2° Que la remise qui lui est attribuée sur le recouvrement de l'impôt local doit être portée au compte pour la même quotité que celle qui est établie sur la feuille du titre du rôle.

3° Que la contribution des biens communaux ne sera admise en compte que sur la production de l'avertissement, ou extrait de l'article du rôle, où sera annexée la quittance à souche y relative.

334. Le chap. 8 du tit. 2 est réservé pour recevoir les dépenses assignées sur le montant des *casuelles*, prévu au budget; il ne sera inscrit dans ce chapitre que celles de ces dépenses qui y ont trait, en y indiquant le nom des créanciers, et, le plus laconiquement possible, l'objet des payemens; il sera fourni par le comptable les mêmes indications, relativement aux dépenses tant ordinaires qu'extraordinaires.

Si le comptable est créancier d'après le dernier compte, sa créance sera proposée en dépense au budget de l'année suivante.

Comme il est facile de saisir les rapports qui existent entre l'objet des autres chapitres compris dans les titres 2 et 3, et celui des dépenses qui doivent y être portées, il est inutile de s'y arrêter.

ART. 7.

Dispositions particulières.

335. Les Percepteurs devront se pénétrer de l'obligation de rendre leurs comptes avec netteté et précision; ils formeront trois classes distinctes des mandats communaux, concernant les titres 1, 2 et 3 du compte, seconde partie; ils les réuniront dans une feuille, sur laquelle ils désigneront le titre auquel ils se rapportent, la nature des dépenses telle qu'elle est exprimée dans le titre, et le nombre de pièces contenues dans la feuille.

336. Ils se rappelleront qu'aucune décharge ne peut être présentée dans les comptes, si elle n'a été accordée au bureau de l'Intendance, et que l'impôt local, devant être recouvré entièrement à l'échéance du dernier douzième, il ne peut y avoir des restans à percevoir sur cette imposition. Le premier compte dont ils doivent s'occuper est celui de la commune chef-lieu de la perception.

Les mandats collectifs seront annexés à l'appui de ce compte, où toutes les lignes déstinées à recevoir l'écriture et les chiffres, seront tracées au crayon, sur toute la largeur des feuilles. Ils rédigeront et joindront, à l'appui de chaque compte, un extrait de ces mandats; celui-ci se joint aux pièces du titre 2 de la seconde partie.

Cir. du 21 avril 1821.

337. Il est prescrit au Secrétaire communal d'insérer dans l'acte consulaire toutes les remarques du Conseil relativement aux erreurs ou omissions reconnues, dans l'intérêt de la commune comme dans celui du comptable.

Inst. préc. et Circ. des 22 septemb. 1819 et 12 juill. 1828.

338. L'original du compte du Percepteur doit être dressé sur papier timbré et déposé dans les archives de la commune; une copie, contenant seulement la nature des recettes et des dépenses faites, ainsi que l'approbation de l'Intendant, doit en être extraite dans les trente jours de la date de cette approbation par, le Secrétaire, pour être déposée à l'office du Tabellion; de plus, il est adressé à celui-ci deux cadres sur papier libre, pour les expéditions de ce même compte, qui seront par lui faites, certifiées et adressées dans les dix jours, l'une au comptable, l'autre à l'Intendant; *celle-ci sera accompagnée d'un récépissé délivré par le Percepteur, constatant que l'expédition qui lui est destinée lui a été remise.*

Cir. du 15 déc. 1819, nº 1785.

339. Le Conseil, dans l'examen de ces comptes, doit avoir sous les yeux les budgets de l'année auxquels ils se rapportent, s'assurer de la validité des pièces de dépenses produites à l'appui des comptes, lesquelles, pour n'être pas rejetées, doivent toutes être munies de l'autorisation de l'Intendant. *V.* §§. 318 *et* 322.

Cir. des 5 juin 1820, nº 301, et du 22 août 1821, nº 565

340. Comme le budget est la règle fixe des dépenses de la commune, aucune autre ne peut avoir lieu sans autorisation préalable, et aucun changement de destination ne peut être également opéré sans cette autorisation. En conséquence, en pareil cas, on doit joindre les actes d'autorisation aux pièces à l'appui des comptes.

341. Toute pièce irrégulière étant considérée comme nulle et rejetée du compte, il importe au Percepteur de n'acquitter et de ne présenter que des pièces valables.

342. Le compte est publié pendant cinq jours, et est transmis immédiatement à l'Intendant aussitôt que cette formalité est remplie; cet envoi est accompagné *des pièces*

à l'appui et de la déclaration du Percepteur, portant la date de la remise de ce même compte entre les mains du Syndic.

CHAPITRE II.

SOMMAIRE RÉCAPITULATIF.

343. Un sommaire récapitulatif à double original est prescrit pour faire suite à ce compte; il doit recevoir non-seulement le résumé détaillé de tous les recouvremens et payemens effectués durant l'année financière, mais encore présenter avec précision les sommes restées à percevoir, celles reconnues irrécouvrables, les dépenses bilancées aux budgets des précédens exercices, qui n'ont pas encore été payées et qui doivent l'être; enfin, les fonds disponibles, qui peuvent être employés en déduction des dépenses que la commune devra supporter l'année suivante. Les résultats qui y sont portés dérivent du budget et du compte de l'exercice précédent; au surplus, les indications que présentent les cadres suffisent pour en donner l'intelligence.

C'est au Syndic et au Secrétaire qu'il appartient de rédiger le sommaire récapitulatif et de le transmettre à double original.

CHAPITRE III.

INSPECTION SUPÉRIEURE.

344. Les Secrétaireries d'Etat, pour les affaires internes et pour les finances, sont chargées de l'inspection pour la fixation, répartition et recette de toutes les sommes à imposer additionnellement aux contributions directes, et, en conséquence, de tout ce qui a trait aux budgets, comptes du Percepteur, rôles, dépenses mandementales et provinciales. L. P. du 11 nov. 1818. VII. 116.

TITRE IX.

FABRIQUES DES ÉGLISES.

M. S. du 22 août 1825. XIII. 271. 345. SONT considérés comme formant le temporel de chaque église, 1° tous les biens qui en dépendaient restés invendus; 2° ceux des fondations, donations et acquisitions; 3° le produit des concessions de tombes; 4° les locations des chaises et bancs dans les églises; 5° les quêtes, cueillettes et oblations; 6° les droits perçus pour sonnerie, ornemens, luminaire et autres pour les inhumations; 7° enfin, les sommes que fournissent les communes pour le culte.

Sur ces avoirs et revenus, les fabriques devront pourvoir aux frais du culte divin, aux traitemens et supplémens de traitement des vicaires et desservans, ainsi qu'aux grosses réparations de l'église. *Les réparations locatives au presbytère sont à la charge du desservant.*

En cas d'insuffisance, il y sera pourvu par un supplément à la charge des communes et paroisses.

Le temporel de chaque église sera administré par un Conseil de fabrique, présidé par le curé et composé de divers membres; fera partie de ce Conseil, un conseiller de la commune, choisi par l'Evêque, sur une présentation triple du Conseil de commune.

Il sera choisi dans son sein ou hors de son sein, par le Conseil de fabrique, un trésorier, qui seul exigera et quittancera toute somme due à la fabrique; il devra, le cas échéant, faire les poursuites convenables et prendre les mesures conservatoires, en vertu de sa seule nomination. S'il y a contestation au fond, il ne pourra agir qu'en vertu d'une délibération du Conseil, approuvée par l'Ordinaire.

Ce Conseil pourvoira à ce que chaque chef de famille fasse présenter à son tour le pain bénit. Il ne pourra faire aucune transaction, vente d'immeubles, que de l'agrément de l'Ordinaire et sous l'autorité du Sénat.

Si le budget du Conseil de fabrique présente un *deficit* à la charge de la commune, le budget et la délibération, avec les pièces relatives, seront communiqués, par l'Ordinaire, à l'Intendant, qui entendra le Conseil de la commune intéressée; et si ce Conseil consent le supplément demandé et que l'Intendant l'approuve, le montant du *deficit* sera porté sur le budget de la commune; si l'Intendant trouve des difficultés à donner son approbation, il en réfèrera au Ministre de l'intérieur.

Si le Conseil communal conteste le supplément, il y est pourvu par le Sénat.

Les délibérations des Conseils de fabrique et celles des Conseils de commune, relatives aux dépenses du culte, et les comptes des trésoriers, *seront sur papier libre*.

TITRE X.

AJOURNEMENT. — PROCÈS. — TRANSACTIONS.

346. Les communautés sont citées par ajournement à la personne ou au domicile du Syndic; on doit, de plus, faire deux publications, l'une devant l'église paroissiale et l'autre devant la maison destinée aux assemblées publiques, s'il y en a une. Une copie d'assignation y sera attachée. R.C. liv. 5, tit. 3, §. 19.

347. Les communautés ne peuvent entreprendre ni soutenir aucun procès, même par-devant les Intendans, sans l'avis de l'Avocat-Général, auquel la cause devra être communiquée dès les premières exceptions qui leur seront faites, pour examiner s'il convient de leur permettre de s'engager plus avant dans la poursuite du procès (1). *Ib.* liv. 2, tit. 5, ch. 15, §. 6.

(1) L'omission des conclusions du ministère public, dans une cause

M. S. du 27 déc. 1823. XIII. 41. et E. R. 27 sept. 1822. XI. 230.

348. C'est aux Avocats-Fiscaux près les tribunaux qu'il appartient de donner l'avis aux villes et communes de leur province, pour les causes qu'elles pourront avoir par-devant les judicatures de mandement et les tribunaux de judicature-maje.

Dans les causes sommaires, le Syndic peut, même sans mandat, représenter la commune. En procès règlé, le Syndic ne peut légalement constituer procureur, sans avoir été lui-même fondé de pouvoirs du Conseil, par acte notarié; il ne peut pas décliner une juridiction sans un mandat spécial à cet égard. Les habitans d'une section de commune, agissant *ut universi*, doivent être représentés par le Syndic; mais cette maxime ne s'applique point aux actes de simple administration, tels qu'un rendement de compte.

Les Syndic et Conseil n'ont aucune qualité pour agir au nom d'une réunion partielle d'individus agissant *tanquam singuli*, et dont les intérêts n'ont aucun rapport avec l'avantage général de la commune ou même d'une section de commune.

Une transaction sur un procès considérable, entre deux quartiers de commune, ne peut être faite par le Conseil ordinaire de la commune; mais il faut, pour cela, une assemblée générale des habitans, laquelle doit être convoquée par l'Intendant, et chaque section nomme à ces fins un procureur. Toutefois, ces réunions pouvant être dangereuses, on ne doit les permettre que rarement et dans des cas urgens, c'est-à-dire lorsque les intérêts des hameaux sont opposés; car lorsqu'ils sont seulement distincts, le Conseil double peut les représenter.

dans laquelle une commune est intéressée, constitue une nullité réelle des sentences qui n'ont pas été précédées desdites conclusions; mais si les Administrateurs continuent un procès contre l'avis du ministère public, la sentence rendue contre eux est valide, et ils sont tenus *in propria* à tous les dépens de la cause. *V. Cautionnement*, *Prescription*, *Compétence*, etc.

TITRE XI.

ALIÉNATIONS. — ACQUISITIONS. — DONATIONS, ETC.

CHAPITRE PREMIER.

ALIÉNATIONS.

349. Il est défendu aux Administrations communales de faire aucune vente, albergement, échange ou emprunt, sans autorisation préalable de la Secrétairerie d'Etat pour les affaires internes, à qui il appartient spécialement d'en connaître.

R. P. S. liv. 1, chap. 9. R. C. liv. 5, tit. 11, §§. 3 et 4. R. de 1739, art. 37. L. P. du 11 nov. 1818. VII. 113. Anc. instr.

Lorsqu'un Syndic doit provoquer une semblable autorisation, il ne doit rien négliger pour en constater l'utilité et les avantages.

L'estimation de l'immeuble à acquérir, aliéner, concéder, échanger ou alberger, doit préalablement être faite contradictoirement par deux experts respectivement connus. Un plan figuré doit toujours accompagner le procès-verbal, au bas duquel le soumissionnaire met son consentement.

Le Conseil double est ensuite rassemblé pour délibérer sur cette aliénation. On a soin d'y énoncer les motifs qui mettent la commune dans le cas de la faire, l'utilité qu'elle peut en retirer, la destination du prix de la vente, etc.; et à la fin de la délibération, le Conseil supplie l'Intendant de solliciter, auprès de la Secrétairerie de l'intérieur, la permission de faire cette aliénation.

L'Intendant ordonne une sommaire-apprise par-devant le Juge du mandement, à ces fins commis, pour connaître si l'aliénation est utile et nécessaire, par l'audition de deux contribuables des plus imposés de la commune, qui soient gens de probité et bien informés, et de deux voisins des biens à aliéner, qui n'y aient aucun intérêt. L'Intendant nomme aussi deux experts pour faire leur rapport sur la valeur des biens à aliéner.

Ces formalités ayant été remplies, les pièces sont communiquées à l'Avocat-Général, et successivement à la Secrétairerie de l'intérieur pour son autorisation, ensuite de laquelle, les immeubles sont exposés aux enchères, sur la mise à prix fixée par l'expertise, en conformité du tit. 12, liv. 5 des R. C. *V. Enchères.*

L. P. du 22 juin 1781. V. R. II. 72.

350. Les Intendans de Savoie peuvent néanmoins permettre aux communes de leur ressort, et même ordonner d'office, lorsque l'utilité l'exigera, la vente des communaux, pourvu que la valeur n'excède pas 200 liv., avec dispense, dans ce cas, de suivre les formalités prescrites par le liv. 5, tit. 12 des R. C. *V. Intendans.*

Après que les biens ont été expédiés aux enchères, et que le greffier a délivré le certificat constatant que, pendant les vingt jours qui ont suivi l'expédition, personne ne s'est présenté pour surenchérir, les pièces sont renvoyées à l'Intendant, qui rend une ordonnance pour une nouvelle communication à l'Avocat-Général; et ensuite de ses conclusions favorables, l'Intendant homologue les enchères et l'expédition, en y interposant son décret et autorité judiciaire.

351. Lorsque le produit d'une aliénation de communaux n'est pas absorbé par la dépense à laquelle il a été affecté, l'excédant doit, autant que possible, être placé ou utilisé à l'avantage de la commune, sous l'autorisation supérieure; il ne pourrait être employé pour payer l'impôt local sans préjudice pour la commune, dont les ressources seraient réduites sans motifs. *V.* §. 284.

CHAPITRE II.

ACQUISITIONS, DONATIONS.

R. P. S. liv. 1, chap. 9.

352. Les communes, en qualité de mainmorte, ont aussi besoin de lettres d'amortissement pour pouvoir acquérir des biens fonds à titre onéreux. Cependant, le défaut d'autorisation n'entraîne qu'une nullité relative, qui peut être

opposée par la commune contre le vendeur, mais que celui-ci ne peut opposer à la commune, étant dans la position d'un majeur qui contracte avec un mineur. *V. ce mot.*

Quant aux immeubles qui parviennent aux communes à titre gratuit, elles sont autorisées indéfiniment à les posséder. Toutes les fois qu'il a été fait un legs, donation, etc., au profit de la commune, le Conseil doit être convoqué extraordinairement pour délibérer sur la question de savoir s'il est de l'intérêt de la commune de les accepter et de souscrire aux conditions qui peuvent lui avoir été imposées. L. P. du 9 févr. 1816. II. 225.

TITRE XII.

CÉRÉMONIAL, ou PRÉSÉANCES A OBSERVER DANS LES CÉRÉMONIES PUBLIQUES ET RELIGIEUSES.

CHAPITRE PREMIER.

PROCESSIONS.

L'HONNEUR de porter le dais reste attribué aux fonctionnaires qui en sont en possession. Dans les villes où siége le Sénat, le Gouverneur est placé immédiatement avant la croix du Chapitre; il est précédé par la noblesse et les officiers en activité de service, et suivi par l'état-major et son aide-de-camp, ayant latéralement et hors des files les gardes du gouvernement et tel nombre de carabiniers qu'il jugera convenable. Deux gentilshommes, désignés par le Conseil de ville, sont placés en tête de la suite du Gouverneur, portant l'un à gauche l'étendard de la ville, l'autre à droite l'étendard de S. M. Le Commandant de la division marche un pas en arrière du Gouverneur. Si les Syndics et Conseillers portent le dais, les autres membres du Conseil suivent la procession avec l'escorte du Gouverneur, près les étendards. Après le dais, Rég. du 4 juin 1816. III. 153.

marche derrière, en premier lieu, le Sénat, ayant en tête les huissiers avec les masses et les baguettes, et les officiers subalternes; en second lieu, le Conseil de ville, s'il ne jouit pas de la prérogative de porter le dais.

Dans les villes où il y a un tribunal, le Gouverneur et le Commandant de la division marchent de suite après le St-Sacrement, ayant après eux l'état-major de la place. On observera le même cérémonial dans les lieux où il n'existe qu'un Commandant provisoire, s'il a le grade de colonel. Vient ensuite le Conseil de ville, précédé du Préfet et de l'Avocat-Fiscal.

Les fonctionnaires de l'ordre civil et militaire doivent être revêtus de leur uniforme.

Les Vice-Préfets et les Vice-Fiscaux n'interviennent dans les cérémonies que pour remplacer les Préfets et Avocats-Fiscaux.

Une escorte de carabiniers et de soldats est placée hors de la ligne et à la file, auprès des fonctionnaires civils et militaires.

CHAPITRE II.

CÉRÉMONIAL POUR LES VILLES ET LIEUX DE RÉSIDENCE DE TRIBUNAUX.

353. S'il y a un Commandant militaire, qui ait au moins le grade de capitaine, il marche le premier après le dais, ayant à ses côtés, mais hors de la ligne, les adjudans; il est suivi par le Juge, au milieu des Syndics ou à leur droite. Ensuite marche le corps de ville ou de commune. Le Secrétaire du tribunal et le Procureur-Fiscal marchent les derniers ensemble, avec le Secrétaire de la commune, le premier placé au milieu.

Si le Commandant militaire a un grade inférieur à celui de capitaine, il n'intervient point à la procession.

Dans l'avant-chœur, sont placés des bancs pour les fonctionnaires; savoir : du côté de l'épître, un banc distinct pour le Commandant, s'il a grade de capitaine, et ensuite ceux du Corps de ville ou de commune, dans lesquels tous les membres du Conseil prennent place après le Syndic ou les Syndics, à la tête desquels le Juge doit être placé ; le Greffier, le Procureur-Fiscal et le Secrétaire prennent place ensuite dans l'ordre indiqué ci-dessus.

Les Juges portant robe doivent la revêtir dans les cérémonies, et ceux qui ne portent pas la robe doivent être habillés de noir. Les Lieutenans-Juges n'y interviennent qu'en l'absence du Juge.

Enfin, dans les lieux qui ne sont pas chefs-lieux de mandement, on observe, par rapport aux Châtelains, ce qui est prescrit pour les Juges.

Tout usage ou statuts contraires sont abrogés.

CHAPITRE III.

APPENDICE. — CÉRÉMONIAL DE LA PRESTATION DU SERMENT DE FIDÉLITÉ AU ROI, LES 14 ET 15 MARS 1822.

354. S. M. s'est rendue à l'église métropolitaine à huit heures du matin ; marchaient successivement les personnes jouissant des grandes entrées, les grands de la couronne, le hérault, les officiers et les chevaliers de l'ordre suprême de l'Annonciade, le Roi accompagné par les officiers des gardes-du-corps, le grand-écuyer, les écuyers, le gentilhomme de la chambre et l'aumônier de service, la Reine accompagnée de sa cour ; le Sénat, la Chambre des comptes étaient déjà à l'église. Sur la place St-Jean était rangé en bataille un bataillon du régiment de Savoie. Dans l'intérieur de l'église se trouvaient encore la noblesse et les procureurs des villes des différentes divisions, savoir, de celles de Savoie et d'Aoste dans le chœur, de celles de Turin et de Nice dans la nef à droite, de celles d'Alexandrie, de Novarre et de Gênes dans la nef du milieu.

Le serment a été prêté dans l'ordre suivant : le doyen et ensuite les chevaliers de l'ordre suprême, de l'Annonciade, le grand-écuyer, les grands de la couronne titulaires, la division de Savoie (la noblesse, les procureurs des nobles, ceux des villes et des communes), les divisions de Turin, de Coni, d'Alexandrie, de Novare, d'Aoste, de Nice et de Gênes, les personnes de la cour, les maréchaux-de-logis, les officiers des gardes-du-corps, les officiers des gardes-du corps à bâton noir, le maître des cérémonies.

Le 15, a été reçu le serment des militaires, suivant les mêmes formalités et dans l'ordre ci-après : les procureurs des états-majors de Savoie, de Turin, de Coni, d'Alexandrie, de Novare, d'Aoste, de Nice et de Gênes; les procureurs des corps militaires des carabiniers-royaux, des grenadiers-aux-gardes, de la brigade de Savoie, de la brigade de Piémont, de la maison royale d'Asti, de la brigade d'Aoste, des chevaux-légers de Piémont, de Piémont royal-cavalerie, du corps royal d'artillerie, de la brigade de Coni, des chevaux-légers de Savoie, de la brigade de la Reine, des chasseurs des gardes, des chasseurs royaux de Piémont, des chasseurs de Savoie, du premier bataillon de garnison, des chasseurs-francs, du second bataillon de garnison, des dragons du Genevois, de la brigade de Casal, des brigades de Pignerol, de Savonne et d'Acqui, royale-marine.

CHAPITRE IV.

CÉRÉMONIAL DE L'ENTRÉE DES ARCHEVÊQUES A CHAMBÉRY.

7 juin 1780 et usage rétabli le 18 juill. 1824, à l'entrée de Mgr Bigex.

355. L'Archevêque fait part au Chapitre et à la ville du jour et de l'heure qu'il a fixés pour son entrée solennelle; une heure avant l'entrée, il se rend au couvent des RR. PP. Capucins, hors ville, où il reçoit la visite des personnes qui doivent assister à la fonction. Quand les Syndics arrivent, l'Archevêque se rend à l'église, sur son prie-Dieu, et lorsqu'ils entrent, il leur va au devant pour les complimens respectifs; il s'habille ensuite du rochet et du camail, et se rend en cérémonie à l'église de St-Benoît, où la ville a fait dresser un arc de triomphe. Le clergé qui s'est réuni à la métropole et qui est venu à St-Benoît l'attendre, va à sa rencontre, l'accompagne et le conduit sur son prie-Dieu, dans le *Sancta Sanctorum*. Etant ensuite revêtu des habits pontificaux, il s'assied sur son trône préparé au milieu de

l'église, entend le compliment prononcé en français par un Conseiller noble, et y répond en français, les assistans étant tous assis. On commence ensuite la procession générale dans cet ordre : les confréries suivant leur ancienneté, le domestique de l'Archevêque, les gens du greffe, les prêtres de la maison, la croix du chapitre entre deux acolytes en surplis, avec un flambeau allumé ; les ordres réguliers, le clergé séculier, les curés et desservans, tous sans leurs croix particulières ; le chapitre et les chanoines, l'Archevêque, le dais, qui est porté par les syndics et ex-syndics, et que la ville fait faire exprès, la noblesse et la bourgeoisie. Arrivé à la métropole, il est complimenté au nom du chapitre, il se met à genoux sur un prie-Dieu au seuil de la porte, il baise le crucifix que lui présente le prêtre assistant (l'archidiacre), reçoit le goupillon, se bénit, bénit les assistans, et s'avance jusqu'à la balustrade sous le dais ; il fait sa cérémonie religieuse et monte sur son trône ; il est ensuite complimenté par un chanoine auquel il répond en français, et admet le chapitre et le reste du clergé au baisement de bague et à l'accolade. La cérémonie se termine par la bénédiction du Saint-Sacrement, et l'Archevêque se rend, précédé du chapitre et suivi des Syndics et des assistans, jusqu'à la porte de son palais, où ont lieu les derniers complimens.

Le lendemain, il reçoit les visites, qui sont rendues quelques jours après, soit au chapitre, soit à la ville en corps.

Le règlement et le maintien des préséances et honneurs sont confiés au Ministre de l'intérieur. L. P. du 15 nov. 1818. VII. 113.

TITRE XIII.

POLICE DES CHEMINS, ROUTES, RIVIÈRES, CANAUX, ETC. (1).

356. PARMI les objets que la conservation de l'ordre et l'intérêt des relations sociales recommandent à la vigilance des Syndics, figurent en première ligne la sûreté et la commodité de la voie publique; en mettant tous leurs soins à l'entretenir en bon état et à l'améliorer, les autorités locales donneront à leurs concitoyens la plus grande preuve de leur zèle et de leur dévouement.

SECTION PREMIÈRE.

GRANDE VOIRIE.

CHAPITRE UNIQUE.

RÉPARATIONS URGENTES.

357. Quoique les grandes routes soient exclusivement sous la direction et la surveillance des MM. du génie civil, il est cependant du devoir des Syndics de signaler à l'Intendant les abus qu'ils croiraient reconnaître en cette partie; ils doivent aussi lui indiquer promptement les éboulemens et dégradations majeures qui exigeraient un prompt rétablissement pour la sûreté du passage; et ils feront même exécuter sans retard les réparations *provisoires* qui seront absolument nécessaires, en faisant conster judiciairement tant de la nécessité que de l'exécution de l'ouvrage et de la dépense, afin d'en obtenir le remboursement sur la remise du procès-verbal à l'Intendant.

Cir. des 6 juin 1815, II. 81, et 15 novemb. 1822.

(1) L'inspection supérieure en est confiée au Ministre des affaires internes.

L. P. du 15 nov. 1818. VII. 115.

SECTION II.

PETITE VOIRIE.

CHAPITRE PREMIER.

CLASSIFICATION DES CHEMINS.

358. La classification en chemins communaux ou vicinaux a été opérée afin de répartir, avec toute la justice possible, l'entretien et la réparation des chemins. Cir. n° 892 du 24 nov. 1824.

CHAPITRE II.

DES CHEMINS COMMUNAUX.

359. Les chemins communaux sont ceux, 1° qui tendent directement d'une ville ou d'une commune à une autre ; 2° qui, des routes royales ou provinciales, tendent ou servent de communication à une ville ou commune; 3° qui conduisent aux ponts établis sur les fleuves ou à l'extérieur; 4° qui, d'une ville ou d'une commune, servent de communication directe aux villages et hameaux qui en dépendent.

CHAPITRE III.

DES CHEMINS VICINAUX.

360. Sont compris dans cette dénomination, tous ceux qui servent de communication entre divers points de la commune, pour la commodité ou l'utilité de plusieurs de ses habitans, abstraction faite de ceux placés sur les propriétés des particuliers et servant exclusivement à l'investiture de leurs possessions.

CHAPITRE IV.

SUPPRESSION DES CHEMINS INUTILES.

361. Les chemins reconnus inutiles doivent être abolis et aliénés pour en employer le montant à rectifier ou

élargir ceux qui doivent être conservés. Beaucoup de che-
Cir. préc. mins sont dans le cas de l'application de cette circulaire ; l'avantage de l'agriculture en réclame la suppression. Il
L.P. du 20 janv. 1829. XV. 250. est du devoir des Syndics de la provoquer ; mais ils ne doivent faire aucune innovation ni changement quelconque aux routes communales , sans l'autorisation du bureau d'Etat. *Quant aux formalités requises pour faire supprimer les chemins abusivement introduits sur des propriétés particulières , V. Chemins abusifs.*

CHAPITRE V.

ENTRETIEN DES CHEMINS.

362. Les chemins vicinaux sont entièrement à la charge des particuliers intéressés à leur conservation , sous la surveillance de l'Administration communale.

Les chemins communaux sont à la charge des communes respectives qu'ils traversent.

Inst. min. du 12 juill. 1824. XIII. 125. art. 1. Les ouvrages nécessaires pour la conservation des chemins communaux sont de deux espèces , savoir : ceux d'art , comme ponts , murs , pavés , et ceux de simple travail manuel , comme les déblais et autres remuemens de terre , transport de matériaux , etc.

Art. 2. Pour les travaux de la première catégorie , on continuera à se conformer aux lois , règlemens et usages actuellement en vigueur dans les Etats du Roi.

Pour ceux de la seconde , on observera les règles suivantes :

Art. 3. 363. Les travaux qui exigent seulement un ouvrage manuel (si des circonstances particulières ne suggèrent pas d'autres mesures) , s'exécuteront par le moyen de corvées , tant de personnes qu'avec des chariots et voitures. Il est loisible à chacun de se libérer des prestations en nature à sa charge , en payant le prix auquel elles seront taxées , conformément à l'art. 9.

Art. 4. Tous les habitans et possédans fonds dans un territoire sont soumis à la corvée , chacun à proportion de ses avoirs et de l'industrie qu'il exerce.

Sont exceptés ceux qui n'ont d'autres moyens de subsistance que le travail de leurs bras.

La quotité à assigner à chaque habitant qui ne possède Art. 5.
pas de fonds, est abandonnée à la prudence des Administrations, qui devront avoir égard aux moyens pécuniaires d'un chacun, au genre d'industrie ou de trafic qu'il exerce, et autres circonstances semblables.

364. En décembre de chaque année, les Administra- Art. 6.
tions communales se réuniront en Conseil double pour déterminer les chemins communaux qui seront dans le cas d'être réparés l'année suivante par la voie des corvées.

365. Lorsqu'il y aura urgence de réparer un chemin Art. 7.
communal, aux travaux duquel il n'aurait pas été pourvu dans la délibération actuelle, prescrite par l'art. 6, on pourra autoriser la convocation extraordinaire des Administrations communales.

Dans les cas où l'on devra exécuter les travaux par cor- Art. 8.
vées sur un chemin communal, le Syndic fera procéder à l'évaluation des journées nécessaires, soit de manœuvre soit de voiture.

366. Cette évaluation est soumise à l'examen du Conseil Art. 9.
double, qui délibérera,

1° Sur l'utilité des travaux proposés;

2° Sur l'ouvrage en lui-même et le mode de son exécution;

3° Sur le nombre de journées de manœuvre et de voiture à fournir;

4° Sur la répartition nominative et individuelle de ces corvées;

5° Sur le prix à fixer pour chaque journée de travail, pour le cas où le contribuable n'exécute pas la prestation en nature; lequel prix ne pourra excéder 2 liv. ni être moindre de 1 liv.

La répartition des corvées entre les possédans fonds, Art. 10.
sera faite sur la base des rôles de contributions en cours pour le recouvrement.

Pour éviter toute fraction, on ne fera point de cotisations Art. 11.
inférieures à une journée de travail.

Art. 12. Le rôle des corvées devra comprendre un nombre de journées plutôt au-dessus qu'au-dessous de celui nécessaire pour les travaux à exécuter.

Art. 13. 367. La délibération du Conseil, rédigée aux termes des articles précédens, et l'état de répartition des corvées, conforme au modèle n° 2, seront publiés dans la forme ordinaire, pendant l'espace de quinze jours. *Cet*

Cir. du 31 oct. 1824. *état doit être dressé sur papier timbré de grande dimension dit de protocole.*

Inst. préc. art. 14. Pendant ce délai, chacun des cotisés, qui se croira grevé, pourra présenter ses réclamations, que le Secrétaire de la commune devra soumettre à l'examen du Conseil.

Art. 15. 368. Les délibérations des Conseils, les rôles de répartition des corvées, les verbaux de publication et les réclamations faites en temps utile, seront adressés à l'Intendant, pour ses délibérations. *Il faut actuellement*

L. P. du 20 janv. 1820. XV. 255. *l'approbation du bureau d'Etat. V.* §. 374.

Inst. préc. art. 16. Lorsqu'il s'agira d'ouvrages sur un chemin utile à plusieurs communes, celle qui y aura le plus d'intérêt, pourra demander que les autres concourent à leur exécution.

Art. 17. En ce cas, la proposition faite par le Conseil double sera adressée à l'Intendant, qui, après avoir pris l'avis de l'Ingénieur de la province, fera délibérer, sur cette demande, les Conseils doubles des communes dont le concours est réclamé.

Art. 18. 369. S'il s'élève des oppositions ou exceptions, la décision en appartiendra à l'Intendance générale de l'intérieur; à cet effet, l'Intendant lui fera l'envoi de son avis motivé, ainsi que des délibérations consulaires et du projet soit des travaux, soit de répartition des corvées.

Art. 19. 370. Les corvées avec voitures seront assimilées aux journées de travail, dans les proportions suivantes :

Chacune de celles faites avec un chariot à deux chevaux ou mulets, vaudra six journées de simple manœuvre; quatre journées, si elle est faite avec un chariot à deux bœufs; trois journées, si elle est faite avec un chariot à un seul cheval ou mulet ou deux vaches; deux enfin, si elle est faite avec un chariot attelé d'un âne ou d'une vache.

On ne comptera que pour trois-quarts de journée celle faite par une femme, et demi-journée celle d'un enfant au-dessus de douze ans. Art. 20.

Le Syndic devra faire connaître au public, par un avis affiché, l'époque à laquelle on emploiera les corvées, et faire remettre, à chacun des cotisés, un ordre conforme au modèle n° 3, dans lequel seront indiqués le nombre et la qualité des journées qu'il devra fournir en nature, les jours et le lieu du travail, et les outils et instrumens dont le corviste devra être muni. *V.* §. 376. Art. 21.

La fixation de l'époque des travaux est laissée à la prudence des Administrations réunies en Conseil double; elles auront soin de choisir le temps pendant lequel les travaux de la campagne sont moins pressés. Art. 22.

Les ordres seront expédiés sous le nom de l'habitant ou possédant fonds, sauf à celui-ci à se faire représenter. Art. 23.

Quant aux propriétaires qui ne cultivent pas immédiatement leurs biens, on regardera comme obligés leurs fermiers, métayers et agens, sauf à ceux-ci à obtenir du propriétaire telle compensation ou indemnité qui pourrait leur être due. Art. 24.

371. Les ordres seront notifiés par l'huissier, l'appariteur ou le garde-champêtre de la commune, sans qu'il puisse prétendre, pour cette notification, aucun droit du cotisé. Art. 25.

Après que l'Administration aura déterminé l'époque de l'emploi des corvées, elle choisira un ou plusieurs assistans, suivant le besoin. Art. 26.

Le Syndic remettra à chaque assistant le rôle des corvées à exécuter dans l'étendue du lieu qui lui aura été assigné ; ce rôle sera conforme au modèle n° 2, §. 375. Art. 27.

L'assistant devra, en conséquence,

1° Distribuer le travail aux corvistes, de manière à éviter toute confusion ou perte de temps;

2° Veiller à ce que les travaux s'exécutent de la manière prescrite;

3° Empêcher tout dommage non prévu sur la propriété d'autrui;

4° Faire son rapport au Syndic sur le mode dont les corvées auront été exécutées, ainsi que sur les abus qui se seraient commis, et sur toute autre circonstance ayant trait à l'accomplissement de ses devoirs particuliers.

Art. 28. A mesure que les corvistes auront satisfait à l'ordre qui leur a été donné, l'assistant l'annotera sur le rôle de répartition et sur l'ordre même, qu'il restituera au porteur, pour valeur de décharge.

Art. 29. Chaque journée de travail dure depuis le lever jusqu'au coucher du soleil; une suspension des travaux aura lieu durant les heures des repas.

Art. 30. Le samedi de chaque semaine, les assistans remettront le rôle respectif au Syndic; celui-ci fera extraire, tous les dimanches, par le Secrétaire, le nom des retardataires, négligens et contrevenans; à la fin du mois, un relevé de ces extraits sera transmis à l'Intendant, pour qu'il ordonne le payement des journées en retard.

Art. 31. 372. Le Syndic fera tenir un registre exact des dispositions de l'Intendant, pour servir de contrôle au recouvrement qu'il aura prescrit.

Art. 32. Le Percepteur de chaque commune sera chargé de recouvrer le montant des corvées, qui, n'étant pas fournies en nature, devront être payées en argent; on lui remettra à ces fins l'état de répartition générale et le rôle des rénitens, rendu exécutoire par l'Intendant de la province, et publié en la forme accoutumée.

Art. 33. 373. Le recouvrement en sera commencé après le laps d'un mois, à dater la signification de l'injonction : les moyens de contrainte et de poursuite seront les mêmes que ceux employés pour le rentrée des deniers royaux et provinciaux.

Art. 34. Sur le produit des recouvremens, le Percepteur aura droit à une remise dont la quotité sera fixée d'après les bases établies pour le recouvrement des contributions royales.

Art. 35. Lorsqu'un individu, exerçant les fonctions de Secrétaire dans plusieurs communes, ne pourra remplir en personne les obligations qui lui sont imposées pas les présentes instructions, il devra, avec l'assentiment du Syndic et l'approbation de l'Intendant, se faire remplacer.

Il ne pourra toutefois réclamer aucune indemnité.

Lorsque les travaux seront terminés, le Syndic en soumettra le résultat au Conseil double, pour les délibérations convenables. Art. 36.

Il indiquera en même temps le nombre des vacations employées par les assistans, et fera déterminer la somme allouée à chacun d'eux respectivement. Si, après le payement des frais d'assistance, il reste encore quelques fonds disponibles sur le produit des corvées non exécutées, le Conseil délibérera sur son emploi, soit en augmentation d'ouvrages d'art, soit à la décharge des frais de chemin pour l'année suivante. Art. 37. Art. 38.

L'état de la comptabilité et les propositions du Conseil, soit pour les sommes à accorder au Percepteur, soit pour l'emploi des fonds restant disponibles, seront soumis à l'Intendant, pour ses déterminations. Art. 39.

Au cas où les corvées portées sur le rôle de répartition, dûment approuvé, n'auraient pas été employées en totalité, la partie restante sera portée en première ligne sur le rôle de l'année suivante, à moins que ceux qui les devaient ne se soient libérés par le payement volontaire du prix auquel elles étaient taxées. Art. 40.

Les Syndics devront adresser, chaque trimestre, à l'Intendant, l'état de situation des travaux qui s'exécutent et des contraventions constatées. Art. 41.

Dans le cas de négligence ou d'inexactitude de la part de quelques Secrétaires, dans l'accomplissement des devoirs que leur imposent les présentes instructions, l'Intendant enverra, à leurs frais, des commissaires spéciaux, et emploiera contre eux telles autres mesures de rigueur, dont l'emploi est autorisé par les règlemens. Art. 42.

374. On ne pourra à l'avenir employer les corvées, par quelque motif que ce soit, sans que les états de répartition, dressés suivant les instructions précitées, aient été préalablement approuvés par le bureau d'Etat de l'intérieur. L. P. du 20 janv. 1829. XV. 250.

Toutes les dispositions des règlemens en vigueur seront exactement observées.

COMMUNE D (MODÈLE N° 1.)

375. *Registre de journées des contribuables commandés pour les réparations des chemins.*

NOMBRE PROGRESSIF pour chaque jour.	NOMS ET PRÉNOMS DES CONTRIBUABLES commandés.	NUMÉRO de l'état général de répartition.	INDICATION du jour pour lequel ils sont commandés.	INDICATION s'ils ont été commandés pour voiture ou pour simple manœuvre.	ANNOTATION s'ils se sont présentés ou non au lieu du travail et à l'heure fixée.

COMMUNE D (MODÈLE N° 2.)

État de répartition des corvées nécessaires pour les réparations à exécuter sur les chemins communaux, pendant l'an 18.., conformément à la délibération du Conseil double du...., approuvée par l'Intendant le....

NUMÉRO D'ORDRE.	NOMS, PRÉNOMS et QUALIFICATIONS des contribuables pour les corvées.	DÉNOMINATION des sections, hameaux, quartiers, faubourgs et terres qu'ils habitent.	QUOTITÉ ASSIGNÉE à chacun d'eux		TAXE du PRIX EN ARGENT des corvées pour chaque journée		MONTANT DU PRIX EN ARGENT des corvées			ANNOTATION DES CORVÉES EXÉCUTÉES.			
			journées de voiture.	journées de manœuv.	de voiture.	de manœuv.	de voiture	de manœuv.	TOTAL.	DATE.	MONTANT des journées acquittées en argent.	MONTANT des journées acquittées en nature.	TOTAL.

(MODÈLE N° 3.)

376. Le Syndic de la commune de...., invite M...., compris dans le rôle des contribuables tenus à concourir aux réparations des chemins communaux, à fournir le jour de..., sur le chemin de...., dès les... heures du matin, les corvées suivantes, savoir : voitures attelées de... n°...., manœuvres avec une corbeille et une pioche ou un hoyau n°...

Il est prévenu qu'à défaut de se trouver, ou faire trouver quelqu'un pour lui, aux lieu et heure indiqués, il sera contraint au payement du prix des journées respectives, dans la caisse du Percepteur, d'après la base fixée dans l'état de répartition, arrivant à la somme de.... pour chaque journée de manœuvre, et de... pour chaque journée de voiture, dans la forme prescrite pour la rentrée des contributions.

A..... le.....

Le Syndic,

CHAPITRE VI.

CURAGE DES FOSSÉS.

377. Tous les propriétaires des terrains bordant les routes tant royales que provinciales et communales, sont tenus, dans les mois de février et mai, chaque année, de procéder au curage des fossés existans entre lesdites routes et leurs propriétés, et à l'ouverture de ceux qui sont reconnus nécessaires dans les endroits où il n'en existe pas, en observant dans ce travail, 1° de conserver les routes dans toute leur largeur; 2° de donner aux fossés le talus et les dimensions convenables pour le libre écoulement des eaux; 3° d'empêcher que les eaux des irrigations ne s'écoulent dans les fossés; 4° de maintenir le parfait alignement des bords des accotemens; 5° de jeter les déblais provenant du curage sur les biens fonds et jamais sur la route; 6° de ne point appliquer contre les talus des fossés les mottes de terre provenant du curage; 7° de remplacer par des pontceaux les terre-pleins pratiqués abusivement pour se procurer l'accès aux routes.

Cir. du 5 mai 1816; Notific. du 2 sep. 1817, V. 189; R. C. §. 5, tit. 8, liv. 6, et Rég. de 1739, art. 64.

378. Il est enjoint aux mêmes propriétaires de se conformer, dans ces opérations, à ce qui leur est prescrit par les Syndics respectifs, ensuite des instructions des Ingénieurs.

Le curage des fossés sera intimé par les Syndics à l'issue

R. de 1739, art. 64.

des offices divins, tous les ans dans le courant du mois de février, et ils donneront en même temps les ordres nécessaires pour le curage de ceux de ces fossés qui, longeant des communaux, sont à la charge de la masse des habitans.

CHAPITRE VII.

COUPE DES HAIES VIVES, PLANTATIONS SUR LE BORD DES ROUTES.

Rég. du 31 mars 1816. III. 33.

379. Les haies vives et les branches des arbres seront coupées à l'aplomb de l'arête extérieure des fossés. Les plantations des haies vives seront à un mètre de cette arête; celles des haies, celles des chênes, des noyers, peupliers, à trois mètres; celles des poiriers, pommiers et saules, à deux mètres.

CHAPITRE VIII.

BOIS TRAINÉS.

M. C. du 29 mai 1826. XIV. 132.

380. Il est défendu, nonobstant toutes coutumes, de transporter des bois ou d'autres objets quelconques, en les traînant sur le sol des routes et chemins, à peine de dix liv. d'amende, et subsidiairement de trois jours de prison. Les Intendans des provinces pourront néanmoins permettre de faire usage des traîneaux dans les temps où les routes sont couvertes de neige. Les procès-verbaux de contravention, dressés par les carabiniers, les brigadiers-forestiers et tous autres préposés à la police des chemins, font foi jusqu'à preuve contraire, s'ils ont été affirmés dans les vingt-quatre heures par-devant le Juge ou le Syndic.

CHAPITRE IX.

CONSTRUCTIONS, ALIGNEMENT, DÉPÔTS, RIGOLES.

Inst. du 5 juin 1815. II. 81.

381. Les Syndics doivent surveiller et dénoncer à l'Intendant tout empiétement sur la voie publique, soit par des constructions ou des plantations, soit par des labours; ils mettront aussi leurs soins à empêcher qu'on ne gêne

ou obstrue le passage par des dépôts de fumier, de bois, de pierres, ou de décombres de maisons.

Les particuliers qui ont des murs de soutènement ou de clôture le long de la route, sont tenus de les réparer ou de les reconstruire lorsqu'il leur survient des dégradations qui peuvent gêner le passage ou compromettre la sûreté des voyageurs. Il est sévèrement défendu de pratiquer des rigoles sur la route pour le passage des eaux destinées à l'arrosement des fonds inférieurs. Dans les endroits où il sera reconnu nécessaire de favoriser l'agriculture par le passage de ces eaux, il sera construit, aux frais des intéressés, des aqueducs ou des cassis, pour leur faire traverser la route.

CHAPITRE X.

CAILLOUX A DÉPOSER SUR LE BORD DES CHEMINS COMMUNAUX.

382. Il sera permis de déposer, sur le bord des chemins communaux, pourvu qu'ils aient au moins quinze pieds de large, les cailloux qui seraient extraits des terres labourables y attiguës; cependant, ces cailloux ne pourront excéder la dimension de deux pouces de diamètre, et ils y seront arrangés en tas réguliers.

Pour les chemins communaux qui n'ont pas cette largeur constante, les Syndics désigneront un ou plusieurs endroits, suivant leur étendue, où ces dépôts seront exclusivement faits, et les cailloux amoncelés de manière à occuper le moins d'espace possible, et à ne pas gêner le passage; ils seront indiqués par des poteaux portant ces mots : *Dépôt de cailloux*.

Chaque année, lors de la réparation des chemins communaux, ces cailloux seront placés dans le creux des ornières ou, à leur défaut, régulièrement au milieu des chemins. Une gratification de 25 cent. par mètres cubes sera allouée à celui qui aura fait des amas cailloux en ladite conformité et en aura fait conster par le Syndic.

Toute pierre roulante qui sera reconnue y avoir été

jetée au hasard des champs voisins, y sera rejetée, et le contrevenant poursuivi pour le payement de l'amende de 5 écus, comme ayant dégradé les chemins.

CHAPITRE XI.

CANTONNIERS.

Règ. du 31 mars 1816. III. 26.

383. Les cantonniers sont sous la surveillance des ingénieurs, des conducteurs de travaux et des Syndics. Ils sont chargés de réparer les petites dégradations occasionnées, soit par le roulage, soit par les éboulemens, soit enfin par les eaux, et de veiller à la conservation des travaux d'art, dans l'étendue du canton qui leur a été fixé. Ils doivent prêter aide et assistance aux voituriers et voyageurs. Ils avertissent le Syndic des empiétemens, des dégradations, de toutes entreprises nuisibles à la route, qui pourraient être commises par les propriétaires riverains. Ils lui dénoncent toutes les contraventions et les délits de grande voirie qui auraient été commis dans leur canton, et tout ce qui pourrait intéresser la sûreté et la tranquillité publique; le Syndic en rapportera procès-verbal, qu'il transmettra de suite à l'Intendant.

CHAPITRE XII.

ENTRETIEN DES CHEMINS ET DES BORDS DES RIVIÈRES ET TORRENS. — CONTRAVENTIONS.

Cir. du 17 nov. 1819, n° 737.

384. Par le manifeste du 21 novembre 1817, et les circulaires qui se sont succédé annuellement, on a appelé toute l'attention des Syndics sur la réparation et l'entretien des ponts et chemins, ainsi que des bords des rivières et torrens, et on leur a rappelé les obligations qui leur sont imposées à ce sujet par le Règlement du 8 janvier 1739 et par les R. C.

Cependant, cette partie de leurs attributions est généralement négligée: les contraventions, loin d'être réprimées, se renouvellent chaque jour; les propriétaires des terrains bordiers des chemins continuent à y jeter impunément les cailloux qu'ils en extraient, ou y dirigent les eaux qui en corrodent le sol, ou bien y jettent des débris de végétaux pour en former de l'engrais; les fossés latéraux n'ont point été établis dans les lieux où ils sont nécessaires, et dans ceux où ils existent, ils ne sont point vidés; de sorte que les eaux, n'ayant plus d'écoulement, restent en stagnation sur le sol des chemins, au grand préjudice des communications et même de la salubrité publique (1).

385. Les empiétemens se renouvellent chaque jour par la plantation de haies, d'arbres, ou par des constructions d'édifices; en un mot, presque partout, chaque propriétaire riverain use du sol des chemins comme de sa propriété privée, sans que les Administrateurs locaux fassent rien pour arrêter le cours d'un abus aussi désastreux.

386. L'entretien des bords des torrens et rivières, et celui de leurs lits, n'est pas mieux surveillé (2). Aucune mesure coactive n'est prise contre les propriétaires des

(1) Ceux qui jettent les eaux dans les chemins encourent une peine de 2 écus. Les Juges, les Châtelains et Bailes, en l'assistance des Syndics, sont tenus de faire la visite des chemins, ponts et rives des fleuves et torrens, deux fois chaque année, au commencement des mois de mars et de septembre. Ils condamneront à une peine de 5 écus, les possesseurs des biens contigus, qui n'ont pas maintenu les fossés ou appuis en bon état, ou lorsqu'ils auront fait décharger les eaux de pluie sans les acquéducs convenables, comme encore ceux qui de quelque autre manière ont endommagé les chemins; ils feront payer sur-le-champ cette peine. Quand les chemins auront besoin de quelques réparations extraordinaires, ils en donneront avis à l'Intendant. On peut appeler de ces ordonnances, sans cependant en retarder l'exécution. Les Syndics feront, de plus, deux fois chaque année, la visite des eaux de leur territoire, et avertiront le Juge, si elles se perdent par la faute de ceux qui s'en servent. R. C. liv. 6, tit. 7, §. 5; tit. 8, §§. 9, 10 et 11.

(2) Chaque année, dans le mois d'avril ou de mai, les Secrétaires feront, avec le député que le Conseil nommera à cet effet, la visite des ponts, des chemins et des fonds qui sont exposés à être inondés, et veilleront à ce que les propriétaires de ces fonds fassent les réparations qui dépendent d'eux pour se garantir. Ils les manderont, en conséquence, sur le local, lorsqu'ils auront lieu de croire que les fonds peuvent être endommagés, et leur intimeront d'y faire les réparations qui sont nécessaires, dans un terme qu'ils leur fixeront, à R. de 1739, art. 41, 44, 50 et 65 (66 et suivans abrogés), et M. C. du 21 nov. 1817. V. 225.

terrains qui les avoisinent, pour les obliger à exécuter les travaux en défense qui sont à leur charge, soit en plantations, soit de toute autre espèce, pour prévenir les inondations. Si, sur quelques points, des travaux de ce genre sont exécutés, ils sont pour la plupart nuisibles à la rive opposée, ou sont établis de manière à gêner le libre cours des eaux et à en rétrécir le lit par des atterrissemens, pour

peine de payer les frais de transport du député et même du Châtelain, pour les faire faire à leur folle enchère.

R. de 1739, art. 42. Si la nature des réparations exige une dépense qui excède les forces des propriétaires riverains, ou que ceux-ci ne veuillent pas convenir de leur obligation, ou qu'elles soient à la charge de la paroisse, le Secrétaire dressera un procès-verbal à part de ces réparations, en détaillant les oppositions qui ont été faites, et en transmettra, dans les dix jours, un double au bureau de l'Intendance.

Art. 43. Les députés et Secrétaires doivent donner les ordres nécessaires dans leurs tournées pour réparer les empiétemens ou innovations pratiquées dans les lits des torrens, et pour qu'aucun éboulement ou obstacle n'entrave le cours naturel des eaux;
Art. 44. ils signaleront de plus, au Conseil, les digues offensives qui ont été exécutées ou qui sont à l'instant de s'exécuter.
Art. 45, 46, 47, 48 et 49. Il leur appartient aussi d'examiner si les bords des rivières et torrens sont susceptibles d'être plantés d'arbres. Dans le verbal que dressera le Secrétaire, il indiquera si le torrent est bordé par des fonds particuliers ou par des communaux. Dans ce dernier cas, le Conseil, par la voie des enchères et sous l'approbation de l'Intendant, fait faire la plantation indiquée; dans l'autre cas, le Secrétaire donne aux propriétaires les ordres convenables pour la plantation, qui a toujours lieu pour la largeur de dix-huit pieds dès le bord en entrant, et les plantes aussi rapprochées que possible.
Art. 50. Les mêmes députés renouvellent cette visite dans le mois de septembre ou d'octobre, pour s'assurer si les travaux ordonnés ont été exécutés; procès-verbal sera dressé séparément de toutes les inexécutions.
Art. 58 et 59. Quant aux fonds emportés par les eaux, s'ils pensent qu'ils puissent être rendus à l'agriculture, ils en feront leur rapport au Conseil, qui indiquera les moyens propres à obtenir ce résultat, et fera avertir le propriétaire pour qu'il ait à faire connaître par écrit s'il veut se charger de ces réparations, en lui intimant que, faute de réponse, il sera disposé de son fonds. En cas de refus, on fait la même proposition aux aboutissans; et si personne ne veut s'en charger, l'abandon en sera proposé par affiches à celui qui fera les meilleures offres. (Pour les plus amples détails des contraventions et pénalités, et des travaux relatifs aux rivières et torrens, *V. Cours d'eau.*)

accroître d'autant les héritages voisins ; enfin, le plus souvent les propriétaires des terrains des deux bords, au lieu de concerter leurs travaux pour les rendre utiles dans l'intérêt général, celui d'empêcher les inondations, ne s'occupent au contraire qu'à se nuire respectivement par des ouvrages offensifs. Cet état de choses est principalement dû au peu de soin que mettent la plupart des Syndics à empêcher toute construction de digues ou autres ouvrages sans autorisation spéciale indiquant les directions à leur donner, pour qu'ils puissent atteindre le but proposé sans nuire à la rive opposée et au libre cours des eaux.

387. Les dérivations que se permettent plusieurs propriétaires, soit pour l'irrigation, soit pour toute autre destination, ne concourent pas moins à causer des inondations, à cause des ouvrages que l'on établit souvent dans le lit même de la rivière ou du torrent, pour la prise des eaux. Celles pratiquées à travers la chaussée, sans cassis ni aqueducs, y causent parfois de grands dommages. *V*. §. 381.

Les visites annuelles ordonnées par le Règlement et les autres dispositions qu'il renferme, sont les plus propres à mettre un terme à cet abus, et il importe qu'elles soient partout constamment et exactement suivies.

TITRE XIV.

POLICE DU ROULAGE. — CHEVAUX.

CHAPITRE PREMIER.

OBLIGATIONS IMPOSÉES AUX CONDUCTEURS DE VOITURES. — CONTRAVENTIONS.

L. P. des 21 sep. 1821, X. 62; 27 oct. 1826, XIV. 235, et 14 mai 1830. XVI.

388. 1° IL est défendu à qui que ce soit d'acheminer sur les routes publiques des voitures, quoique tirées par un seul cheval ou mulet, si chacune d'elles n'est dirigée ou gardée par un conducteur particulier, âgé au moins de dix-huit ans, de quoi il devra faire conster par son livret ou son certificat de bonne conduite. Celui qui présenterait le livret ou le certificat d'un autre conducteur, encourra la peine de prison pendant trois jours, extensible à un mois.

2° Toutes les charrettes et voitures devront toujours se tenir du côté droit du chemin.

3° Les unes et les autres devront être guidées de manière que les conducteurs puissent en toutes circonstances gouverner leurs mulets ou chevaux.

4° Les charrettes et voitures ne pourront, sauf accident, s'arrêter sur les chemins de manière à les embarrasser ou les encombrer.

5° Tout propriétaire de charrette devra y faire graver son nom dans un endroit visible, et celui qui en a plus d'une y ajoutera un numéro d'ordre.

M. S. du 11 juin 1822. X. 264.

Les rouliers, charretiers, conducteurs de bêtes de somme ne peuvent se mettre en route les jours de fête avec leurs chargemens, soit en partant des maisons, soit en partant des auberges, lorsqu'ils sont à moins de vingt milles de distance du point de leur premier départ.

Toutes contraventions aux défenses qui précèdent sont punies de 15 liv. d'amende.

389. Les Carabiniers-Royaux, les cantonniers, les gardes rédigent les procès-verbaux de ces contraventions, qui seront affirmés dans les vingt-quatre heures, par-devant le Juges, le Syndic ou le Vice-Syndic, qui signera l'affirmation en même temps que le Secrétaire. L'original de ces procès-verbaux sera transmis au Juge pour la procédure à instruire. L. P. préc. et L. P. 13 janv. 1827. XIV. 278.

390. Il est défendu d'exercer les chevaux dans les rues, chemins et autres passages publics, de galopper dans les rues et places publiques, et à un seul conducteur de mener à l'abreuvoir plus de deux chevaux à la fois. Anc. Rég.

CHAPITRE II.

DIMENSIONS DE LA JANTE DES ROUES.

391. Pour les voitures à deux roues attelées de deux chevaux, 11 centimètres; L. P. du 3 avril 1829. VIII. 126.

— De trois chevaux, 14 centimètres;

— De quatre chevaux, 17 centimètres;

— De cinq chevaux, 22 centimètres;

— De six chevaux, 25 centimètres.

Pour les voitures à quatre roues attelées de deux chevaux, 9 centimètres;

— De trois chevaux, 11 centimètres;

— De quatre chevaux, 14 centimètres;

— De cinq chevaux, 17 centimètres;

— De six chevaux, 22 centimètres.

Ces dispositions sont aussi applicables aux ânes attelés à des voitures. M. C. du 12 oct. 1822. XI. 266.

TITRE XV.

INSTRUCTION PUBLIQUE.

CHAPITRE PREMIER.

DES RÉFORMATEURS ET DES DÉLÉGUÉS.

L.P. du 23 juillet 1822 et Rég., art. 1, 2, 18, 193 et 195. XI. 34.

392. ILS sont chargés de veiller sur les écoles hors de l'université. Dans tous les chefs-lieux d'Intendance il est établi des Réformateurs, qui ont la direction des écoles de toute la province, qui fixent et président les assemblées pour les avancemens d'une classe à l'autre, reconnaissent les suffrages des examinateurs et prononcent l'admission des élèves à la classe supérieure, d'après ces suffrages et la forme établie par les lois et règlemens, qu'ils ont la charge de faire observer. Ce sont encore eux qui font subir l'examen aux maîtres d'école.

Art. 3, 4 et 5.

Dans les villes qui ne sont pas chefs-lieux, et dans chaque mandement, il y a un délégué de la Réforme, choisi parmi les ecclésiastiques ou laïques, sur la proposition du Réformateur, et patenté par le Magistrat de la Réforme. Ces délégués veillent à ce que le Règlement soit observé dans les écoles et pensionnats, qu'ils doivent visiter au moins deux fois par an.

CHAPITRE II.

ÉCOLES COMMUNALES.

Art. 7.

393. Il doit être pourvu autant que possible à ce qu'il y ait, dans toutes les villes et communes, une école pour enseigner aux enfans à lire et à écrire, la doctrine chrétienne, les élémens de la langue italienne et de l'arithmétique.

Il ne peut y avoir dans un même local une école pour les garçons et pour les filles, ni moins de deux écoles dans les endroits où plus de 70 garçons fréquentent habituellement ce genre de classes ; dans ce dernier cas, un instituteur enseigne, dans l'une des écoles, à lire, à écrire et le catéchisme ; tandis que dans l'autre il n'est enseigné que les principes de la langue italienne, l'arithmétique et la doctrine chrétienne. Le maître ne peut recevoir les enfans qui ne sont pas propres et vêtus décemment. Art. 8, 9 et 10.

Ces écoles sont à la charge des communes où elles sont établies ; l'enseignement est gratuit ; elles s'ouvrent le 3 novembre de chaque année, et se ferment à la fin de septembre ; les leçons durent trois heures le matin et autant l'après-midi ; l'époque de la journée où elles doivent commencer est fixée par le délégué, de concert avec le Syndic et le curé. On assigne à chaque écolier une place fixe dans l'école. Dans celles qui sont nombreuses, on divise les garçons par classes, d'après leur aptitude, et un décurion de la classe supérieure exerce ceux des inférieures à réciter le catéchisme, à lire et à écrire, d'après la méthode normale. Art. 12, 13 et 16.

A la sortie de l'école, les garçons sont séparés en autant de parties qu'il y a de quartiers dans l'endroit ; et ils se mettent successivement en marche deux à deux, quartier par quartier, de manière que chaque escouade ait un décurion pour signaler au maître l'élève qui commet quelque désordre en se retirant. Art. 14.

Ces écoliers se confessent une fois le mois, ou tout au moins ils apportent tous les deux mois un billet de confession. Art. 15.

CHAPITRE III.

PATENTES DE CAPACITÉ POUR LES INSTITUTEURS.

393 *bis*. Les patentes de capacité sont délivrées gratuitement par la Réforme aux instituteurs, sur la présentation d'un certificat de l'Evêque, et après avoir subi un examen devant le Réformateur, assisté de deux professeurs de grammaire et de quatrième. Art. 18 et 19.

Les Intendans ne peuvent bilancer aucun fonds en faveur des instituteurs dépourvus de ces patentes et certificats.

M. M. R. 10 févr. 1827. XIV. 277. L'enseignement des écoles primaires ne doit être confié qu'à des sujets nationaux.

CHAPITRE IV.

DES ÉCOLES PUBLIQUES ET PARTICULIÈRES POUR LA LATIN.

Art. 60. 394. Il ne peut y avoir d'école publique de latin dans les villes et communes populeuses, s'il n'y a deux écoles communales distinctes.

Art. 77 et 78. On peut autoriser l'enseignement particulier de la langue latine jusqu'à la quatrième, dans les lieux seulement où il y a une école publique de latin. Cette autorisation ne s'obtient qu'après un examen par le Magistrat, et elle est limitée au local désigné.

Il ne peut être élevé dans les autres endroits des écoles particulières, à peine d'une amende extensible de 50 à 300 liv., à moins d'une autorisation spéciale.

Nul n'est admis aux classes de latin s'il ne sait le catéchisme et les principes de la grammaire. L'examen se donne au chef-lieu du mandement où existe la classe de latin, à la fin de l'année ou au commencement de novembre. *V. pour le certificat de vaccine*, §. 406.

CHAPITRE V.

DÉLITS.

394 *bis*. Les professeurs présenteront, à la fin de l'année scholastique, le certificat de l'Evêque, à peine de destitution; ils seront munis d'un certificat de capacité (200 liv. d'amende ou destitution); ils ne recevront que les élèves admis, à peine de destitution; ils ne tiendront pas des écoles et pensionnats sans autorisation (50 à 300 liv. d'amende).

M. M. R. du 31 déc. 1821. XII. 192, et L. P. 8 juin 1826. XIV, 169. Il est défendu à tout individu, de quelque qualité et condition qu'il soit, de tenir des écoles primaires sans être approuvé par la Réforme (clôture de l'école et considéré comme réfractaire).

Aucune école communale ne peut s'ouvrir sans que les Syndics et Conseils aient satisfait à tout ce qui est prescrit au paragraphe précédent ; à cet effet les instituteurs doivent être prévenus de se pourvoir à l'avance des certificats de capacité, et subir les examens prescrits. M.M.R. 18 août 1823. XII. 285.

TITRE XVI.

ÉTALONS, CHEVAUX ET MULETS.

395. Pour en améliorer la race, on a établi des haras, et des étalons de races choisies en provenant, ont été placés sur divers points, où ils donnent gratuitement la monte aux jumens qui leur sont présentées. Cir. du 15 mai 1819. VIII. 136.

396. Voulant perfectionner les mesures prises à cet égard, et désirant connaître le résultat de celles adoptées jusqu'à présent, le gouvernement a regardé comme indispensable de faire procéder annuellement à un recensement général des chevaux et mulets de tout âge et de tout sexe.

Les Syndics, se trouvant chargés de cette opération, ne sauraient assez se pénétrer de son importance, et doivent ne rien négliger pour ne fournir que des données exactes.

397. Ce recensement annuel a été fixé aux premiers jours de juillet, attendu qu'à cette époque les produits des jumens sont ordinairement nés. Les Syndics n'ont qu'à remplir les cadres qui leur sont transmis à cet effet.

398. Les procès-verbaux de contravention aux lois et réglemens sur les haras, *V. Chevaux et Mulets*, peuvent être affirmés indistinctement par-devant le Juge ou le Syndic ; elles seront poursuivies par l'Avocat-Fiscal, par-devant le Tribunal de judicature-mage ; les garde-étalons, les Carabiniers, les douaniers sont habiles à dresser ces procès-verbaux. M. S. du 5 juin 1826. XIV. 130.

399. Des médailles d'or et d'argent seront annuellement

distribuées aux propriétaires des meilleures jumens et pouliches. La plus distinguée parmi les jumens présentées au concours, recevra la première prime (médaille de 250 liv.), ainsi des autres, à proportion des qualités qu'on reconnaîtra dans les jumens concurrentes (médaille de 150 l.).

M. Grand-Ecuyer 23 janv. 1821. IX. 275.

On n'admet au concours, pour la médaille d'or, que les jumens qui ont reçu celle d'argent. Celles qui ont obtenu la médaille d'or ne peuvent plus concourir.

Pour avoir droit à la prime, il faut que la commission décide que les jumens sont de distinction, soit pour la race, l'âge et la conformation, soit pour la santé. Elles doivent avoir été saillies la même année par les étalons royaux.

TITRE XVII.

MARAIS.

R. de 1739, art. 51.

400. Il doit être pourvu par tous les moyens possibles au dessèchement des marais qui nuisent à la salubrité de l'air. En conséquence, le Conseil doit faire visiter, par l'un de ses membres, ces foyers permanens d'infection; et lorsqu'il y a lieu à proposer leur dessèchement, celui-ci se transporte sur les lieux en l'assistance du Secrétaire, qui dresse un rapport bien motivé, contenant la situation et l'étendue des marais, les causes de leur submersion, le préjudice qu'ils portent au pays, les avantages qu'il pourrait retirer de leur culture, les moyens d'effectuer le dessèchement, l'aperçu des dépenses qu'il exigerait, et le nom des propriétaires. Le Conseil, muni de ces renseignemens, fera appeler les possesseurs des marais, pour tâcher de les faire convenir du saignement à devoir être exécuté dans un temps déterminé; si cette mesure rencontre des oppositions, il en avertira l'Intendant.

TITRE XVIII.

POMPES A INCENDIE. — COMPAGNIES DE POMPIERS.

401. L'ACQUISITION des pompes à incendie est une de celles que les Syndics doivent proposer toutes les fois que les ressources de leur commune la rendent possible. L'on a vu une simple pompe économique préserver une grange située près d'une meule tout en feu. Cet exemple répond à l'objection que l'on fait tous les jours contre ces sortes de pompes, et il prouve que les communes rurales pourraient se procurer à très-peu de frais les moyens d'arrêter les progrès d'un incendie, au moins dans le premier moment de l'explosion, et c'est déjà beaucoup en pareil cas de n'être pas réduit à livrer des villages entiers à la fureur des flammes. Anc. Instr.

402. Les Lettres-Patentes du 27 avril 1824 autorisent et ordonnent cette dépense; elles confient aux soins du Syndic et à sa surveillance spéciale la conservation des pompes à feu, elles prescrivent aux artisans et aux ouvriers de s'exercer à la manœuvre des pompes, et lorsque les circonstances le permettent, de se former en corps régulier. L. P. du 27 avril 1824. XIII. 95.

TITRE XIX.

VACCINE.

403. DE toutes les découvertes récentes, il n'en est aucune dont l'humanité ait plus à se féliciter que de celle de la vaccine. Il est prouvé jusqu'à l'évidence qu'elle pré- Anc. Instr.

serve de la petite-vérole par un procédé aussi sûr dans ses effets, qu'il est simple et doux dans son action. Les dangers imaginaires se taisent actuellement devant les avantages démontrés de la vaccination; elle a pour elle l'expérience de tous les pays et de tous les jours.

C'est aux Syndics, c'est à tous les amis du pauvre, qu'il appartient de vaincre les derniers obstacles et de détruire enfin, dans la classe du peuple, le préjugé qui lui fait négliger ou repousser le bienfait de la vaccine. Aucun objet n'a jamais réclamé plus hautement les sollicitudes de l'autorité publique; et cependant, malgré les dispositions les

Cir. du 28 juin 1824. L. P. du 1er juillet 1819. VIII. 171.

mieux combinées, adoptées pour sa propagation par le gouvernement, qui a créé une junte supérieure sur la vaccine, des juntes provinciales et des conservateurs du vaccin, avec un règlement pour leur direction, elle n'a pas encore fait, dans les communes rurales, tous le progrès qu'on avait lieu d'attendre. La junte de vaccination s'est assurée que le non recours de la plupart des habitans de la campagne à ce préservatif, est l'effet de l'insouciance dans les uns, du défaut de vaccinateurs à leur portée dans les autres; et dans le plus grand nombre, la crainte de la dépense pour les démarches des vaccinateurs, et pour le transport des enfans à leur domicile.

404. Pour faire disparaître ces obstacles, la junte a jugé utile de déléguer un médecin dans chaque mandement, pour en parcourir les Communes au moins deux fois l'an, et vacciner, *gratuitement*, aux jour, heure et lieu de réunion qui seront annoncés d'avance, tous les enfans nés l'année précédente, et dont l'état nominatif, dressé par MM. les curés, lui serait remis par l'Intendant; le tout au moyen d'une indemnité réglée d'après le nombre de ces naissances, et payable sur les fonds disponibles de chaque commune ou alloués aux budgets pour cette destination.

Cir. du 8 avril 1826.

405. Dans le cas où MM. les curés ne pourraient s'occuper de rédiger l'état de ces naissances, les Syndics en chargeront le Secrétaire, qui priera le curé de vouloir bien lui communiquer le registre des naissances, pour remplir le cadre imprimé, qui comprend, en sept colonnes, les

renseignemens voulus, et qui est transmis annuellement au Syndic.

Si parmi les enfans nés dans l'année, compris dans cet état, il en est mort, mention en sera faite dans la colonne des observations ; les sixième et septième colonnes restent en blanc, pour les annotations des vaccinateurs.

Les Syndics doivent user de toute leur influence auprès de leurs administrés, pour qu'annuellement tous les nouveau-nés participent au bienfait de la vaccination.

406. La petite-vérole entrant dans la classe des épidémies, il a été déterminé que les communes comprises dans chaque arrondissement de vaccination étaient solidaires pour le payement des dépenses que cause l'emploi des mesures propres à la prévenir. En conséquence, il importe que les communes mettent à profit les visites des vaccinateurs, puisque, n'en profitant pas, elles ne concourent pas moins au payement de l'indemnité qui leur est allouée.

Personne ne peut être reçu dans les colléges ou autres établissemens d'instruction publique, s'il n'est muni d'un certificat constatant qu'il a eu la petite-vérole ou qu'il a été vacciné avec succès. Ceux qui voudront participer aux secours distribués par les congrégations de charité, doivent établir que les individus de leur famille au-dessous de vingt ans ont eu la petite-vérole ou ont été vaccinés.

407. Les Syndics auront le soin le plus exact, si la petite-vérole se manifestait dans leur commune,

1° D'en informer aussitôt l'Intendant et le vaccinateur pour les mesures à prendre, afin d'en arrêter immédiatement le cours ;

2° De transmettre, à la fin de chaque année, un état nominatif des enfans qui en ont été atteints, avec indication de ceux d'entre eux qui en ont péri et de ceux qui en ont été défigurés ou qui en ont contracté d'autres infirmités.

TITRE XX.

CARABINIERS-ROYAUX.

L. P. du 12 oct. 1822, art. 1er. XI. 268. 408. LES Carabiniers-Royaux sont institués pour veiller à la sûreté publique, assurer le maintien de l'ordre et l'exécution des lois. Ils font partie de l'armée active, dont ils sont le premier corps.

Art. 30. Ils dépendent de la Secrétairerie de guerre et marine, pour tout ce qui concerne l'organisation, le personnel, la discipline, le matériel, la fixation des arrondissemens, des divisions, compagnies, lieutenances, placement et mouvement des stations de Carabiniers; et de la Secrétairerie d'Etat pour les affaires internes, pour tout ce qui concerne l'ordre public, la police civile et judiciaire. Dans les divisions, provinces et villes, ils dépendent des Gouverneurs et Commandans respectifs, pour tout ce qui intéresse l'ordre public et l'exécution des fonctions de police qui leur sont confiées.

409. Les Commandans rendent compte au ministre de l'intérieur du service journalier et ordinaire des stations, de toutes les arrestations et de tous les évènemens extraordinaires qui peuvent intéresser la tranquillité ou la sûreté de l'Etat.

Art. 34. 410. L'action de l'autorité judiciaire, administrative et de police sur les Carabiniers-Royaux, sur tout ce qui concerne l'emploi de la force publique, pour l'exécution des lois et pour la conservation de la tranquillité publique, ne peut être exercée autrement que par écrit.

Art. 35 et 36. Ces réquisitions devront toujours être adressées au Commandant des Carabiniers du lieu où elles doivent être exécutées; et en cas de refus, dont on devra immédiatement donner avis au Ministère de l'intérieur, elles seront adressées à l'officier sous les ordres immédiats duquel se trouve celui qui aura refusé d'y obtempérer.

Elles contiendront la qualité de l'autorité requérante et l'objet de la réquisition. On ne devra pas y insérer des termes impératifs, comme, par exemple, *mandons et ordonnons*, et semblables; elles ne pourront être données ou exécutées que dans l'arrondissement de l'autorité requérante et dans celui de celle qui doit exécuter la réquisition. Les Carabiniers-Royaux ne devront pas donner cours aux réquisitions qui ne seront pas faites en conformité du présent article.

MODÈLE DE RÉQUISITION.

Nous Syndic, en vertu de l'art. 23 des Lettres-Patentes du 30 octobre 1821, requérons M. le Commandant de la station des Carabiniers-Royaux de...., de prêter main forte de... hommes, pour....

A.... le....

411. Quand les autorités ont donné leur réquisition, elles ne peuvent plus se mêler dans les opérations militaires pour leur exécution; seulement elles peuvent se faire rendre compte de ce qui aura été fait.

En toute occasion, les Carabiniers prêteront, sans retard, main forte aux autorités légitimes quand ils en seront requis, et sans avoir le droit d'examiner la justice et la régularité de l'opération requise; en cas de refus de leur part ou de coupable retard, ils seront punis suivant la rigueur des lois.

Les autorités civiles pourront, en cas d'urgence, s'adresser au Commandant de la division, pour qu'il ordonne, dans un endroit fixe, la réunion de plusieurs stations, et en indiquant le motif.

Les autorités locales devront notifier au Commandant des Carabiniers tout ce qui peut intéresser la sûreté et la tranquillité publiques, et concourir de tous leurs moyens à ce but salutaire. Les Commandans des Carabiniers sont également tenus de communiquer, sans délai, aux Magistrats, Gouverneurs, employés de police, Juges et Syndics, toutes les notices qui leur seraient parvenues sur des objets propres à troubler la tranquillité publique, entraîner quelques désordres; sur tous les délits qu'ils sauraient s'être

Art. 39 et 43.

commis dans leur arrondissement, et sur leurs auteurs. Ils justifieront de leurs tournées par une déclaration signée sur leur feuille de service, par les Syndics, Conseillers ou autre personne marquante de la commune.

Les Carabiniers ne pourront entrer dans les maisons pendant la nuit, c'est-à-dire depuis le coucher jusqu'au lever soleil, sans un ordre par écrit de l'autorité supérieure et sans l'intervention du Syndic ou d'un Conseiller, sauf dans le cas d'incendie, d'inondation, d'écroulement ou de cris provenant de l'intérieur des maisons pour appeler le secours de la force publique.

412. Les Carabiniers doivent se considérer en service perpétuel. Comme préposés à la sûreté des personnes, ils assisteront ceux qui auront requis leur secours en cas de péril. Lorsqu'ils auront été requis par les autorités supérieures, pour apaiser les émeutes populaires, ils devront employer d'abord les moyens de persuasion avant de faire usage de la force.

Les Carabiniers dressent, sur papier libre, procès-verbal de toutes leurs opérations. Ces procès-verbaux ont force de dénonciation légale.

L. P. du 11 sept. 1818. VII. 1.

413. Chaque brigade doit être casernée dans le lieu de sa résidence, à la diligence des Administrations communales et aux frais du mandement. Les casernes auront une prison, une salle de discipline, une cuisine, une chambre pour le sous-officier, une chambre pour chaque deux carabiniers, écuries, etc.; elles seront meublées par les communes composant le mandement. Les officiers qui seront pourvus d'un logement par les communes, leur payeront annuellement : les capitaines, 180 liv.; les lieutenans, 120 liv.; les sous-lieutenans, 75 liv. Le mobilier est à la charge de ceux-ci.

TITRE XXI.

POLICE MILITAIRE.

CHAPITRE PREMIER.

LEVÉE MILITAIRE.

414. LES opérations de la levée militaire sont particulièrement déléguées aux Commissaires de levée; cependant les Syndics ne sont étrangers à aucune, et il en est plusieurs pour lesquelles leur concours est formellement exigé.

ART. 1er.

Conseil de levée.

415. Ce Conseil se compose du Gouverneur ou du Commandant de la province, président; de l'Intendant, vice-président; du Commissaire de levée, d'un officier délégué, d'un officier de Carabiniers-Royaux; il rend ses décisions à la majorité des voix, et peut siéger au nombre de trois membres seulement. Régl. gén. pour la lev. milit. du 12 juin 1824, art. 10, 23 et 24.

ART. 2.

Individus soumis à la levée.

416. Tous les sujets de S. M., professant la religion chrétienne, sont soumis à la levée, qui s'opère classe par classe, au moyen du tirage au sort : tout individu commence à être sujet à la levée dans l'année pendant laquelle il accomplit sa dix-huitième année, et cesse d'y être assujetti dès qu'il entre dans sa vingt-quatrième année. Art. 30, 31, 32 et 33.

ART. 3.

Listes alphabétiques.

417. Au 1er janvier de chaque année les Syndics doivent, au moyen d'un avis publié et affiché dans les lieux destinés Art. 50.

pour les publications, notifier aux individus qui accomplissent, dans le cours de l'année commençante, l'âge de dix-huit ans, l'obligation qui leur est imposée de se présenter à la maison communale de *leur domicile légal*, pour se faire inscrire sur la liste alphabétique, et déclarer leurs droits à l'exemption ou au placement à la fin de la liste.

Art. 51. Les pères et mères ou curateurs des jeunes gens appelés à se faire inscrire, doivent veiller à ce que ces individus se présentent exactement, à défaut de quoi ils seront tenus de se présenter eux-mêmes pour requérir l'inscription de leurs enfans ou administrés.

Art. 52. Les Syndics, assistés des Secrétaires, ouvriront un journal pour y inscrire chaque individu, au moment qu'il viendra se consigner.

Le soir du douzième jour qui suivra celui de l'ouverture du journal, les Syndics en feront la clôture, et s'occuperont, pendant les trois jours suivans, de la formation des listes alphabétiques.

Art. 53. Les Syndics recevront des Curés de leurs communes la communication des registres de naissances, de mariages et de décès.

Art. 54. Les Syndics, soit d'après les renseignemens qu'ils se sont procurés suivant les dispositions de l'article précédent, soit au moyen du résultat de leur journal et des autres notions par eux recueillies, formeront la liste alphabétique de leur commune, laquelle devra indiquer les noms, prénoms, date et lieu de naissance, domicile, profession de l'inscrit, les prénoms de ses père et mère; cette liste sera entièrement conforme au modèle n° 2 du Règlement.

Art. 55. Les Syndics apporteront une attention particulière à suivre exactement l'ordre alphabétique dans l'inscription des jeunes gens, et à placer dans les colonnes à ce destinées les indications requises, de manière que la liste présente toute la netteté possible.

Art. 56. La liste alphabétique doit être close et signée par les Syndics, le 15 du mois de janvier.

ART. 4.

Vérification des listes alphabétiques.

418. Dans les dix jours qui suivront la formation de la liste, les Conseils des villes et des communes procéderont à la vérification des listes alphabétiques. Art. 58.

Les Syndics présenteront aux Conseils les listes dressées de la manière prescrite, et munies de leur signature. Art. 59.

Les Conseils feront ajouter sur la liste les jeunes gens de la classe appelée, dont l'inscription aurait été omise malgré les soins des Syndics. Art. 60.

Si les Conseils sont d'avis qu'un jeune homme ait été indûment inscrit sur la liste, ils ne pourront en faire opérer la radiation; mais ils devront proposer cette mesure au Commissaire de levée, en lui en expliquant les motifs. Art. 61.

Le Conseils feront les observations qu'ils jugeront convenables, relativement aux demandes des individus inscrits sur la liste, en examinant leur situation, et en prenant au besoin les informations que les circonstances pourront exiger. Art. 62.

Les opérations des Conseils auront lieu à la majorité des voix des Conseillers présens à la séance. Art. 63.

Les motifs des additions opérées ou des radiations proposées par les Conseils, seront consignés dans la colonne de la liste ouverte à cet effet. Art. 64.

Seront généralement annotées, dans une autre colonne de la liste, les observations que les Conseils ou quelqu'un de leurs membres auront faites sur les demandes des inscrits. Art. 65.

La liste alphabétique vérifiée de la manière indiquée dans la présente section, sera close et signée par les membres des Conseils qui auront assisté à l'opération. Art. 66.

Les Syndics transmettront ensuite, trois jours au plus tard après la clôture, aux Commissaires de levée, une copie de la liste par eux certifiée.

Les Syndics seront également tenus d'annoter sur le journal les changemens qui pourraient avoir lieu à l'égard de la situation des inscrits, ainsi que les variations que pourrait subir la liste depuis la date de son envoi, jusqu'à Art. 67.

l'époque de sa vérification définitive par les Commissaires de levée, afin de leur faciliter cette opération.

Art. 5.

Répartition du contingent.

Art. 71 et 73. 419. Les Syndics reçoivent du Commissaire et font publier l'état de répartition du contingent de la levée entre les mandemens ; s'ils jugent le mandement surchargé dans la répartition, ils envoient leur réclamation motivée au Commandant de la province.

Art. 6.

Tirage.

Art. 91, 93, 94, 95, 96, 97, 103, 104, 105, 106, 109, 127. 420. Les Syndics reçoivent aussi par le Commissaire de levée la notification, soit des jours et du lieu où il sera procédé au tirage, et au premier examen des inscrits de chaque mandement, soit des époques fixées par le Conseil pour ses opérations. — Ils font publier cette notification, qui doit demeurer affichée jusqu'au départ de la dernière portion du contingent de la province, ainsi que l'état nominatif des jeunes gens inscrits sur la liste alphabétique de la commune. — Ils donnent ensuite avis par écrit, à chaque individu porté sur la liste alphabétique, des lieu, jour et heure auxquels le Commissaire de levée procédera au tirage ; ils enjoignent à ces inscrits de s'y trouver présens, et les préviennent qu'ils sont tenus de faire, à cette occasion, la déclaration au Commissaire, et de fournir la preuve des droits qu'ils peuvent avoir à la réforme, à l'exemption, ou au placement à la fin de la liste. — En cas d'impossibilité absolue de se rendre au tirage, les inscrits devront en justifier et se faire représenter par un délégué. — Les Syndics doivent délivrer aux inscrits ou à leurs délégués, dans l'intervalle de la publication de la notification sus-indiquée, et du jour fixé pour le tirage, l'état de situation de famille conforme au modèle nº 7 du Réglement. — Assistés de deux membres du Conseil communal, ils présentent au Commissaire, à l'occasion du tirage, les jeunes gens inscrits sur la liste alphabétique. — En cas d'empêchement légitime, ils se font remplacer par les

Vice-Syndics, et à défaut de ceux-ci, par un Conseiller de commune. Cette délégation sera constatée par un acte qui sera inséré au registre des délibérations du Conseil. — Ils sont porteurs du journal et d'une copie de la liste alphabétique. — Ils demeurent garants, ainsi que leurs délégués, de l'identité des individus inscrits sur la liste. — Ils sont tenus de faire connaître au Commissaire les modifications dont la liste alphabétique pourrait être encore susceptible. — Au moment où l'inscrit se présente pour extraire le numéro, ils déclarent au Commissaire de levée, et sur sa réquisition, si c'est positivement le même individu porté sur la liste alphabétique.

ART. 7.

Exemptions.

Art. 153, 154, 155, 158, 160, 161, 163, 164.

421. Sont dispensés de concourir à la formation du contingent : les étudians ecclésiastiques jouissant du privilége de la cléricature ; les aspirans à la carrière ecclésiastique, ne jouissant pas encore du privilége de la cléricature, pourvu qu'ils soient réclamés par l'Evêque du diocèse respectif ; les inscrits admis dans les maisons du clergé régulier, pourvu qu'ils soient aussi réclamés ou par l'Evêque du diocèse dont ressortira la commune du domicile de la famille de ces inscrits, ou par l'Evêque du diocèse sur le territoire duquel se trouvera placée la maison religieuse à laquelle ils appartiennent ; les jeunes gens qui se trouvent enrôlés au service de S. M. dans un corps quelconque de terre ou de mer ; les élèves de l'Académie royale militaire, et ceux de l'Ecole royale de marine ; les individus portés sur les registres de l'inscription maritime ; les soldats dits de justice ou *sbires*.

ART. 8.

Placement à la fin de la liste.

422. Le placement à la fin de la liste est divisé en deux catégories.

La première catégorie comprend :

1° L'unique survivant d'une famille ;

2° Le fils unique d'un aveugle ;

3° Le fils unique d'une veuve ;

4° Le fils unique d'un septuagénaire ;

5° Le fils aîné d'un veuve, habitant avec elle ;

6° Le fils aîné d'un septuagénaire, habitant avec lui ;

7° Le frère aîné d'orphelins de père et de mère, habitant avec eux ;

8° L'inscrit ayant un frère qui soit actuellement au service militaire du Roi, ou qui soit mort en activité de service, ou soit mort ou ait été réformé par suite de blessures reçues au service du Roi, pourvu que cet inscrit n'ait pas déjà un autre frère placé à la fin de la liste ;

9° L'inscrit ayant deux frères qui soient actuellement au service militaire du Roi, ou qui soient morts en activité de service, ou morts ou réformés par suite de blessures reçues pour le service du Roi, pourvu que cet inscrit n'ait pas déjà deux autres frères placés à la fin de la liste.

La seconde catégorie comprend :

1° Le fils unique d'un veuf ;

2° Le fils unique d'un quinquagénaire.

Art. 165, 168, 179, 176, 203, 204, 205, 177, 181, 182, 187, 195, 197, 199.

Les inscrits de cette seconde catégorie prendront la dénomination de *derniers à désigner*. — Est également placé à la fin de la liste le fils unique, orphelin de père et de mère, qui aura encore son aïeul paternel, pourvu qu'il habite avec lui. — Si un père laisse, en mourant, des fils de deux lits, et la seconde femme vivante, celle-ci formera une famille à part avec ses propres enfans ; son fils unique ou aîné aura droit au placement à la fin de la liste comme fils unique ou aîné de veuve, tandis que l'aîné des enfans de la première femme aura droit à la même faveur comme aîné d'orphelins. Mais si, après la mort du père commun, le fils unique provenant du premier mariage cohabite avec la veuve, il pourra être placé à la fin de la liste comme fils aîné de veuve, pourvu que celle-ci y consente et le déclare formellement au Syndic, qui devra en dresser procès-verbal, et remettre cette pièce au Commissaire ou au Conseil de levée. Les musiciens, s'ils n'ont aucune limitation de service ; les archers, l'inscrit supplée, le suppléant ; le soldat porté sur les rôles de l'armée de réserve, les individus coupables de s'être soustraits à la levée, ou de s'être mutilés volontairement, ne procurent point à leurs frères le placement à la fin de la liste. — Dans les différens cas où est requise la cohabitation pour le placement à la fin de la liste, on n'exige point une cohabitation de fait rigoureuse, il suffit qu'il n'y ait point séparation de biens avec la personne à cause de laquelle on réclame le placement à la fin de la liste, et que le requérant soit son unique soutien. Ces conditions devront être constatées par une déclaration assermentée de la personne qui tiendra ses moyens de subsistance de l'inscrit, et par un acte de notoriété signé par cinq chefs de famille, autant que possible pères d'inscrits, d'une probité reconnue, et confirmé par le Syndic. — Lorsqu'il s'agit d'établir le droit d'un inscrit au placement à la fin de la liste, sont considérés définitivement ou provisoirement comme n'existant point dans la famille, l'aveugle, le sourd-muet, le crétin, le manchot, l'homme condamné aux galères, les absens depuis dix ans, les individus atteints de démence. — L'absence de la famille des individus considérés comme non existans devra être prouvée à l'aide d'un acte consulaire de la commune du dernier domicile ou résidence de l'absent. — Les Syndics apposent, en certains cas, leur *visa* aux états de situation de famille délivrés aux inscrits par des Syndics d'autres communes. — Ils délivrent le certificat constatant qu'un inscrit a été seulement soumis à l'enrôlement général et non à celui d'incorporation. — Les documens ou certificats justificatifs du droit des inscrits au placement à la fin de la liste doivent être délivrés *gratis*, et rédigés sur papier libre. — On n'aura nul égard aux documens ou certificats délivrés par les Administrations civiques ou communales, s'ils ne sont point revêtus du sceau de la ville, ou commune respective.

Art. 9.

Opérations des Conseils de levée, et désignations.

423. Les Syndics sont tenus d'intervenir aux séances du Conseil, consacrées à l'examen définitif des inscrits. — Ils doivent, en cas d'empêchement légitime, se faire Art. 208, 209, 216, 244, 264, 265, 266,

267, 268, représenter par le Vice-Syndic, et à défaut de celui-ci,
279, 280, 285. par un Conseiller spécialement délégué à cet effet. — Ils font remettre par écrit à tous les individus renvoyés à la décision du Conseil, l'ordre de s'y présenter au jour fixé. — Ils inscrivent sur les listes alphabétiques les décisions du Conseil. — Ils encourent la peine de cinq années de galères, et même une plus forte peine, s'ils accompagnent sciemment un individu substitué frauduleusement au tirage, aux séances du Conseil ou à l'enrôlement. — Ils sont invités par le président du Conseil à intervenir à la séance fixée pour la réunion et l'enrôlement du contingent, afin d'empêcher toute substitution d'inscrits, et de fournir au Conseil les renseignemens dont il pourrait avoir besoin. — Ils font publier et afficher aux lieux destinés pour les publications l'état des inscrits désignés de leur commune, qu'ils reçoivent du Commissaire de levée. — Dans les trois jours qui suivent celui de la désignation, ils font intimer aux inscrits désignés, le commandement ou l'ordre de se présenter à l'enrôlement. — Ne pouvant faire intimer le commandement en personne à l'inscrit désigné, ni à ses père, mère ou curateur, il suffit que cet ordre soit publié devant la maison qu'il habitait, et affiché à la porte de sa dernière demeure; si le désigné n'habite point personnellement la commune de son domicile, le commandement sera publié et affiché à la porte de la demeure de son père, de sa mère ou de son curateur, à défaut de quoi il sera affiché aux lieux destinés pour les publications. — Ils reçoivent du Commissaire de levée l'état des nouveaux désignés et celui des inscrits désignés, manquans à la revue, et annotés pour être dénoncés comme rénitens. — Ils font intimer sans le moindre délai, aux nouveaux désignés, l'ordre de se présenter le jour fixé à l'enrôlement, et doivent pratiquer en même temps toutes les diligences possibles pour faire présenter à l'enrôlement les inscrits qui n'auront point comparu à la revue. — Lorsqu'ils reçoivent du Conseil l'état des individus admis à une suspension de départ, ils doivent veiller à ce qu'ils se présentent au Commandant de la province aussitôt que le motif de cette suspension aura cessé.

ART. 10.

Inscrits malades en route.

424. Si, à défaut de Commissaire ou Sous-Commissaire des guerres, il est consigné aux Syndics, par le commandant d'un détachement d'inscrits, quelqu'un d'entre eux tombé malade en route, ils le feront visiter et retirer, moyennant réquisition, dans l'hôpital militaire ou civil le plus proche. — Ils peuvent aussi y faire transporter le malade, si, d'après la déclaration d'un médecin ou chirurgien, il est reconnu nécessaire de lui fournir un moyen de transport. — Ils reçoivent du commandant du détachement le signalement de l'inscrit malade. — Après l'avoir fait déposer à l'hôpital, ils en informent le Commandant de la ville où se trouve situé cet établissement, et à défaut de celui-ci, le Commandant de la station des Carabiniers-Royaux. — Si le malade se rétablit, ils doivent, à défaut de Commissaire des guerres, déclarer dans la feuille de route dont il se trouvait muni, le nombre des journées qu'il aura passées à l'hôpital, et y indiquer les effets qu'on lui aura rendus; ils en notifient également la sortie de l'hôpital au Commandant de la ville ou de la station des Carabiniers-Royaux.

Art. 376, 378, 379, 380, 382, 385.

ART. 11.

Complément du contingent.

425. Les Syndics intiment aux inscrits, désignés pour compléter le contingent, l'ordre de se présenter à l'enrôlement.

Art. 428.

ART. 12.

Subrogations.

426. Les Syndics rendent publique la taille fixée pour les suppléans, au moyen d'un avis qui doit demeurer affiché pendant huit jours aux lieux destinés pour les publications, et dans la salle du Conseil, jusqu'à la fin des opérations de la levée.

Art. 457.

Art. 13.

Rénitens.

Art. 518, 521, 522, 523, 524, 527, 544, 536.

427. Si les Syndics sont informés que dans la famille d'un rénitent appartenant à leur commune il existe un individu dans le cas de lui être substitué, ils intimeront à cet individu l'ordre de se présenter au Conseil de levée, sans omettre néanmoins de signifier le commandement à tous les nouveaux désignés compris dans la liste qu'ils auront reçue du Commissaire de levée. — Ils sont tenus de procurer l'arrestation des rénitens. — Ils encourent 150 liv. d'amende en cas de négligence pour l'arrestation des rénitens ; ils doivent, dans ce cas, agir de concert avec les Carabiniers-Royaux. — Ils ouvrent un journal pour y inscrire les rénitens dont l'arrestation doit avoir lieu. — Ils doivent adresser, le premier de chaque mois, au Commissaire de levée, une note circonstanciée relative aux rénitens qui restent à poursuivre ; cette note sera rédigée suivant le modèle n° 32 du Règlement, et devra indiquer non-seulement les diligences qui auront été pratiquées pour la recherche des rénitens, mais encore les circonstances particulières concernant chacun d'eux, et surtout celles spécifiées ci-après :

1° Si le rénitent se trouve habituellement dans quelque autre commune ;

2° Si le rénitent a paru dans la commune pendant le mois précédent, et s'il trouve asile et protection auprès de ses parens ou auprès d'autres familles ;

3° S'il y a deux ou plusieurs autres rénitens dans la même famille ;

4° Si le rénitent s'est réfugié en pays étranger : on indiquera, dans ce cas, le royaume, la province et la commune de sa demeure, l'art, la profession ou le métier qu'il y exerce.

Ils sont chargés de dresser le procès-verbal d'arrestation d'un rénitent lorsqu'il est arrêté par des personnes non autorisées à rédiger cet acte ; le procès-verbal doit être transmis par eux au Commandant de la province. — Ils reçoivent, du Commissaire de levée, l'extrait des arrêtés de radiation des rénitens de leur commune.

ART. 14.

Levée extraordinaire.

428. Les Syndics font publier et afficher aux lieux destinés pour les publications, les dispositions qui leur sont notifiées par le Commissaire, relativement à la levée extraordinaire. Art. 566.

ART. 15.

Changement de domicile.

429. Les Syndics délivrent aux jeunes gens, encore soumis à la levée, la permission de changer de domicile lorsqu'ils leur en auront fait la déclaration. — Ce billet de permis sera conforme au modèle n° 36 du Règlement. — Ils préviennent le Syndic du nouveau domicile choisi par les inscrits, de la permission qu'ils leur auront accordée. — Ils apposent leur *visa* au permis de changement de domicile délivré par un autre Syndic au jeune homme qui se transfère dans leur commune. — Lorsqu'ils sont instruits du prochain établissement, sur le territoire de leur commune, d'un individu de la levée, et que celui-ci ne s'est point présenté dans le délai fixé, ils en informent l'Auditeur général des guerres. — Ce délai est de quinze jours pour le changement de domicile dans la même province, et de trente jours pour celui d'une province à l'autre. — Quoiqu'ils n'aient point reçu du Syndic du dernier domicile de l'inscrit l'avis de son changement de domicile, ils doivent néanmoins se faire représenter la permission qu'il aura obtenue; ils font aussi connaître, à l'Auditeur général des guerres, les noms de l'inscrit qui se sera établi dans leur commune sans s'être pourvu de la permission prescrite. — Ils délivrent aux individus de la levée, réclamant un passeport à l'intérieur, un certificat constatant leur situation sous le rapport de la levée. — Ce certificat doit être conforme au modèle, n° 37 du Règlement. Art. 577, 578, 579, 580, 581, 582, 586.

ART. 16.

Requêtes.

Art. 593, 598, 602. 430. Les Syndics transmettent à l'Inspecteur général des levées les requêtes qui leur sont remises par les inscrits en congé limité ou illimité. — Le bas-officier ou soldat provenant de la levée, pourra demander, par voie de grâce, d'être admis à passer dans l'armée de réserve, lorsque par l'effet d'événemens survenus dans sa famille depuis l'incorporation, il se trouvera placé dans l'un des cas suivans, savoir : 1° l'unique survivant de sa famille ; 2° le fils unique d'un aveugle : 3° le fils unique d'une veuve ; 4° le fils unique d'un septuagénaire ; 5° le fils aîné d'une veuve, habitant avec elle, pourvu qu'il n'ait pas un frère propre au travail, et âgé de plus de quinze ans révolus ; 6° le fils aîné d'un septuagénaire, habitant avec lui ; 7° le frère aîné d'orphelins de père et de mère, habitant avec eux. — Sont exclus du bénéfice du passage dans la réserve, les suppléans, les déserteurs ou rénitens graciés, les soldats incorporés par disposition pénale, et ceux condamnés à la chaîne militaire.

ART. 17.

Provocations à la désobéissance.

Art. 608. 431. Les Syndics sont tenus de notifier, au Commandant de la province, les provocations à la désobéissance qu'ils auront découvertes.

ART. 18.

Inscrits omis sur la liste alphabétique.

Art. 34 et 35. 432. Des inscrits omis sur la liste de l'année à laquelle ils appartiennent se présentent quelquefois pour se faire inscrire sur celle des années suivantes : ces sortes de demandes doivent être accueillies, quoique ces inscrits auraient atteint leur vingt-quatrième année, lorsqu'il est reconnu que l'omission n'a pas eu lieu par la faute de l'inscrit, et qu'elle est le résultat ou d'une impossibilité absolue, ou d'une erreur indépendante de la volonté.

ART. 19.

Assistance aux opérations de la levée.

433. Les Syndics et Secrétaires ne peuvent, sous aucun prétexte, s'exempter d'assister aux opérations des levées, et les premiers doivent prendre toutes les précautions possibles pour la délivrance des certificats qui leur sont réclamés à ce sujet; ils doivent surtout ne signer aucune pièce sans s'être assurés de la vérité et sincérité de son contenu, à raison de la responsabilité personnelle qui pèse sur eux. Les Secrétaires ne doivent pas perdre de vue qu'eux mêmes aussi, quoique non responsables aux yeux de la loi, partagent cette responsabilité dans toutes ses conséquences. Circul. du Comm. des levées du 23 déc. 1820.

CHAPITRE II.

CONTINGENS ALTERNATIFS. - ARMÉE DE RÉSERVE.

434. S. M. a daigné donner aux contingens alternatifs une nouvelle organisation d'après laquelle, le temps auquel le soldat doit retourner sous ses drapeaux, varie de manière à n'avoir plus lieu à la même époque; et de plus, celui qui a rempli ses devoirs avec exactitude, peut, avant l'époque prescrite, être admis à faire partie de l'armée dite *de réserve*, et n'être, dans ce cas, obligé qu'à une revue par année. Pour atteindre ce but, 1° il a été ajouté un septième contingent, en réduisant d'autant les six autres; 2° une partie des hommes de ces derniers contingens passe annuellement à *l'armée de réserve;* 3° cette armée n'est soumise à aucun service ordinaire et périodique; elle est passée en revue une fois l'année au chef-lieu du mandement où sont domiciliés les individus qui en font partie; 4° le tour du service contingental est établi par semestre d'après cette base : le soldat au service alternatif servira, suivant le tour ordinaire et périodique, six mois chaque quarante-deux mois; il aura en conséquence trois ans de temps non interrompu pour s'occuper de ses intérêts. L. P. du 19 août 1823 et Circ. du 22 sept. 1823.

Lorsque des congés limités pour passer à l'armée de réserve auront été transmis à un Syndic, il devra les consigner sans délai aux militaires en faveur desquels ils ont été faits, et retirer d'eux les anciens congés, ou un reçu du nouveau, s'ils ont égaré l'ancien.

Le Syndic les préviendra de se rendre au chef-lieu de la province, munis de leur livret et de leur congé limité, pour consigner ces deux pièces au Commissaire des guerres, au moment où il leur sera remis un congé illimité, et en même temps lui payer la somme dont ils sont débiteurs envers la masse de décompte, ou recevoir celle dont ils peuvent être créanciers de la masse; faute de s'y rendre dans les délais prescrits, ils seront déchus de la faveur de passer à l'armée de réserve, et maintenus dans le contingent où ils étaient. Le Syndic peut accorder un certificat, pour tenir lieu d'un congé limité qui aurait été égaré.

Les soldats de l'armée de réserve peuvent, pendant le délai de deux mois dès l'expédition de leur congé illimité, changer avec d'autre soldats en service semestral, pourvu que ceux-ci aient déjà servi deux quadrimestres. Les Syndics reçoivent ces contrats de remplacement, et ils ont le même effet que l'échange du numéro pour les levées militaires; c'est-à-dire, que chaque permutant suit le sort, l'arme, la durée de service, etc., qui compte à celui dont il a pris la place par cet échange.

L. P. préc. et Cir. de la police du 28 oct. 1826.

Les Syndics n'inscriront sur leur registre communal le passage dans l'armée de réserve, qu'après que les individus qui l'ont obtenu auront reçu leur congé illimité des mains du Commissaire des guerres.

L'habit et le schako restent acquis, à l'expiration de son temps de service, à l'individu qui appartient à l'armée de réserve. En retirant son congé illimité du Commissaire des guerres, il n'a en conséquence que son sabre et son baudrier à consigner, et les Syndics doivent leur recommander de les avoir pour réclamer leur congé illimité, puisque sans la représentation de ces deux articles de leur armement, ils seraient privés du bénéfice de leur admission à l'armée de réserve; ce qui, cependant, n'a pas lieu pour les bas-officiers, qui conservent leur sabre et leur schako aussi long-temps qu'ils sont en activité de service. *V. Changement de domicile*, §. 437, et *Port d'arme*, §. 438.

CHAPITRE III.

REVUES (1).

435. Les Syndics doivent prévenir les militaires appartenans aux contingens alternatifs, de se présenter aux revues avec leur habit en bon état, schako, et leur havresac sur le dos, contenant les effets de petit équipement.

Circul. du Min. de la G. 9 juin 1817. V. 32.

Cette revue aura lieu un jour qui sera fixé d'avance, dans les mois de mai, juin, juillet, août et septembre, dans le temps où les cultivateurs ont moins d'occupations, n'étant alloué aucune indemnité pour cette revue annuelle, qui est annoncée un mois d'avance aux Syndics, pour qu'ils la notifient aux soldats admis à l'armée de réserve, en temps utile, et que ceux-ci puissent se rendre au jour fixé au chef-lieu de mandement, sous peine d'*être remis dans le contingent en service à l'époque de la rénitence, pour y rester jusqu'au terme de leur limitation de service, avec perte de tous les avantages résultans de leur admission à l'armée de réserve.* Il est du plus grand intérêt que ces soldats se pénètrent de toute l'étendue de ces dispositions, et que les Syndics les leur expliquent.

Lorsque des affaires urgentes ne leur permettent pas de se présenter à la revue, ils sont tenus de transmettre à l'officier chargé de donner la revue le certificat par lequel le Syndic constate cet empêchement. Ceux qui, à raison de leur industrie ou métier, doivent chaque année passer plusieurs mois hors de leur domicile et des Etats du Roi, peuvent de même être autorisés à ne pas se présenter à la revue annuelle, au moyen d'une attestation du Syndic, prouvant le besoin d'abandonner leur domicile. Les Syndics ne doivent accorder qu'avec circonspection ces certificats.

(1) La revue des effets d'habillement et d'armement des bas-officiers et soldats provinciaux, par les Syndics (prescrite par l'art. 2 de l'instruction du ministre de la guerre du 15 avril 1822), est sursise ; les Syndics doivent seulement veiller à ce que les militaires en congé limité chez eux n'en fassent pas usage les jours ouvriers, et s'assurer de temps en temps, par des revues particulières, de l'état où se trouvent les effets d'armement et d'habillement sus-énoncés, à teneur de la circulaire ministérielle du 9 juin 1817.

Cir. de la police du 22 fév. 1823.

CHAPITRE IV.

SERVICE PERMANENT.

Roy. Déterminat. des 9 oct. 1821 et 9 oct. 1819. X. 89.

436. Il est permis à tous les soldats indistinctement de passer au service permanent dans les mêmes corps. Le calcul du service que le soldat devra faire, dans ce cas, sera réglé de manière qu'un an de service permanent équivaille à deux ans de service provincial, soit quadrimestral.

Ce calcul n'est pas le même pour le soldat qui, en exécution des déterminations du 9 octobre 1821, a passé au service permanent avant le 1er février 1822; un an de ce service vaut pour lui trois ans de service quadrimestral.

CHAPITRE V.

CHANGEMENT DE DOMICILE.

Cir. du 22 sept. 1823.

437. Aucun individu de l'armée de réserve ne pourra changer de domicile sans avoir le certificat prescrit et conforme au modèle qui suit, dont il devra être porteur, pour être inscrit sur le rôle de la commune dans laquelle il aura élu son nouveau domicile.

MODÈLE DE CERTIFICAT POUR CHANGEMENT DE DOMICILE.

Par-devant nous Syndic de....., s'étant présenté le nommé......, y résidant, ... (*son grade*) dans la brigade de....., appartenant à l'armée de réserve et inscrit sur le registre de la commune, sous le nº.... de matricule; il a déclaré vouloir transférer son domicile en la commune de...., mandement de...., province de...., à l'effet de quoi nous lui avons délivré le présent certificat aux termes de l'art. 12 de l'Instruction du 23 août 1823, afin qu'en exhibant cette pièce au Syndic de son nouveau domicile, il puisse obtenir l'inscription de son nom sur le registre de la commune précitée.

Donné à....., le.... *Syndic.*

Secrétaire.

CHAPITRE VI.

PORT D'ARMES.

438. La permission en est accordée gratuitement pour l'année successive à la revue à deux individus par mande-

ment; mais cette récompense sera toujours accordée à ceux qui se présenteront le plus exactement aux revues avec leur habillement et équipement en meilleur état.

CHAPITRE VII.

SOLDATS MALADES OU DÉCÉDÉS DANS LEURS FOYERS.

439. Les Syndics doivent transmettre au Commandant de la province, sans perte de temps, les certificats de maladie, *assermentés devant le Juge*, et les extraits mortuaires des soldats et officiers tant en retraite qu'en activité, de même que des chevaliers de l'Ordre de Savoie qui décèdent dans leurs foyers. S. M., pour favoriser les familles de ceux-ci, leur a accordé la propriété des objets d'habillement qu'ils ont à leur décès, et à la conservation desquels, il est en conséquence de leur intérêt de contribuer.

Cir. du 11 janv. 1825. Cir. del'Int. gén. de la g. du 27 févr. 1826, et 12 déc. 1818.

CHAPITRE VIII.

DES BAS-OFFICIERS ET SOLDATS PROVINCIAUX.

440. Leur départ doit être surveillé, et au besoin, ordonné par les Syndics, qui doivent se faire représenter le congé de tous ceux qui restent dans leurs foyers (am. de 150 l.) *V*. §. 209, *art.* 12. Néanmoins les congés limités doivent tenir lieu aux soldats d'indication suffisante pour remplir cette obligation, et ils sont sans excuse, en cas de retard, pour se soustraire aux punitions prononcées contre les retardataires. Lorsqu'ils se rendent sous leurs drapeaux pour leur service semestral, ils doivent être dirigés par-devant le Commissaire ou Sous-Commissaire des guerres du chef-lieu de la province *le plus proche de la route à suivre* pour rejoindre leurs drapeaux, afin d'y toucher leur indemnité de route; et non au chef-lieu de leur province, s'il est détourné de leur chemin direct, et s'il augmente la charge du trésor pour l'indemnité, en allongeant la route sans motif.

E. R. du 16 févr. 1816. II. 312. Inst. du 1er juillet 1816 et Cir. du 3 avril 1828 et du 7 mai 1824.

Les Syndics doivent viser les feuilles de congé limité et inscrire au registre les noms, prénoms, brigade, contingent, numéro d'ordre, bataillon, compagnie, domicile

Inst. du 26 décem. 1815 et 12 janvier 1827.

15

du bas-officier ou soldat, la date et l'expiration de son congé. De plus, ils doivent y annoter les changemens de domicile, décès, etc.; ils surveillent son départ de manière à ce qu'il soit rendu sous les drapeaux dans les premiers jours du mois fixé pour son retour. En cas de maladie, ils se font représenter le certificat du médecin, auquel ils mettront leur *visa* comme suit :

Vu la déclaration de maladie ci-dessus, nous certifions n'avoir aucune notice du contraire.

Ils tiendront note de ces attestations, qui se délivrent sur papier libre, et qui sont transmises au corps par l'intermédiaire du Commandant de la province, lequel sera informé de tous les changemens survenus aux registres des soldats provinciaux. Tout militaire en retard de quinze jours de se trouver à son corps, même après le rétablissement d'une maladie, sera considéré comme réfractaire.

E. R. du 27 août 1822. XI. 160.

CHAPITRE IX.

DÉSERTEURS. — INSCRITS RÉFRACTAIRES.

441. Il n'est pas permis de supposer qu'aucun fonctionnaire puisse sciemment favoriser la désertion, et nos lois, appropriées à nos mœurs, n'ont pas prévu ce cas; mais l'expérience a démontré plus d'une fois que les autorités locales, trop délicates sans doute pour commettre ce délit, manquent quelquefois de l'énergie nécessaire pour dénoncer ces déserteurs et pour requérir leur arrestation; cependant S. M. attend d'elles ce genre de courage, et leur en fait un devoir formel. Le Code pénal militaire porte que *les Syndics et Conseillers de toute ville ou commune qui tolèreront qu'un déserteur ait asile dans leur territoire, seront tenus solidairement au payement d'une amende de 300 liv.*

E. R. du 12 juin 1815, §. 32. II. 85.

Code pénal milit. du 7 août 1822, art. 134 et 135. XI. 170

R. C. liv. 4, tit. 33, §§. 3, 4, 5 et 6.

Encourront la même amende les Syndics et Conseillers, toutes les fois qu'il résultera qu'un déserteur a séjourné pendant un mois dans leur territoire, sans qu'ils en aient procuré l'arrestation ou qu'ils l'aient dénoncé.

La justice leur en fait une obligation non moins rigoureuse : et pourquoi un inscrit réfractaire obtiendrait-il plus d'indulgence qu'un voleur? ne commet-il pas un vol bien réel envers celui qui se trouve forcé de marcher à sa place, pour former le contingent, et envers la famille qu'il prive d'un appui souvent nécessaire? Le Syndic qui souffre dans sa commune un déserteur ou un réfractaire, est sûr de sacrifier un jeune homme du mandement à la lâcheté d'un individu révolté contre la loi; il trahit sciemment en faveur d'un mauvais sujet, les intérêts d'un voisin honnête et soumis, puisque le contingent ne reste jamais incomplet. On ne peut trop le répéter aux autorités locales, c'est leur faiblesse qui fait les déserteurs.

La recherche des déserteurs et réfractaires est particulièrement confiée aux Carabiniers-Royaux; c'est à eux, en cas d'urgence, et au Commandant de la province, dans tout autre cas, que les Syndics doivent signaler ceux qui se seraient réfugiés dans leur commune. *V.* §. 309. *Pénalités.*

CHAPITRE X.

SUBSISTANCES ET CONVOIS MILITAIRES.

442. C'est aux Commissaires des guerres qu'est confiée la direction immédiate des différentes branches de service qui font l'objet de ce chapitre, et les Syndics n'y coopèrent qu'en se conformant aux instructions qui leur sont données chaque fois que les circonstances l'exigent (1). Lorsque le service réclame leur concours médiat ou immédiat, ils doivent se conformer aux instructions qui suivent: Cir. du 20 juill. 1818, approuv. le 8 août 1818 par l'Intend. génér. de la guerre. VI. 136.

1° On ne doit fournir des convois aux corps, détachemens, etc., que sur la présentation de leur feuille de route, signée par le Commissaire des guerres, et énonçant la quantité de colliers et chevaux quelconques à laquelle ils ont droit.

2° Le Secrétaire, en sa qualité de notaire, et non le Syndic, prend de suite, sur papier libre, copie littérale de cette feuille de route, et la certifie conforme à l'original.

3° Avant le départ, les chefs de corps apposent au bas de cette copie une déclaration, par eux écrite et signée,

(1) Les frais de transports militaires ne sont plus à la charge des communes; ils sont supportés par l'Administration générale de la guerre. L. P. du 21 octob. 1819. VII. 207.

indiquant avec précision la nature des moyens de transport fournis, et la quantité en toutes lettres.

4° Si la partie prenante ne sait pas signer, le Secrétaire écrira la déclaration, et certifiera que la partie a dit ne savoir ou ne pouvoir signer; que lecture lui a été donnée du contenu en la déclaration; qu'elle a fait sa marque en présence de deux témoins, qui ont signé avec le Secrétaire; elle devra énoncer le nom et la qualité de la partie prenante.

5° Si la partie prenante n'a pas signé pour cause de maladie, il faut distinguer: ou elle est accompagnée par un militaire, et alors il doit en être fait mention, et il doit souscrire la déclaration; ou elle ne l'est pas, et alors c'est le Commandant de place qui fait la déclaration; enfin, à défaut de celui-ci, la déclaration est faite en conformité du précédent alinéa.

6° La feuille de route *par copie* doit être revêtue d'un *vu arriver*, daté et signé par le Syndic du lieu de destination; on doit la remettre à cet effet au voiturier ou à l'entrepreneur au moment du départ; crainte qu'elle s'égare, on peut la garder, et faire rapporter un certificat séparé du *vu arriver*.

7° Conformément à l'art. 13 du Règlement des étapes, en date du 3 août 1700: les Commandans des corps ne peuvent faire doubler les étapes, ni charger les voitures au-delà du poids ordinaire, fixé à 60 rubs ou 1125 liv. de marc pour une voiture à deux colliers, de la moitié pour une voiture à un collier, et d'un sixième pour un cheval de bât.

8° Il peut arriver qu'un corps ou détachement soit obligé de faire un mouvement sans avoir reçu sa feuille de route; dans ce cas, les communes obtempèreront aux réquisitions *par écrit* du commandant, lequel devra y indiquer l'ordre en vertu duquel s'opèrera le mouvement, ou la circonstance qui y donnera lieu. Les objets à fournir seront détaillés dans la réquisition, au bas de laquelle devra être apposée la déclaration de la fourniture, ainsi qu'il est dit ci-dessus.

Rég. du 11 juillet 1817 et Cir. du 5 avril 1818.

9° On ne doit fournir la voiture aux hommes de levée ou à ceux qui ont déjà fait partie des contingens provinciaux, lorsqu'ils tombent malades pendant la route, que pour se rendre à l'hôpital le plus voisin, et d'après une déclaration par écrit d'un homme de l'art qui les aura visités, constatant l'impossibilité où ils sont de faire le trajet à pied. C'est au bas de cette déclaration que le Commissaire des guerres ou le Syndic requerra l'administration de l'hôpital militaire ou civil de le recevoir. Cette circonstance seule peut autoriser la fourniture des moyens de transport, qui ne doivent, dans aucun cas, être accordés aux retraités, puisqu'ils peuvent se faire représenter par un tiers.

A défaut de Commissaire, le Syndic du lieu où ils sont tombés malades leur délivrera une feuille de route pour se rendre à l'hôpital le plus voisin.

Les militaires retraités pouvant se faire excuser, n'ont pas droit à la voiture.

10° Le Syndic de la commune qui aura fourni les moyens de transport par entreprise ou par voie de réquisition, en transmettra, signé par lui, *dans les dix jours qui suivent l'expiration du trimestre*, l'état d'après le modèle qui suit :

DUCHÉ DE SAVOIE.

Province d

Commune d

ETAT des transports effectués par la Commune, pendant le .... trimestre de 18... (1).

N° d'ordre.	DATE des feuill. de route.	DESIGNATION de l'autorité qui les a délivrées.	INDICATION des corps auxquels les moyens de transport ont été fournis.	LIEU		DISTANCE d'un lieu à l'autre en mille de Piémont (2)	DATE du vu arriver.	NOMS des parties prenantes.	QUANTITÉ et qualité des moyens de transport fournis.	OBSERVATIONS.
				de départ.	d'arrivée					

N. B. L'Intendance générale de la guerre ne fait payer qu'une partie des frais de transport ; l'autre partie est à la charge des provinces, et payable sur mandats de l'Intendance générale du duché.

(1) Cet état ne doit contenir que les indications portées par les colonnes.

(2) Le mille de Piémont équivant à 2,446 mètres ou 2/3 de lieue de pays.

11° Il faut joindre à l'état les copies authentiques des marchés passés (si les transports ont eu lieu par entreprise pour le premier trimestre seulement); les certificats des médecins pour les militaires tombés malades en route, *afin de constater la première fourniture*; et une copie de la feuille de route délivrée, pour que ces militaires se rendent à l'hôpital, relativement aux fournitures faites par les Syndics des autres communes; enfin, un certificat du Conseil de la commune, constatant le prix courant des moyens de transport fournis par voie de réquisition.

12° Les marchés passés par le Syndic, doivent être approuvés pour recevoir leur exécution.

13° Les communes *gîtes d'étapes ou stations de détachemens* fourniront, à l'expiration de chaque trimestre, un état négatif à l'Intendant, s'il n'a été fourni aucun moyen de transport pendant le trimestre.

CHAPITRE XI.

BOIS POUR L'ORDINAIRE, BOIS ET HUILE POUR LES CORPS-DE-GARDE, BOIS A L'EXTRAORDINAIRE (1).

443. 14° Le bois se distribue par buches de quarante-cinq pouces (pied de chambre) de long, sur sept à huit pouces de circonférence, dont moitié bois dur et moitié bois doux; il est fourni sur un bon du Commandant; il revient à la troupe une buche et demie par jour, par deux hommes, en hiver, et trois quarts de buche en été; les sergens ont droit à deux rations.

A la fin de chaque trimestre, le Sous-Commissaire des guerres dresse l'état de ce qui revenait pour le trimestre, et, au moyen de cette pièce que le bureau de l'Intendance transmet au Syndic, et qui est comparée avec les bons, on reconnaît si la fourniture dépasse les rations qu'accorde le Règlement; s'il y a excédant, la commune en peut demander compte à celui qui a fourni les bons; si elle a

(1) Les fournitures des deux derniers articles ne sont faites par les communes que dans le cas où il n'existe pas d'entrepreneur.

fourni en moins, elle en tient compte dans les distributions postérieures. L'état dressé par le Commissaire doit être souscrit d'une déclaration du Commandant du corps.

L'officier, en signant la déclaration, retire ses bons jusqu'à concurrence de la quantité de buches portée par l'état du Sous-Commissaire des guerres.

Cet état muni, de la formalité ci-dessus, doit être transmis sans retard à l'Intendant de la province;

15° La quantité de bois et huile pour les corps-de-garde, et de bois à l'extraordinaire à distribuer aux troupes stationnées sur la frontière, est fixée par un état signé par le Gouverneur de la division; le Commissaire des guerres donne connaissance aux communes de ce qu'elles doivent fournir, et elles n'ont qu'à faire faire les distributions.

Les états de ces fournitures sont dressés chaque trimestre, dans les bureaux du Commissaire des guerres, et transmis directement à leur destination.

CHAPITRE XII.

VIVRES ET FOURRAGES.

444. 16° Les vivres et fourrages sont fournis par entreprise; mais s'il arrivait que le fournisseur laissât manquer le service, les communes doivent y pourvoir et en informer de suite le Sous-Commissaire des guerres de la province.

17° Les communes qui se trouveront dans le cas prévu par l'article précédent, retireront du Commandant du corps ou détachement, une réquisition motivée, et lui feront souscrire au bas un récépissé énonçant la quantité et le poids ou la mesure des objets fournis.

18° Le fournisseur est tenu de rembourser aux communes, le montant de ce qu'elles seraient dans le cas de délivrer pour son compte; s'il en refuse le payement à l'amiable, la commune se pourvoit auprès du Commissaire des guerres de la division, par l'intermédiaire du bureau d'Intendance de la province, et la fourniture est alors payée par l'entrepreneur, au prix de l'entreprise, et, en cas d'insuffisance, d'après la mercuriale.

CHAPITRE XIII.

PAYEMENT DES FOUNITURES.

445. 19° En résumant ce qui précède, les communes n'ont d'autre démarche à faire pour obtenir la liquidation des fournitures ordinaires aux troupes, que de retirer et transmettre régulièrement à l'Intendant de leur province, les pièces relatives aux transports et aux fournitures.

Lorsqu'un détachement aura quitté la commune, ou que la commune ne sera pas à portée de faire signer les pièces relatives au bois pour l'ordinaire, par le Commandant du corps ou le Capitaine de la compagnie, le Syndic les transmettra sans retard au bureau de l'Intendance de la province, avec les bons délivrés, afin qu'on puisse régulariser la fourniture.

Quant aux vivres et fourrages, le cas ne peut être que très-rare, et le mode de payement est indiqué par l'art. 18.

20° Après avoir tracé aux Syndics la marche à suivre pour obtenir promptement la liquidation des fournitures aux troupes, il importe de leur faire connaître d'une manière précise, le mode de payement suivi par l'Intendance générale de la guerre.

Cette administration délivre au fur et à mesure des liquidations, les mandats de payement; ils sont adressés au Secrétaire pour être acquittés, ou bien ils sont remis au Trésorier de l'Intendance générale de la guerre, qui en délègue le payement au Trésorier général du duché.

Pour obvier à tout retard, il a été déterminé que les mandats délivrés en faveur des communes, seraient transmis à l'Intendant de la province; celui-ci en donnera immédiatement avis aux Syndics, et ces derniers sont tenus de donner les dispositions nécessaires pour retirer le plus tôt possible les sommes ordonnancées.

Les quittances à donner pour ces payemens doivent simplement exprimer la somme, et il ne faut point les dater. Les Syndics y exprimeront clairement leur qualité et les feront contre-signer par le Secrétaire; elles ne peuvent être acceptées sans cette dernière formalité

Quoique les quittances soient signées par les Syndics et Secrétaires, il n'est pas à dire pour cela qu'ils doivent retirer eux-mêmes le montant des mandats ; le Percepteur de la commune a seul qualité à cet effet, nul autre ne peut, dans aucun cas et sous aucun prétexte, toucher de l'argent revenant à la commune. Lorsque les Syndics auront reçu l'avis de l'expédition d'un mandat, ils remettront au Percepteur la quittance sus-mentionnée, et celui-ci en retirera le montant, lors du premier versement qu'il fera à la trésorerie.

Il peut se faire qu'un particulier ait convenu avec la commune de faire la fourniture, et de retirer le montant des mandats; mais comme la quittance doit être donnée par le Syndic, le Percepteur n'en doit pas moins toucher la somme, sauf à la remettre au fournisseur, et à en retirer décharge en faveur de la commune.

CHAPITRE XIV.

LOGEMENT DES OFFICIERS.

446. Les officiers commandant les corps ou détachemens, doivent être logés par les communes ; ils n'ont à produire aucune pièce pour la liquidation de cette fourniture ; le Commissaire l'établit dans ses bureaux, et la transmet à chaque trimestre, pour l'approbation, à Turin ; il en est de même pour le logement des sous-officiers et soldats. Décis. min. 9 déc. 1830.

CHAPITRE XV.

LOGEMENT DES TROUPES EN MARCHE.

447. Les troupes en marche sont logées gratuitement chez les habitans des communes qui sont déclarées lieux de gîte. Les écuries nécessaires pour leurs chevaux sont également fournies par les habitans, sans indemnité. Anc. Instr. et Cir. du 20 juill. 1818, approuv. le 8 août 1818 par l'Intend. génér. de la guerre.

C'est au Syndic à délivrer les billets de logement, d'après la feuille de route qui doit lui être présentée. Tous les habitans, sans distinction, sont soumis au logement des gens de guerre ; mais les dépositaires des caisses publiques ne peuvent être tenus de le fournir dans la maison qui renferme leur caisse, ni les veuves et les filles dans la maison qu'elles habitent. Les uns et les autres ne sont obligés qu'à y suppléer en le faisant fournir en nature par d'autres habitans, avec lesquels ils s'arrangent à l'amiable.

Les Syndics doivent déterminer la répartition du logement, de manière que chacun y soit soumis à tour de rôle; mais ils doivent en même temps veiller à ce qu'aucun habitant ne puisse se soustraire à cette charge publique; et si un particulier s'y refusait, le Syndic ne devrait pas hésiter à placer à l'auberge les militaires auxquels il aurait refusé le logement, aux frais du refusant, et à faire décerner contre lui un exécutoire de la dépense à laquelle son refus aurait donné lieu.

Lorsqu'un corps de troupes est trop considérable pour qu'il soit possible de le loger en totalité dans la commune désignée sur la feuille de route, le Syndic peut réclamer pour qu'il en soit envoyé une partie dans les communes voisines, et que chaque détachement soit accompagné d'un officier, à l'effet d'y assurer le maintien de la discipline et de la police militaire.

Les habitans ne doivent, aux militaires logés chez eux, qu'un lit, tel que leurs facultés leur permettent de le fournir. Dans aucun cas ils ne peuvent être tenus de céder la chambre ou le lit qu'ils occupent habituellement; mais ils ne peuvent refuser aux troupes de passage la place au feu et à la lumière.

Aucun soldat ne peut exiger que le Syndic change le logement qui lui a été d'abord assigné.

Les troupes de passage sont responsables des dégâts et dommages qu'elles auraient faits dans leurs logemens. Un officier, qui reste exprès pendant une heure après leur départ, reçoit les plaintes, s'il y en a, et y fait droit lorsqu'elles sont fondées.

CHAPITRE XVI.

PENSIONS, PENSIONNAIRES.

Rég. du 24 mars 1817. IV. 288. M. du 6 août 1817. V. 154

448. Chaque Syndic doit ouvrir un registre pour y inscrire les retraités de sa commune, et les pensionnaires lui fourniront les documens nécessaires pour les annotations à y faire, d'après le modèle qui suit.

Province d

Mandement d

Commune d

REGISTRE des Invalides retraités.

GRADE.	NOM, PRÉNOMS, NOM DU PÈRE ET PATRIE.	ANNÉE.	SIGNALEM^t PERSONNEL.	CORPS dans lequel il a servi.	DATE de la retraite	PAYE.	OBSERVAT.

Le Syndic préviendra les invalides de se présenter, après les cinq premiers jours du premier mois de chaque trimestre, au Commissaire des guerres du chef-lieu, afin de passer la revue et recevoir la feuille du décompte, *paye individuelle*, pour toucher, de la caisse provinciale, leurs avoirs, en exhibant le livret pour l'annotation à y faire du jour de la revue et de la remise des décomptes payés. *Ib.* et notif. du 3 janvier 1825. et 20 octob. 1817. V. 214.

L'invalide qui a égaré son livret devra présenter un relevé du rôle communal en tout ce qui le concerne, pour prouver l'identité de la personne, et obtenir un autre livret du Commissaire des guerres. L'invalide qui ne peut produire son acte de naissance, y supplée par un acte de notoriété, dressé par un notaire et le Juge, sur l'attestation de deux ou trois témoins. Chaque invalide aura son numéro d'ordre et de matricule invariable.

Les retraités qui ne se présenteront pas dans le premier mois de chaque trimestre, ne toucheront la paye que dans le trimestre suivant; et s'ils laissent écouler deux trimestres consécutifs (actuellement quatre) sans se consigner ou sans avoir fourni une attestation de maladie, du Syndic, dûment légalisée, ils seront exclus de la solde. *V.* §. 450.

L'individu qui, pour des motifs légitimes, ne pourra se présenter en personne à la revue dans le mois fixé, expédiera au Commissariat des guerres, 1° un certificat du Syndic, légalisé, qui atteste l'empêchement.

(MODÈLE.)

Le Syndic de...., déclare que le sieur...., soldat retraité le...., domicilié à...., ne peut pas (il suffit de désigner si c'est empêchement, ou maladie) se présenter à la revue qui doit avoir lieu dans le mois courant, pour retirer les payes du....... trimestre de l'année 18..

Donné le.... *Le Syndic*,

Vu pour légalisation, l'*Intendant*,

2° le livret; 3° une procuration spéciale qui autorise à le représenter, soit pour la revue, soit pour l'exaction des payes et l'expédition de la quittance. (Ces procurations ne s'insinuent pas.) Cette procuration a effet jusqu'à révocation absolue, que l'invalide adresse, par lui-même ou par déclaration faite devant le Syndic, au Commissaire.

449. L'invalide qui veut changer de domicile devra, avant de se rendre à sa nouvelle résidence, exhiber au Syndic du lieu de son dernier domicile le certificat qu'il aura obtenu, à ces fins, du Commissaire, et dont l'annotation sera faite au registre; il présentera ensuite ce même certificat, 1° au Syndic de son nouveau domicile, afin qu'il l'inscrive sur le registre communal et en certifie l'enregistrement; 2° au Commissaire du chef-lieu de son même nouveau domicile; ce qui n'a pas lieu s'il ne sort pas de la province; il lui suffira, dans ce cas, de présenter et faire viser au Commissaire une attestation du Syndic de sa résidence actuelle, qui relate en entier l'annotation existante sur le registre, et de remettre cette attestation et son visa au Syndic du nouveau domicile. Si l'invalide venait à se rétracter et voulait se rétablir dans sa résidence, il ne sera admis à toucher la paye qu'en représentant au Commissaire le certificat ci-dessus mentionné de changement de domicile.

Dans le cas de décès d'un invalide, le Syndic du lieu de son domicile devra, avant l'échéance du trimestre, en informer le Commissaire des guerres, et en faire l'annotation sur le registre communal.

L'héritier d'un invalide ne sera admis à percevoir ses payes arriérées, qu'en présentant au bureau de la solde,

1° L'extrait de l'acte de décès dûment légalisé;

2° Le livret dont il était muni;

3° La particule du testament, et, en cas de mort *ab intestat*, les attestations judiciaires voulues, qui prouvent la qualité d'héritier du réclamant.

Ces renseignemens sont transmis par le bureau de la solde à l'Intendance générale de la guerre.

L'individu retraité ne sera rayé des rôles, 1° qu'en cas de décès; 2° après une année d'absence, sans s'être présenté à aucune des revues ordinaires; 3° lorsqu'il transfère son domicile dans une autre province.

Il sera fait une retenue d'un quart de centime par livre aux individus retraités, pour faire face à la dépense des feuilles de compte. Cette retenue s'opère sur les sommes formées de livres entières, et non sur les centimes. Le livret de l'invalide fera mention de la somme due et de la retenue.

Province d

Mandement d

Commune d

CERTIFICAT de décès (extrait du registre communal).

GRADE.	NOM, PRÉNOMS ET PATRIE.	ANNÉE.	SIGNALEMᵗ PERSONNEL.	CORPS dans lequel il a servi	DATE de la retraite	PAYE.	OBSERVAT.

Donné le....

Certifié conforme :

450. Le retraité qui laisse écouler quatre trimestres consécutifs sans se présenter à la revue, n'aura droit qu'au décompte du trimestre dans lequel il aura satisfait à la revue. Celui qui laisse écouler deux ans sans se présenter à aucune revue est déchu du droit de la retraite et rayé des rôles. Les invalides qui se présentent régulièrement aux revues de trimestre, doivent exhiber tous les six mois le certificat de vie qui leur est délivré par le Syndic de la commune de leur domicile (1), et dûment légalisé dans le bureau de l'Intendance; mais pour ceux qui laisseraient passer deux ou trois trimestres sans se présenter à la revue, la production du certificat de vie se fera au troisième ou au quatrième trimestre, dans lequel ils se présenteront à la revue. Déterm. R. du 25 févr. 1820. IX. 70

(1) Le domicile du retraité est celui du lieu où il est inscrit sur le rôle communal, et les Syndics seuls peuvent fournir le certificat d'existence, sauf transport de domicile dans les formes. Cir. de la police du 18 mai 1820.

Au moyen de ces déterminations, le retraité qui aura manqué à quelques revues trimestrales est dispensé de justifier de son empêchement, sauf après une année écoulée, qu'aucune justification ne sera admise pour la réclamation des payes échues.

Quant à ceux qui passent la revue par procuration, il leur est indispensable de produire le certificat de vie à chaque revue. Le certificat de vie est expédié *gratis.*

Tous les Syndics sont chargés de l'exécution ponctuelle du Règlement précité, et spécialement de donner connaissance, avant l'échéance du trimestre, des décès des invalides en retraite. Sont également considérés comme déchus, et doivent être rayés des rôles, les retraités condamnés à des peines infamantes. La détention pour un terme moindre d'un an et les peines de discipline, suspendent seulement la jubilation jusqu'à ce que le condamné ait subi sa peine, après quoi il sera de nouveau admis à jouir de sa paye.

Inst. du 19 août 1823, art. 31, et Cir. du 27 sept. 1823.

Les individus décorés de l'Ordre militaire de Savoie percevront de même, de la trésorerie de la province où ils sont domiciliés, la pension qui leur est assignée, en justifiant de leur existence, et en se présentant à l'échéance de chaque trimestre au Commissaire des guerres.

Notif. du 2 octob. 1817. V. 214.

Les Syndics sont tenus de dénoncer les invalides qui entrent dans l'administration des douanes, ou touchent un traitement quelconque à la charge des finances, et d'exclure du registre communal les militaires qui ont obtenu une pension une fois payée.

Billet Roy. du 13 sept. 1818 et Cir. du 23 mai 1820.

Les Syndics auront en outre soin de ne délivrer aucun certificat de domicile fixe personnel aux pensionnaires sans y avoir fait mention que le pensionnaire leur est personnellement connu; et à défaut de cette connaissance, ils devront y suppléer en y insérant la déposition de deux témoins à eux connus et dignes de foi. Ils demeurent personnellement responsables des payemens indûment faits à des pensionnaires dont la résidence ne serait pas celle indiquée dans les certificats.

TITRE XXII.

SECOURS PUBLICS ET LOCAUX.

CHAPITRE PREMIER.

CONSEILS DE CHARITÉ.

Art. 1er.

Organisation, Composition.

451. Il a été établi dans chaque commune de ce duché un Conseil de charité pour l'administration des biens destinés au soulagement des pauvres. Ce Conseil doit être composé, savoir : dans les chefs-lieux de mandement, du Juge, du révérend Curé de la paroisse, du Syndic de la commune, Conseillers-nés, et de trois Conseillers ordinaires, dont l'un choisi parmi les Conseillers de la commune, et les deux autres parmi les principaux notables.

Arr. du Sén. de Sav. du 3 févr. 1825. XIII. 235.

B. R. du 13 juin 1823 et Arr. du Sén. du 27 même mois. XII. 234.

Dans les autres communes, du révérend Curé de la paroisse, du Syndic de la commune, Conseillers-nés, et de trois autres Conseillers ordinaires, dont un pris parmi les Conseillers de la commune, et deux parmi les autres notables.

Dans les communes où ces œuvres pies ne concernent qu'un quartier ou village, ou une seule partie de la commune, les Conseillers ordinaires seront exclusivement choisis parmi les propriétaires de cette partie.

Dans les lieux où les fondateurs auraient appelé à l'administration un sujet à choisir dans une classe quelconque ou dans sa famille, le sujet ainsi appelé sera Conseiller de droit, ayant séance immédiate après le Syndic ; et, dans ce cas, le nombre des notables Conseillers ordinaires sera réduit dans cette proportion.

Les Conseillers ordinaires seront renouvelés de manière qu'il en sorte un chaque année. Les premiers renouvellemens auront lieu par le sort, et successivement par ancienneté.

Le Juge-Maje de la province fera les nominations et remplacemens par simple lettre adressée aux Conseils de charité respectifs.

Les renouvellemens auront lieu sur la proposition double de ce Conseil.

Les membres sortans pourront toujours être réélus.

Les Conseillers de droit désignés par des fondateurs, ne seront sujets au renouvellement qu'autant que ceux-ci l'auraient expressément prescrit.

Ils s'assembleront le premier dimanche de chaque mois, et plus souvent s'il y échoit, sur la convocation du président, et dans l'ordre indiqué.

Les Conseillers-nés pourront être remplacés momentanément par ceux qui sont appelés à les suppléer habituellement dans l'exercice de leurs fonctions; cependant, le Lieutenant-Juge ne présidera qu'à défaut du révérend Curé, et le Vicaire qu'à défaut du Lieutenant-Juge.

Instruct. du Conseil gén. du 19 février 1826.

452. Le Conseil général de charité a donné à ces Conseils une instruction en vingt chapitres, pour simplifier et régulariser leurs travaux; nous en extrairons ce qui se lie à cet article et tend à le compléter (1).

Chap. 1er, art. 4.

Dans les communes rurales, les fonctions de Receveur et de Secrétaire peuvent être réunies et même exercées par un des membres du Conseil, pourvu que dans ces deux cas les registres des mandats et des ordres de recevoir soient tenus par un autre membre de l'Administration, qui les signe, ainsi que le président, après les avoir enregistrés. Si le revenu est de 1000 liv., le Receveur fournit un cautionnement; cet employé est approuvé par le Conseil général, qui le révoque à volonté.

Une disposition réellement sage de cette instruction a ordonné qu'il serait établi un fonds de réserve pour les cas

B. R. préc. (1) Ils jouissent, dans toutes leurs causes et affaires, du bénéfice des pauvres, à l'instar des vrais pauvres.

d'incendies et accidens extraordinaires, qui occasionneraient une hausse subite des denrées. Ce fonds est annuellement du 15 pour $_0/^0$ sur le revenu moindre de 2000 liv.; il est de 500 liv. sur celui de 3000 liv., etc.

Art. 2.

Des actions judiciaires et des transactions.

453. Lorsqu'un Conseil de charité voudra intenter une action judiciaire, de quelque nature qu'elle soit, *lorsque le fond du droit peut être contesté*, il devra prendre une délibération motivée et la transmettre au Conseil général, avec toutes les pièces relatives à l'objet, ou une copie certifiée par le président, en y joignant tous les renseignemens qui pourront l'éclairer, pour en obtenir l'autorisation. Lorsqu'il y a lieu à répondre à une demande judiciaire de même nature, il devra pareillement transmettre au Conseil général l'ajournement qui lui aurait été signifié, avec tous les renseignemens qu'il pourra donner sur l'objet de la demande, accompagnés d'une délibération motivée, pour être autorisé, s'il y a lieu, à défendre au procès. Dans le cas où il y aurait lieu à quelque transaction entre un Conseil de Charité et des parties, la délibération relative sera soumise à l'approbation du Conseil général. Inst. préc. ch. 17, art. 117, 118 et 119.

Art. 3.

Acceptation de successions, legs et donations.

454. Lorsqu'un Conseil de Charité aura connaissance qu'il a été fait en faveur des pauvres de son ressort quelques donations ou legs, ou qu'il lui est échu quelques successions, soit à titre gratuit, soit à condition de charges quelconques, il devra sans délai s'en procurer les titres authentiques, prendre une délibération motivée sur son acceptation ou son refus, et la transmettre au Conseil général, pour en obtenir l'approbation avant de recevoir et faire aucun acte à ce sujet. Art. 120.

Art. 4.

Délibérations.

455. Tous objets administratifs sont déterminés par délibérations prises à la majorité des voix; quatre membres Arrêt préc. et Ch. 3, art. 27, 28 et 31.

seront nécessaires pour celles qui seront de nature à être soumises à l'approbation du Conseil général; trois suffiront pour les autres; celle du président, en cas d'égalité, est prépondérante. Les opinions émises ne doivent jamais être connues au dehors.

ART. 5.

De la Comptabilité.

456. Toutes les Administrations feront tenir à leur secrétariat un sommier avec une table alphabétique, sur lequel sera ouvert, séparément pour chaque établissement, un compte à chaque débiteur. Les valeurs y seront énoncées en livres neuves.

Au commencement de chaque année, des bilans des revenus seront arrêtés par une délibération, dans laquelle il sera attribué un prix en argent aux denrées. Il sera tenu un registre pour l'enregistrement des mandats.

A la même époque, chaque Conseil de charité dressera son budget pour l'année courante; les recettes et les dépenses y seront soigneusement divisées en la forme prescrite.

ART. 6.

Des placemens et remboursemens des capitaux, et main-levée d'hypothèques.

Inst. préc. ch. 16, art. 103, 104 et ch. [illegible], art. 36[illegible]

457. Celui qui se propose d'emprunter, joindra à sa demande, 1° l'état de ses propriétés et de celles de sa caution, par numéro, nature de culture, contenance, contribution et situation, suivi d'une déclaration de leur valeur; le tout certifié par les Syndic et Secrétaire de la commune; 2° le certificat des inscriptions hypothécaires qui pourraient exister sur ces biens, contre eux et les précédens propriétaires; 3° s'ils ont été acquis, les contrats d'acquisition et les quittances. Aucun placement ne peut être moindre de 300 liv. pour les établissemens dont le revenu est de 2000 liv. et au-dessous, etc.

Pour placer et exiger les capitaux, donner main-levée d'hypothèques, il faut l'autorisation du Conseil général.

CHAPITRE II.

ENFANS TROUVÉS.

458. Les enfans trouvés sont ceux *qui ne sont avoués par personne ou que des parens inconnus ont exposés.* L. P. du 15 oct. 1822, art. 8 et 11.

Lorsqu'on trouvera un enfant exposé dans quelque commune ou territoire, le Syndic ou Vice-Syndic, assisté du Sécrétaire de la commune, en fera dresser un procès-verbal où l'on indiquera toutes les circonstances de la découverte, ainsi que les signes, marques ou écrits existans sur l'enfant, auquel il sera donné un nom pris dans l'histoire du règne animal, végétal ou minéral, et qui ne soit ni ridicule, ni de familles connues; cet enfant sera de plus, présenté de suite au Curé, pour être baptisé, et recevra encore un prénom qui sera indiqué, ainsi que le nom, dans le procès-verbal. XII. 41. Instr. du Conseil gén. du 19 févr. 1826, art. 125.

Formule de procès-verbal en cas d'exposition d'enfant.

L'an...., à...., nous Syndic de la commune de..., assisté de..., Secrétaire, ayant été informé qu'il y avait un enfant exposé à...., nous sommes sur-le-champ transportés à l'endroit indiqué, où étant arrivés nous avons trouvé (désigner la place) un enfant du sexe..., paraissant avoir...., revêtu de....; lesdits linges marqués des lettres...., etc. De suite avons fait lever ledit enfant, et avons ordonné qu'il serait transporté à...., et avons pourvu momentanément à son allaitement.

Nous l'avons présenté sur les fonts baptismaux, et il lui a été imposé le nom de.... et le prénom de...., après quoi, à raison de la saison et du mauvais état des chemins, nous l'avons pourvu d'une nourrice en la personne de...., domiciliée de..., laquelle s'est chargée de l'allaiter et de l'entretenir moyennant le salaire porté par les P. R. du 15 octobre 1822 (*ou* nous l'avons dirigé sur l'hospice de....)

De tout quoi nous avons rédigé le présent procès-verbal, dont copie, ainsi que de l'extrait de baptême, sera transmise à l'administration des hospices.

459. Toutes les fois que la saison, le temps et les circonstances le permettront sans aucun danger, les communes devront diriger les enfans trouvés à un des hospices de la province, et à défaut, à celui de la province à laquelle elles sont aggrégées pour cet objet (*Chambéry, pour la Haute-Savoie et la Maurienne; Annecy, pour*

celle de Carouge, pour le Chablais, et pour le Faucigny). Elles transmettront en même temps à l'administration de l'hospice, une copie dudit procès-verbal, en indiquant le nom qui aura été donné à l'enfant trouvé.

L. P. préc. et Inst. art. 124. Si les communes sont en usage de donner les enfans à des nourrices, elles pourront continuer à le faire ; mais elles en donneront immédiatement avis à l'administration de l'hospice auquel l'enfant aurait dû être envoyé, et lui transmettront copie dudit verbal, et l'extrait sur papier libre, indiquant le nom de l'enfant ainsi que celui de la nourrice, et la demeure de celle-ci, afin que l'administration fasse opérer l'annotation nécessaire sur le registre, et payer à la nourrice la rétribution ordinaire. Ce payement, cependant, ne pourra être fait que sur la présentation d'un certificat du Syndic, ou de celui qui le représente, constatant l'existence de l'enfant.

Ceux qui voudront se charger d'allaiter ou nourrir un enfant, justifieront par un certificat délivré par leurs Curé et Syndic, ou l'un d'eux seul, en l'absence de l'autre, d'après le modèle formel qui suit :

Nous...., certifions au Conseil de Charité de la ville de.... que le nommé.... et la...., sa femme, âgée de.. ans, dont le lait n'a que... mois, cultivateurs aisés, demeurans à...., qui tiennent ordinairement et ont en ce moment .... vaches, ... chèvres, sont de bonnes vie et mœurs et de bonne santé ; que leur conduite réglée fait espérer que l'enfant qu'ils demandent à.... sera bien soigné et nourri.

Fait à... le...

Les nourriciers et nourrices doivent à ces infortunés les mêmes soins, sous le rapport de la propreté, de la nourriture, de l'éducation et de la religion, qu'à leurs enfans propres. Ils doivent, lorsqu'ils en sont chargés, les représenter au révérend Curé et au Syndic, et leur exhiber la feuille de placement et l'extrait baptistaire qu'ils auront soin de ne pas égarer. *V. Hospice des enfans trouvés.*

Art. 17. Le maximum de la rétribution mensuelle est fixé :

Première année, 6 liv. ; de la seconde à la cinquième année, 5 liv. ; de la sixième à la septième, 4 liv. ; de la huitième à la douzième accomplie, 2 liv. 50 cent. pour placement définitif.

Les nourrices recevront en outre, à titre de gratification, à la fin de la seconde année, 15 liv.; de la septième, 10 liv.; de la douzième, 25 liv. Les gratifications seront payées ensuite de la déclaration du Syndic et du Curé du lieu où se trouve la nourrice, attestant que l'enfant a été soigné et tenu comme il faut.

Les hospices fournissent de plus les langes, accessoires et habillemens pour les enfans trouvés; ils commettent annuellement un administrateur pour en faire la visite la plus détaillée. Inst. préc. articl. 151, 152, 156 et suivans.

L'enfant trouvé, passant entre les mains d'une nourrice mercenaire, se trouve naturellement confié à la sollicitude des Curé et Syndic de la commune où il est placé; et il doit trouver en eux des protecteurs et des appuis. Trop souvent les nourrices ne voient dans le dépôt sacré qui leur est confié, qu'un pur objet de spéculation. La surveillance de l'autorité locale préviendra les funestes conséquences de ce calcul immoral : elle assure aux enfans trouvés tous les soins dus à leur faiblesse, tous les égards que l'humanité réclame pour eux. Les Curés et Syndics provoqueront le changement de nourrice ou nourricier toutes les fois qu'il leur résultera que les enfans n'obtiennent pas les soins requis. Ch. 19, art. 121, 122 et 123.

CHAPITRE III.

ENFANS ABANDONNÉS.

460. Ce sont ceux qui, par suite du décès de leurs père et mère, de la retraite de ceux-ci dans un lieu ignoré, ou de leur détention pour faits criminels, se trouvent obligés d'attendre de la commisération publique leurs moyens d'existence. Ils sont administrés dans les hospices, de la même manière que les enfans trouvés. Art. 123.

La surveillance recommandée sur les nourrices à qui on a confié des enfans trouvés, s'applique également aux personnes qui se sont chargées d'un enfant abandonné. L'œil paternel des Syndics doit être sans cesse ouvert sur ces deux classes d'enfans; ils doivent les protéger contre l'in-

Inst. préc. art. 122, et anc. Inst. justice et les mauvais traitemens; ils doivent veiller à ce qu'ils reçoivent une nourriture saine et suffisante, à ce qu'ils soient convenablement entretenus, à ce qu'ils soient élevés dans des principes religieux, qu'ils ne soient pas occupés à des travaux au-dessus de leurs forces; ils doivent surtout s'assurer qu'on ne leur fait contracter l'habitude que de ceux qui pourront un jour leur assurer des moyens d'existence. Il est utile dans tous les états de savoir lire, écrire, calculer; mais ce qui est véritablement nécessaire à l'enfant du pauvre, c'est d'apprendre de bonne heure à faire usage de ses bras, et à gagner sa vie en travaillant.

Ces enfans doivent être vaccinés dans la deuxième année de leur âge, pour le plus tard.

CHAPITRE IV.

PAUVRES, MALADES, INFIRMES.

Anc. Instr. 461. Des secours sont dus à tous ceux qui, par la force des circonstance, se trouvent dans l'impossibilité de pourvoir à leurs premiers besoins. Chaque commune un peu considérable a des moyens de faire face à cette dépense; ceux qui y ont droit les reçoivent à domicile, ou dans des hospices.

Le secours qui convient mieux à l'infortuné valide, c'est du travail. L'aumône faite à l'homme sain et robuste, n'est pas une charité, ou n'est qu'une charité mal entendue; elle avilit celui qui la reçoit, elle enlève à l'agriculture et à l'industrie des bras qui auraient pu être employés utilement. Diminuer les distributions gratuites, multiplier les ateliers de charité, ce serait le moyen le plus moral de soulager l'indigence.

Mais on n'a pas toujours du travail à offrir à l'homme qui en manque, et en attendant qu'il en trouve, la société ne doit pas le laisser aux prises avec tous les besoins.

L'invalidité jointe à un état de pauvreté permanent donne droit à des secours habituels, et c'est dans son domicile que chaque pauvre doit les recevoir. Le mieux est de les donner toujours en nature, et de les borner aux objets qui peuvent remplir les premiers besoins. Du pain, des vêtemens, des combustibles : telles sont les distributions à faire aux indigens, parce que ce sont celles dont ils peuvent le moins abuser.

Dans l'état même de maladie, le pauvre doit, autant que possible, être secouru dans sa propre maison. Il est toujours plus consolant pour lui d'être soigné dans son lit, par les mains de sa femme, de ses enfans, de ses proches; et la société y trouvera un moyen d'économie, en ce qu'elle n'a à faire que les frais de la portion de secours qu'il ne peut recevoir de sa famille et de ses voisins.

Inst. préc. art. 71 et 74.

Les Conseils de charité doivent arrêter au commencement de l'année, le montant des secours à distribuer durant chaque trimestre ou chaque mois, en l'augmentant pendant la saison rigoureuse; ils distingueront avec le le plus grand soin ceux qui ont droit à ces secours. Toutes les aumônes publiques seront converties en secours à domicile, si les dispositions précises de la fondation n'y obstent. *V. Mendians*, §. 463. et *Indigens*, §. 486.

CHAPITRE V.

DAMES DE CHARITÉ.

Art. 75 et 76.

462. Pour suppléer à l'insuffisance des fondations dans les lieux où il n'y a pas de Dames de charité, deux membres du Conseil feront, au mois de février, une collecte chez les personnes à même d'y contribuer. Mais il existe bien peu de villes un peu considérables qui ne puissent se glorifier d'avoir des Dames de charité; partout elles s'associent aux Administrateurs charitables, se font une gloire de partager leurs travaux, de seconder leur sollicitude, et de faire tourner au soulagement des malheureux, ce fonds de sensibilité inépuisable qui rend leur sexe si intéressant dans la société, si respectable dans l'intérieur d'un ménage, si compatissant pour l'infortune, si disposé à tous les genres de sacrifice, quand ils lui sont commandés par l'humanité et par la religion. L'infatigable activité de ces Dames a plus d'une fois créé en faveur des pauvres,

des ressources sur lesquelles on n'aurait jamais osé compter. Partout où il en existera, les secours seront rarement au-dessous des besoins ; le premier trésor du pauvre sera dans leur cœur. Aussi, dans les lieux où il y en a, la distribution des secours à domicile leur est expressément confiée.

CHAPITRE VI.

MENDIANS.

Cir. du 21 sept. 1829.

463. Les mendians étrangers aux Etats de S. M. ne seront pas tolérés et seront immédiatement dirigés vers le lieu de leur naissance, s'ils ne sont domiciliés ailleurs depuis cinq ans au moins. *V*. §. 464.

R. C. liv. 4, tit. 34, ch. 15.

Les Syndics exciteront au travail ceux qui sont natifs, originaires ou domiciliés de la commune qu'ils administrent ; et si ces mendians continuent à se livrer au vagabondage et à la fainéantise, ils les comprendront dans la note à fournir annuellement au Juge de ceux qui sont sans biens et sans aveu. *V*. §. 12.

Circ. préc.

Quant aux mendians invalides, qui ne peuvent se procurer leur subsistance, ils ont droit aux secours de la charité publique, *V*. §. 462 ; et si les aumônes qu'ils reçoivent des habitans sont insuffisantes, de même que celles des œuvres pies, ils leur en donneront un certificat visé par le Curé et certifié par le Juge, pour mendier librement dans toute la province, et qui justifiera de leur position. *V*. §. 91 (1).

Cette faculté pourra pareillement être accordée, pour un terme déterminé et avec les précautions voulues, à ceux qui ont éprouvé une grande infortune, telle qu'incendie, etc.

R. C. liv. 1er, tit. 3, §. 4.

Il est défendu de demander l'aumône dans les églises, et les pères et mères qui auront permis à leurs enfans cet acte d'irréligion en seront responsables.

Il est de même défendu aux mendians de demander l'aumône avant le lever et après le coucher du soleil, d'exposer

(1) Les mendians devront, en outre, être munis d'une déclaration des Administrateurs des hospices, constatant qu'ils ne sont pas à même de les recevoir et de leur donner des secours.

à nu leurs infirmités ou difformités, et de se servir d'expressions de désespoir pour exciter plus sûrement la compassion.

Tout mendiant surpris hors de sa commune sans les certificats prescrits, sera consigné à la justice pour subir les peines portées par les RR. CC. et par les Patentes du 20 mai 1776 et de 1772.

CHAPITRE VII.

INDIGENS VOYAGEANT AVEC UNE FEUILLE DE ROUTE.

464. Les Commandans militaires seuls sont autorisés à accorder des feuilles de route avec une indemnité de 20 cent. par lieue : 1° aux nationaux transférés par ordre de la police, ou renvoyés dans leur patrie; 2° aux nationaux qui, des Etats étrangers, sont dirigés sur la frontière pour rentrer dans leur patrie; 3° aux étrangers qui, arrivant à la frontière avec une feuille de route portant indemnité, ou qui y étant reconnus sans aucun moyen d'existence, doivent traverser les Etats du Roi pour se repatrier. Inst. du 15 déc. 1824. XIII. 195.

Les Syndics devront tenir un registre par ordre de dates, des payemens d'indemnité ou des moyens de transport effectués. De semestre en semestre, et dans les quinze premiers jours du semestre successif, ils transmettront au Commandant militaire, une note des dépenses pour indemnités de route ou transports faits dans le semestre qui vient de s'écouler, ensuite de laquelle il sera pourvu au remboursement desdits fonds envers les communes.

Le Syndic est tenu d'insérer au dos de la feuille de route que l'indigent lui aura présentée, une annotation ainsi conçue : Suppl. aux Instr. préc. du 28 juin 1826. XIV. 159.

Commune de..., vu le.. du mois de.... 185.. : payé pour secours .... liv. .... cent., jusqu'à la commune (ou ville) de....

Le Syndic,

Par la commune la plus voisine, on doit entendre le lieu où il y a le plus d'habitations sur la route indiquée par la feuille, c'est-à-dire celui où se trouve la maison communale.

Quand la fourniture aura été ordonnée par l'autorité qui

a délivré la feuille de route, le Syndic du lieu d'où part l'indigent, joindra l'annotation suivante à celle précitée :

Le moyen de transport ordonné par la feuille de route a été fourni jusqu'à la même commune.

Si, postérieurement à la délivrance de la feuille de route, le voyageur était atteint de quelque infirmité, qui exigerait des moyens de transport, le Syndic pourra les lui accorder, d'après la déclaration écrite du médecin ou chirurgien à la visite duquel il aura été soumis ; dans ce cas, l'annotation sur la feuille de route sera ainsi exprimée :

Le moyen de transport est fourni jusqu'à la même commune, d'après la déclaration du médecin (ou chirurgien).

Ces annotations serviront de règle pour la fourniture des moyens de transport aux Syndics des communes à parcourir par le voyageur ; et ces Syndics constateront cette fourniture comme suit :

Le moyen de transport est fourni jusqu'à la même commune, ainsi qu'il a été obtenu dans la commune (ou ville) de.... (1)

NOTE des secours fournis pendant le ... semestre de 18.., à titre d'indemnité de route et moyens de transport aux indigens voyageant avec une feuille de route.

NOMS et PRÉNOMS.	LIEU de NAISSANCE.	PROFESSION.	AGE.	DATE de la feuille de route dont ils sont munis.	BUREAU qui l'a délivrée.	PROVENANCE.	DESTINATION.	MONTANT des payemens.		JUSQU'A QUELLE COMMUNE.	DISTANCE.	OBSERVATIONS.
								Indemn.	Transp.			

(1) En tenant le registre prescrit, et en formant la note semestrale, les Syndics auront attention de ne point indiquer le nom de l'autorité qui a signé la feuille de route, mais bien le bureau par lequel elle a été délivrée ; de signaler à la colonne des observations le nom de l'autorité ou du médecin qui a donné lieu à la fourniture des moyens de transport, en joignant, lorsqu'ils auront ordonné d'eux-mêmes la fourniture, la déclaration de ce dernier et la quittance du conducteur qui aura fait le transport. Lorsque les établissemens de charité n'ont aucun fonds disponible, les communes suppléent à ces dépenses. Les frais de transport des détenus civils sont remboursés par le trésor.

TITRE XXIII.

ASPHYXIÉS ET NOYÉS.

465. S'IL est des procédés qui méritent d'être propagés, d'être religieusement conservés dans tous les dépôts publics, ce sont, sans contredit, ceux par le moyen desquels on rappelle à la vie les personnes noyées et les individus asphyxiés par un méphytisme quelconque.

CHAPITRE PREMIER.

ASPHYXIÉS.

466. L'asphyxie ou la mort apparente des animaux étant, sous quelques rapports, un phénomène chimique, il est utile d'en donner ici une notion générale. Lorsque l'air est assez altéré, par quelque cause que ce soit, pour avoir perdu les deux tiers de son gaz oxygène; lorsque surtout l'homme ou les animaux se trouvent plongés dans des gaz qui ne contiennent pas assez de ce dernier ou d'air vital, tels que le gaz acide carbonique, le gaz azote, le gaz hydrogène, et surtout le gaz hydrogéné, carboné et sulfuré, leur respiration est d'abord languissante, bientôt interrompue; et la circulation, qui ne peut avoir lieu sans cette première fonction, venant à se ralentir ou à s'arrêter, la vie est quelque temps suspendue, et promptement détruite si ce manque d'air continue.

Les circonstances où ces gaz sont substitués à l'air sont malheureusement très-multipliées, tantôt par des phénomènes naturels, tels que leur développement dans des mines, des carrières, des antres souterrains, des cavités creusées pour des travaux divers; tantôt par des causes d'imprudence, d'impéritie ou d'inhumanité, comme du charbon allumé dans des lieux étroits et fermés, des hommes entassés dans des salles trop petites, des prisons, des hospices, des vaisseaux. Dans tous ces cas, les hommes et les animaux résistent d'autant plus qu'ils sont plus vigoureux, et il y a à cet égard une très-grande différence entre eux : les uns périssent sans retour presque aussitôt qu'ils sont asphyxiés ; les autres sont rappelés à la vie quelques heures après l'asphyxie commencée.

Le plus sûr et le meilleur moyen de guérir les asphyxiés, c'est de les porter au grand air, d'agiter ce fluide autour d'eux, de leur faire inspirer du gaz oxygène ou respirer du gaz ammoniaque comme stimulant, de les frotter, de leur jeter de l'eau froide au visage. Si la chaleur de leur corps est encore assez grande, si le sang n'est pas coagulé, si le cœur n'est pas paralysé, on les voit revenir à la vie.

Il faut observer que l'effet général du gaz asphyxiant est d'ôter aux cavités du cœur leur force contractile, de manière que le sang ne peut plus être poussé dans les artères par le viscère musculeux. L'acide muriatique oxygéné, employé avec prudence et modération, peut aussi être utile pour ranimer la force contractile du cœur ; mais il ne faut en faire aspirer qu'une très-petite quantité.

Tous les autres moyens de traitement, successifs et variables suivant les cas et les individus, regardent l'art de guérir et lui appartiennent exclusivement.

CHAPITRE II.

NOYÉS.

467. Il est prouvé, selon le témoignage motivé de l'École de santé, que les noyés ont rarement de l'eau dans l'estomac, et que, s'il en existe, elle ne peut seule causer la mort.

C'est le défaut de respiration, une petite quantité d'eau introduite dans les poumons, et le sang retenu à la tête, qui les font périr suffoqués et dans un état d'apoplexie. Rien n'est donc plus contraire à la raison que de leur mettre les pieds en haut et la tête en bas. Ce moyen ne serait propre qu'à causer la suffocation et l'apoplexie, et il suffirait seul pour faire périr un homme en santé. Les premiers secours qu'il faut administrer aux noyés, en attendant ceux de la médecine, c'est, après les avoir entièrement retirés de l'eau, de les porter doucement dans un endroit sec et chaud, de les dépouiller de leurs vêtemens, s'ils sont habillés, de les tenir sur un des côtés, la tête élevée, leur frotter le corps avec des étoffes chaudes, principalement de laine, et de les envelopper de ces mêmes étoffes; de leur placer sous le nez des liqueurs ou des sels d'une odeur forte et pénétrante, s'il s'en trouve à leur portée; leur en introduire dans les narines, ou au moins les irriter, ainsi que la gorge, avec une barbe de plume, ou tout autre corps qui puisse produire le même effet, dans l'intention de procurer une secousse favorable par l'éternuement et le vomissement; de leur inspirer de l'air par la bouche, en leur tenant les narines serrées; enfin, aussitôt que le malade pourra avaler, de lui faire prendre quelques cuillerées de liqueurs spiritueuses, telles que eau-de-vie, eau de mélisse, ou telle autre qu'on pourra se procurer.

Ces secours provisoires doivent être administrés sans attendre que les officiers de police aient dressé leur procès-verbal, et sans s'embarrasser des formalités, qui doivent céder devant le motif impérieux qui détermine à employer avec célérité des moyens de rappeler à la vie qu'un plus long retard rendrait inutiles.

Lorsqu'on est près d'un corps-de-garde où il y a une boîte fumigatoire, on y transporte le noyé. Cette boîte doit contenir les objets suivans : deux frottoirs de flanelle, un bonnet de laine, une couverture de laine, deux bouteilles d'eau-de-vie camphrée, animée avec de l'alkali fluor ou esprit volatil de sel ammoniac; un gobelet d'étain; une canule à bouche avec son tuyau de peau; une cuiller de fer étamée; un flacon d'alkali fluor; une petite boîte contenant plusieurs paquets d'émétique de trois grains chacun; le corps de la machine fumigatoire; un soufflet à une ame, pour être adapté à la machine; quatre rouleaux de tabac à fumer, de 15 décigrammes (demi-once) chacun; de l'amadou, un briquet et une boîte d'allumettes; des plumes pour chatouiller le dedans du nez et de la gorge; deux bandes à saigner. Voici la manière d'employer les objets contenus dans cette boîte :

1° Déshabiller le noyé, le bien essuyer avec un des frottoirs de laine, lui couvrir la tête avec le bonnet de laine et l'envelopper avec la couverture de laine.

2° Le coucher sur un matelas, la tête plus élevée que le corps, ne pas le laisser long-temps sur le dos, mais le tenir plutôt sur l'un et sur l'autre côté, l'agiter doucement, le frotter dans tous les sens avec l'autre frottoir qu'on imbibera d'eau-de-vie camphrée, animée avec l'esprit volatil de l'ammoniac, incliner de temps en temps sa tête pour faciliter le rejet de l'eau : les frictions sur le ventre et la poitrine doivent être faites de bas en haut; les autres peuvent l'être en tous sens.

3° Pendant les frictions, introduction de l'air chaud par la bouche; on se sert pour cela de la canule à bouche, avec la précaution, lorsqu'on reprend haleine, de serrer avec les doigts le tuyau de peau de la canule, afin de ne point aspirer les exhalaisons qui pourraient sortir de l'estomac du noyé.

Pendant cette opération, on pince les narines du noyé, pour éviter que l'air chaud qu'on introduit ne se perde en entier par le nez; mais il faut aussi lâcher de temps en temps les doigts pour laisser échapper l'air par intervalle. Si les dents du noyé sont tellement serrées qu'on ne puisse y introduire la canule, on se sert, pour les desserrer, du manche de la cuiller de fer étamée; il faut employer ce moyen avec la plus grande prudence, pour éviter de disloquer la mâchoire. On doit aussi conserver l'écartement des dents avec un petit morceau de bois de l'épaisseur de la tige de la canule, afin d'en faciliter l'introduction.

4° Pendant les frictions et l'insufflation ci-dessus détaillées, faire respirer au noyé de l'alkali fluor ou esprit volatil de sel ammoniac; on se sert pour cela de rouleaux de papier, tortillés en forme de mèche, qu'on trempe dans l'akali fluor; on les présente sous le nez du noyé, on les lui introduit même dans les narines; on réitère plusieurs fois cette opération, à laquelle le noyé est plus ou moins sensible, relativement à son existence quelconque.

5° Faire avaler en même temps, s'il est possible, une cuillerée à café de l'eau-de-vie camphrée animée qui se trouve dans la boîte; on se sert pour cela de la cuiller de fer étamée : si le noyé avale, on lui en complète une cuillerée entière; s'il en résulte des soulèvemens d'estomac sans vomissement réel, ce qui fatiguerait inutilement le noyé, on lui fait avaler successivement trois grains d'émétique, dissous dans trois ou quatre cuillerées; s'il vomit par ce moyen, il faut aider par de l'eau tiède. Si le remède opère par les selles, il faut, pour diminuer le vomissement et fortifier le noyé, lui faire avaler encore de l'eau-de-vie camphrée; elle décompose alors l'émétique, le rend sans effet, et équivaut à un cordial agissant par les urines et les humeurs.

6° En cas d'insuffisance des secours ci-dessus détaillés, il faut faire usage de la machine fumigatoire, de la manière ci-après : humecter du tabac comme si on voulait le fumer, en charger le corps de la machine, l'allumer avec un morceau d'amadou ou un charbon, adapter le soufflet à la machine; quand on voit que la fumée sort abondamment par la cheminée et par le bec du chapiteau, y adapter le tuyau fumigatoire, au bout duquel on ajoute la canule qu'on porte dans le fondement du noyé; en faisant mouvoir le soufflet, on introduit de la fumée de tabac dans les intestins du noyé. Si la canule se bouche en rencontrant des matières dans les gros intestins, ce qu'on reconnaîtra par la filtration de la fumée au travers des jointures de la machine et par la résistance du soufflet, alors on donne la canule à nettoyer, et on substitue de suite celle du supplément. Après un quart-d'heure de fumigation, on détache le tuyau de fumigation du bec de la machine, on présente ce bec au nez et à la bouche du noyé, et avec quelques coups de soufflet on lui introduit de la fumée de tabac dans les narines et dans la gorge, afin d'irriter ces parties. On reprend ensuite la fumigation par le fondement, ainsi que l'introduction dans le nez des mèches de papier imbibées d'alkali fluor. On se sert aussi de plumes pour chatouiller le dedans du nez et de la gorge.

7° Indépendamment de tous ces secours, la saignée est quelquefois très-nécessaire, ce qui rend indispensable l'appel d'un officier de santé ; mais la saignée ne peut être jugée telle, que dans le cas où les vaisseaux du noyé sont gonflés, qu'il a le visage pourpre ou violet, et qu'il a les yeux étincelans ; alors la saignée à la jugulaire est plus convenable que toute autre, et elle ne doit pas être copieuse d'abord, sauf à y revenir ensuite, après avoir simplement désempli les vaisseaux.

8° Tous ces secours doivent, autant que possible, être continués long-temps ensemble, et de manière que l'un ne préjudicie pas à l'autre. Il est très-essentiel que ceux qui les administrent connaissent parfaitement la marche à suivre, ce qui rend encore nécessaire la présence d'un officier de santé.

FIN DE L'ADMINISTRATION COMMUNALE.

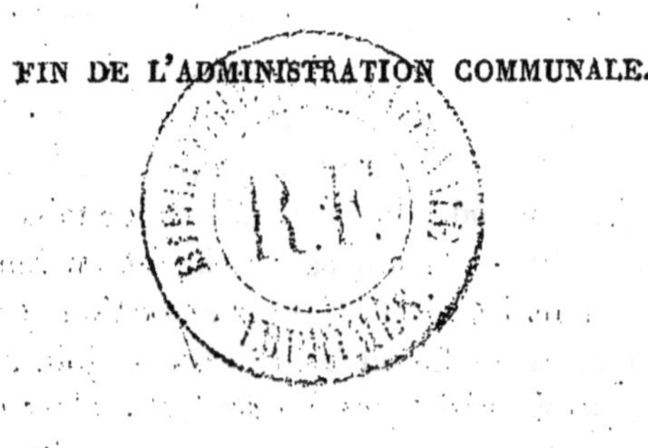

Sommaire des principaux Chapitres

Premiers habitants de Chamonix ; domination romaine et burgonde. — Rapport des comtes de Genevois, des sires de Faucigny et des dauphins de Viennois à l'occasion de l'avouerie de Chamonix. — Etat de la vallée au XIe siècle, condition des personnes. — Vallorsine, origine allemande des premiers habitants (*Allemani Teutonici*). — Le Lac et Vaudagne. — Franchises de Chamonix, organisation communale, libertés. — Droit de fief des prieurs, leur limitation. — Droit de justice ; exercice de la justice criminelle par les prud'hommes (*probi homines, boni homines*), à l'exclusion du juge du prieuré. — Jugements rendus par les bons hommes dans les cas de sorcellerie et d'hérésie. — Droit pénal, jugements prononcés par le juge et les officiers du prieur, amendes inffligées. — Rapport des prieurs et des habitants avec les pays voisins. — Suzeraineté des princes de Savoie ; exercice des droits régaliens par les prieurs. — Les abbés de Saint-Michel de La Cluse, les prieurs et les moines ; leur rôle à Chamonix. — Comptes des recettes et des dépenses du prieuré. — Union du prieuré au chapitre de Sallanches ; luttes avec les habitants. — Service religieux. Mœurs, usages et coutumes, etc.

Un volume in-8° avec une carte de la vallée actuelle et reproduction d'une carte du XVIIe siècle ; fac-simile de l'acte de donation et de l'inscription de la Forcla. Prix : **6** fr., adressé franco.

Deux volumes de documents recueillis par M. Bonnefoy, notaire à Sallanches, et publiés par M. Perrin en forment le complément.

Les trois volumes ensemble **16** fr.

Les deux volumes de documents, seuls, **12** fr.

EXTRAIT

DU

CATALOGUE DE LA LIBRAIRIE A. PERRIN

CHAMBÉRY

ARVE (Stéphen d'). — **Les Fastes du Mont-Blanc.** — Ascensions et catastrophes célèbres. 1 vol. in-8° .... 3 »

BAILLY. — **Ornithologie de la Savoie.** 4 volumes in-8° avec 110 planches de 800 sujets.. 35 »

BARBIER (Victor). — **La Savoie industrielle.** 2 beaux volumes in-8°.. 12 »

— **La Savoie minérale et thermale,** monographie. 1 vol. in-8°, illustré, avec carte coloriée........................ 8 »

— **Monographie des livres rares et curieux de la Bibliothèque de la ville de Chambéry.** 1 vol. in-8°.. 5 »

BLANCHARD (Cl.). — **Histoire de l'abbaye royale d'Hautecombe.** 1 vol. in-8°... 8 »

BOISSAT. — **Histoire de la Maison de Savoie.** 1 vol. in-12, avec carte 3 50

BRACHET. — **Dictionnaire du patois savoyard.** 1 vol. in-8°.......... 4 50

BUTTET (Marc-Claude de). — **Œuvres poétiques.** 1 vol in-12 papier teinté.. 10 »

CHANTRE (Ernest). — **Etudes paléœthnologiques dans le bassin du Rhône** (âge du bronze). 3 vol. in-4°, avec cartes et album in-fol. de 80 planches................................ 300 »

CHAPPERON (Timoléon). — **Chambéry au XIVe siècle.** 1 vol. in-4°.... 10 »

COSTA DE BEAUREGARD (le comte Josselin) et A. PERRIN. — **Catalogue de l'Exposition archéologique de la Savoie à l'Exposition universelle de Paris (1878).** 1 vol. in-4°, avec 21 photographies hors texte.................... 25 »

DESSAIX (Joseph). — **La Savoie historique et pittoresque.** 1 grand volume in-4°, avec cartes géographiques et 100 gravures.... 30 »

DE JUSSIEU. — **Histoire de l'Instruction primaire en Savoie.** 1 volume in-8° 2 50

DURIER (Charles). — **Le Mont-Blanc.** — Ouvrage couronné par l'Académie française. 3° édition, avec une carte des routes du Mont-Blanc. 1 vol. in-12. 1885............................ 3 50

FAVRE (le professeur). — **Recherches géologiques dans les parties de la Savoie, du Piémont et de la Suisse voisines du Mont-Blanc.** 3 beaux vol. in-8°, avec atlas et carte coloriée (édités à 80 fr.).. 40 »

FORAS (le comte A. de). — **Le Droit du Seigneur au moyen âge,** étude critique et historique. 1 volume in-8° (1886)......... 3 50

— **Le Blason,** dictionnaire formulant, dans l'ordre alphabétique, les règles précises du blason. Magnifique volume in-4° avec armoiries en chromo (1880)......................... 200 »

— **Armorial et Nobiliaire de l'ancien duché de Savoie.** In-folio imprimé sur papier de Hollande, orné d'armoiries et de dessins en chromo. Le 1er volume et 14 livraisons du 2e sont parus. — Le tirage a été restreint au nombre des souscripteurs, aussi cet important ouvrage ne se trouve plus dans le commerce. (S'adresser à la librairie Perrin pour la cession d'un exemplaire.)

MAISTRE (le comte Joseph de). **Œuvres complètes.** Edition *ne varietur* en 14 vol. in-8°.................................... 80 »

MENABREA (Léon). — **Origines féodales dans les Alpes occidentales.** Beau volume in-4° (rare et épuisé)................. 30 »

METZGER — **La Conversion de Mme de Warens** avec nombreux documents. 1 vol. in-12 (1886).............................. 2 50

MORTILLET (Gabriel de). — **Géologie et Minéralogie de la Savoie.** 1 vol. in-8° avec planches.............................. 6 »

PERRIN (André). — **La Savoie antéhistorique, spécialement à l'époque lacustre** (âge du bronze). Grand album avec texte 15 »

— **Les Moines, l'Abbaye de la bazoche et les Compagnies de tir en Savoie.** 1 vol. in-8° avec planches..... 5 »

— **Catalogue du Médaillier de Savoie du Musée de Chambéry.** 1 vol. in-8° illustré.............................. 8 »

— **Catalogue du Médaillier de Savoie du Musée d'Annecy.** 1 vol. in-8° illustré.............................. 5 »

— **La Savoie à travers les âges.** — Souvenir de la cavalcade historique du 14 juin 1886 (illustrations par MM. Daisay et Pélaz). 1 album, texte et planches................ 1 »

Le même tirage d'amateur.. 2 50

SAINT-GENIX (Victor de). — **Histoire de la Savoie des origines à nos jours.** 3 vol. in-8°...................................... 8 »

PILLET (Louis). — **Description géologique et paléontologique de la colline de Lémenc,** 1 vol in-8° et atlas............ 20 »

— LORY et VALLET. — **Carte géologique de la Savoie,** coloriée au 1/150.000 ; en feuille 12 fr., sur toile avec étui pour la poche .... 15 »

Envoi du Catalogue spécial sur demande.

Chambéry. — Imp. Chatelain.

Le Manuel Administratif, Civil et Criminel, dont nous publions la première partie en un demi-volume, est un ouvrage éminemment national, destiné à présenter le tableau des dispositions anciennes et nouvelles qui régissent la Savoie.

Cette première partie comprend en entier le recueil méthodique et raisonné des lois et instructions sur l'Administration communale, avec modèles de tableaux et formulaires. Afin d'obvier à l'instabilité qui règne dans quelques branches du régime municipal, nous nous sommes attachés à en ramener tous les détails aux principes généraux et immuables de la science administrative. Par ce moyen, ce recueil pourra toujours être utilement consulté, puisque ses bases sont de tous les temps et de tous les lieux.

Chaque page de ce Manuel, équivalant à trois pages en caractère ordinaire, nous pensons avoir rempli l'engagement que nous avions pris de resserrer une grande quantité de matières dans un petit espace, et nous renouvelons l'assurance que l'ouvrage entier ne dépassera pas 500 pages.

Prix de la Première Partie :

Pour les souscripteurs....................	5 liv.	» cent.
Pour les non souscripteurs................	5	50

www.ingramcontent.com/pod-product-compliance
Lightning Source LLC
Chambersburg PA
CBHW070808270326
41927CB00010B/2346

* 9 7 8 2 0 1 9 5 7 6 7 5 2 *